通信行业创业指导教程

主　编　何　超　夏晓天　胡庆旦
副主编　陈　航　杨　桐　唐　娟
参　编　谭　燕　黄元香　聂志宇　胡　倩
　　　　李梦婕　谭　媚　龙　菲　荣媛媛

北京理工大学出版社
BEIJING INSTITUTE OF TECHNOLOGY PRESS

内 容 简 介

本教材以通信行业为背景,在创业各环节上指导更加深入、方法更加具体、案例更加充实,趣味性强、通俗易懂,形成了"案例—理念—方法—实践"系统,"案例"导出"理念","方法"实现理论,理论指导"实践",构成一个有机系统,并在创业活动的多个层面得以运用,具有较强的实用性。

版权专有　侵权必究

图书在版编目（CIP）数据

通信行业创业指导教程/何超,夏晓天,胡庆旦主编．—北京：北京理工大学出版社,2019.9（2021.7重印）

ISBN 978-7-5682-7575-0

Ⅰ.①通… Ⅱ.①何… ②夏…③胡… Ⅲ.①通信企业-大学生-创业-高等职业教育-教材　Ⅳ.①G647.38②F606

中国版本图书馆 CIP 数据核字（2019）第 194585 号

出版发行 / 北京理工大学出版社有限责任公司	
社　　址 / 北京市海淀区中关村南大街 5 号	
邮　　编 / 100081	
电　　话 /（010）68914775（总编室）	
（010）82562903（教材售后服务热线）	
（010）68944723（其他图书服务热线）	
网　　址 / http://www.bitpress.com.cn	
经　　销 / 全国各地新华书店	
印　　刷 / 唐山富达印务有限公司	
开　　本 / 787 毫米 × 1092 毫米　1/16	
印　　张 / 10.5	责任编辑 / 李慧智
字　　数 / 250 千字	文案编辑 / 李慧智
版　　次 / 2019 年 9 月第 1 版　2021 年 7 月第 3 次印刷	责任校对 / 周瑞红
定　　价 / 33.00 元	责任印制 / 施胜娟

图书出现印装质量问题,请拨打售后服务热线,本社负责调换

前　言

通信行业创业指导教程以通信行业为背景，建立在创新基础上指导创业。本教材在创业各环节上指导更加深入、方法更加具体、案例更加充实，具有以下特点：

第一，选取视角新颖。本教材以通信行业为背景，通过对行业的介绍及有效分析，增强行业认知，从而提升对创业项目选取的可借鉴性，同时贯穿整本教材，使教材形成统一整体，实用性强。

第二，注重实践应用。本教材注重对实践的指导，通过前期大量收集、整理、分析、提炼，选取多个具有时代特征真实的案例，结合行业特点，深化对理念和方法的实践应用，可以直接辅助创业活动的开展和相应的管理。

第三，着力理念介绍。本教材着力于创业先进理念的介绍，引入了近年来该领域的新理论、新理念，明确正确的创业理念是做好创业基础学习、开展创业活动的前提，并将创业理念融入团队组建、企业管理与市场营销等环节。

第四，强调方法讲解。本教材注重创业所需方法的讲解，详细分析了创业基础所需要的市场调研、产品设计、商业模式制定、营销组合构建等方法的应用，同时对创业计划书写作、财务融资的来源、创业风险的管理等也做了系统介绍。

第五，强化系统整合。本教材形成了"案例—理念—方法—实践"系统，"案例"导出"理念"，介绍"理念"之后，"方法"实现理论，理论指导"实践"，构成一个有机系统，并在创业活动的多个层面得以运用。

编　者
2019 年 3 月 9 日

目 录

第一章 通信行业与创业

案例导入 ·· 1
第一节 **专业培养目标** ·· 3
　一、通信学科各专业就业方向 ·· 3
　二、通信学科各专业发展趋势 ·· 4
第二节 **通信行业现状** ·· 4
　一、通信行业的分类 ·· 4
　二、通信行业发展战略 ··· 5
　三、通信企业职业需要情况 ·· 5
　四、通信行业业务大类发展现状 ··· 8
　五、就业形势现状 ·· 13
第三节 **创业** ·· 15
　一、创业的定义与类型 ··· 15
　二、创业的过程与阶段 ··· 18
　三、创业的要素 ··· 19
第四节 **创业精神与人生发展** ·· 21
　一、创业精神 ·· 21
　二、创业精神对个人生涯发展的影响 ·· 23
　拓展阅读 ·· 24
　实践练习 ·· 27
　网络资源 ·· 27

第二章 创业者与创业团队

案例导入 ·· 28

第一节　创业者及其创业动机 ·· 30
　一、创业者的定义和特征 ··· 30
　二、创业者的素质与能力 ··· 31
　三、创业动机 ·· 34
　　（一）创业动机的含义 ·· 34
　　（二）创业动机的主要类型 ·· 34
　　（三）大学生创业动机的类型 ·· 34
　四、创业动机的主要影响因素 ··· 36
第二节　创业团队 ··· 37
　一、创业团队的特征和类型 ··· 37
　二、创业团队的组建原则和策略 ··· 39
　　（一）创业团队的组建原则 ·· 39
　　（二）创业团队的组建策略 ·· 39
　　（三）创业团队组建中应注意的问题 ·· 39
　三、创业团队的运作 ··· 40
　　（一）创业团队的凝聚力 ·· 40
　　（二）创业团队运作机制设计需注意的问题 ·· 40
　　（三）创业团队的领导者 ·· 41
　　（四）创业团队管理中应注意的问题 ·· 42
　四、创业团队的社会责任 ··· 43
　　（一）创业团队社会责任的含义 ·· 43
　　（二）创业团队社会责任的内容 ·· 44
　拓展阅读 ··· 45
　实践练习 ··· 47
　网络资源 ··· 47

第三章　创业风险的识别与控制

　案例导入 ··· 48
第一节　创业风险识别 ··· 49
　一、创业风险的来源 ··· 49
　　（一）融资缺口 ·· 49
　　（二）研究缺口 ·· 49
　　（三）信息和信任缺口 ·· 50
　　（四）资源缺口 ·· 50

（五）管理缺口 …………………………………………………………………… 50
　二、创业风险的构成 ……………………………………………………………………… 50
　　　（一）风险因素 …………………………………………………………………… 50
　　　（二）风险事件 …………………………………………………………………… 51
　　　（三）风险损失 …………………………………………………………………… 51
　三、创业风险的分类 ……………………………………………………………………… 51
　　　（一）按照风险来源的主客观性分类 …………………………………………… 51
　　　（二）按照风险影响的范围分类 ………………………………………………… 51
　　　（三）按照风险的可控程度分类 ………………………………………………… 51
　　　（四）按照创业过程分类 ………………………………………………………… 51
　　　（五）按照风险内容的表现形式分类 …………………………………………… 52
第二节　创业风险管理 ………………………………………………………………………… 52
　一、创业风险管理的基本程序 …………………………………………………………… 52
　　　（一）风险识别 …………………………………………………………………… 52
　　　（二）风险评估 …………………………………………………………………… 53
　　　（三）风险应对 …………………………………………………………………… 54
　二、创业者风险承担能力的估计 ………………………………………………………… 54
　　　（一）估计从 0 到 1 过程中可能遇到的风险 …………………………………… 55
　　　（二）获得解决风险发生所需要的资源 ………………………………………… 55
　　　（三）创业者用于承担风险的资金 ……………………………………………… 55
　　　（四）创业者危机管理能力 ……………………………………………………… 55
　三、基于风险估计的创业收益预测 ……………………………………………………… 55
第三节　创业中的常见风险及其防范 ………………………………………………………… 56
　一、系统风险防范与防范方法 …………………………………………………………… 56
　二、非系统风险防范与防范方法 ………………………………………………………… 56
　　　（一）机会选择风险防范 ………………………………………………………… 56
　　　（二）技术风险防范 ……………………………………………………………… 56
　　　（三）管理风险防范 ……………………………………………………………… 57
　　　（四）财务风险防范 ……………………………………………………………… 57
　三、现金风险与防范方法 ………………………………………………………………… 58
　　　（一）创业管理失控，现金流断裂 ……………………………………………… 58
　　　（二）销售管理失控，现金流断裂 ……………………………………………… 59
　　　（三）时点通病，现金流断裂 …………………………………………………… 59
　四、创业中产品开发风险与防范方法 …………………………………………………… 59
　拓展阅读 ……………………………………………………………………………………… 60

实践练习 ·· 61

网络资源 ·· 62

第四章　商业模式及其设计与创新

案例导入 ·· 63

第一节　商业模式 ··· 67

一、何谓商业模式 ··· 67

二、商业模式与商业战略 ·· 68

（一）商业模式与战略具有相同的本质 ··· 68

（二）商业模式是对已实施的战略的描述，与战略在内容上高度一致 ······· 68

（三）商业模式理论属于战略理论范畴 ··· 69

三、商业模式与战略的区别 ··· 69

四、商业模式中的价值链分析 ··· 70

第二节　商业模式的设计 ·· 71

一、商业模式设计与创业机会开发 ··· 71

（一）商业模式设计完善的五步法 ·· 71

（二）创业机会的开发 ·· 74

二、商业模式设计的思路与方法 ·· 76

（一）商业模式设计思路 ·· 76

（二）六种商业模式设计方法 ·· 76

三、商业模式设计的基本框架 ··· 77

第三节　商业模式的创新 ·· 80

一、商业模式创新的价值与意义 ·· 80

二、商业模式创新的特点 ··· 81

拓展阅读 ·· 81

实践练习 ·· 82

网络资源 ·· 83

第五章　创业资源及管理

案例导入 ·· 84

第一节　创业资源 ··· 85

一、何谓创业资源 ··· 85

二、创业资源与商业资源的联系和区别 …………………………………… 86
　　三、创业资源的类别及战略性资源 ……………………………………… 86
　　四、创业资源的获取 ……………………………………………………… 87
　　　（一）创业资源获取的影响因素 ………………………………………… 87
　　　（二）创业资源获取的途径 ……………………………………………… 88
　　　（三）获取创业资源的技能 ……………………………………………… 90
　第二节　创业资源的开发与利用 …………………………………………… 90
　　一、创业资源的分类开发 ………………………………………………… 90
　　　（一）人力资源开发 ……………………………………………………… 90
　　　（二）技术资源开发 ……………………………………………………… 91
　　　（三）客户资源开发 ……………………………………………………… 92
　　　（四）信息资源开发 ……………………………………………………… 92
　　二、创业资源的利用 ……………………………………………………… 93
　　　（一）自有资源 …………………………………………………………… 93
　　　（二）杠杆资源 …………………………………………………………… 93
　　　（三）创造性拼凑手边资源 ……………………………………………… 94
　　三、创业资源的开发机制 ………………………………………………… 94
　　　（一）辨识资源拥有者及其利益诉求 …………………………………… 94
　　　（二）设计合理的利益分配机制 ………………………………………… 94
　　　（三）建立共赢的长期合作关系 ………………………………………… 94
　　四、创业融资 ……………………………………………………………… 95
　　　（一）创业融资的重要性 ………………………………………………… 95
　　　（二）创业资金的分类 …………………………………………………… 95
　　　（三）创业融资难的原因 ………………………………………………… 96
　　　（四）创业融资过程 ……………………………………………………… 96
　　　（五）创业资金的测算 …………………………………………………… 97
　　　（六）创业融资渠道 ……………………………………………………… 98
　　　（七）创业融资策略 ……………………………………………………… 100
　拓展阅读 ……………………………………………………………………… 101
　实践练习 ……………………………………………………………………… 103
　网络资源 ……………………………………………………………………… 103

第六章　创业计划

　案例导入 ……………………………………………………………………… 104

第一节　创业计划的概念、特点与作用	105
第二节　创业计划书的撰写	106
拓展阅读	115
实践练习	118
网络资源	118

第七章　新创企业创办与管理

案例导入	119
第一节　新成立企业	120
一、企业法律形式的选择	120
二、企业的工商、税务登记	122
三、创办企业应注意的伦理问题	123
第二节　企业的内部管理	124
一、组织结构的选择	125
二、薪酬体系的构建	126
三、企业文化的构建	128
第三节　企业的风险管理	130
一、创业风险的构成与分类	130
二、风险防范的可能途径	132
三、创业者风险承担能力的估计	134
第四节　企业的成长管理	135
一、创业企业的生命周期理论	135
二、创业企业的阶段管理	136
第五节　企业管理创新	138
一、管理创新的内涵	138
二、管理创新的策略	139
拓展阅读	140
实践练习	143
网络资源	144

第八章　社会创业

|　案例导入 | 145 |

第一节 社会创业 …………………………………………………… 148
一、社会创业的内涵 ………………………………………… 148
二、社会创业者 ……………………………………………… 148
第二节 社会创业的机会评估与开发 ……………………………… 149
一、机会来源 ………………………………………………… 149
二、机会识别 ………………………………………………… 149
三、评估与开发 ……………………………………………… 150
拓展阅读 ……………………………………………………… 151
实践练习 ……………………………………………………… 154
网络资源 ……………………………………………………… 154

参考文献 …………………………………………………………… 155

第一章 通信行业与创业

知己知彼，方能百战不殆，但常因身在其中的缘故，我们知彼难，知己更难！

■ 学习目标

本章节我们从专业培养目标、通信行业现状、通信行业前途展望以及现在大学生就业现状等多方面入手，并将创业理念、基础知识融入章节中，希望给大家展现一个客观、真实的现实，让大家了解通信行业背景下创业的意义，在知己的同时也能知彼，明白我们前行的目的，设计一个最适合自己的职场发展战略。

■ 知识要点

通信学科各专业就业方向和发展趋势；通信行业的分类、发展战略及职业需求情况；通信行业业务大类发展现状；创业的有关定义；创业精神与人生发展。

案例导入

大众创业氛围形成

对于大学生自主创业，国家制定了很多优惠政策，具体如下：

（1）大学毕业生在毕业后两年内自主创业，到创业实体所在地的工商部门办理营业执照，注册资金（本）在 50 万元以下的，允许分期到位，首期到位资金不低于注册资本的 10%（出资额不低于 3 万元），1 年内实缴注册资本追加到 50% 以上，余款可在 3 年内分期到位。

（2）大学毕业生新办咨询业、信息业、技术服务业的企业或经营单位，经税务部门批准，免征企业所得税两年；新办从事交通运输、邮电通信的企业或经营单位，经税务部门批准，第一年免征企业所得税，第二年减半征收企业所得税；新办从事公用事业、商业、物资业、对外贸易业、旅游业、物流业、仓储业、居民服务业、饮食业、教育文化事业、卫生事业的企业或经营单位，经税务部门批准，免征企业所得税一年。

（3）各国有商业银行、股份制银行、城市商业银行和有条件的城市信用社要为自主创业的毕业生提供小额贷款，并简化程序，提供开户和结算便利，贷款额度在 2 万元左右。贷款期限最长为两年，到期确定需延长的，可申请延期一次。贷款利息按照中国人民银行公布的贷款利率确定，担保最高限额为担保基金的 5 倍，期限与贷款期限相同。

（4）政府人事行政部门所属的人才中介服务机构，免费为自主创业毕业生保管人事档案（包括代办社保、职称、档案工资等有关手续）2 年；提供免费查询人才、劳动力供求信息，免费发布招聘广告等服务；适当减免参加人才集市或人才劳务交流活动收费；优惠为创办企业的员工提供一次培训、测评服务。以上优惠政策是国家针对所有自主创业的大学生所制定的，各地政府为了扶持当地大学生创业，也出台了相关的政策法规，而且更加细化，更贴近实际。

消费群体的个性需求

随着"80 后"渐渐成为社会中坚力量，"90 后"纷纷进入社会工作，年青一代即将成为消费的主力军。世界上每个角落的零售商都紧盯着"80 后""90 后"消费者的口袋，他们不断揣摩研究"80 后""90 后"的消费习惯：他们可以在同一时间会朋友、上网购物、喝拿铁咖啡；因为选择的多样性，他们购物时犹豫不决；他们喜欢个性化，不喜欢和朋友的商品重合；他们会透支消费，但是他们也热爱使用优惠券；他们在社交媒体分享购物体验，他们也在社交媒体获取购物信息。他们多变、个性、充满活力。可以说，零售市场得"80 后""90 后"者得天下，一点都不为过。

现在的年青一代减少了去商场购物的时间，在他们的概念中，在一个又大又旧又无聊的商场闲逛是浪费时间的事情。所以商场要提供个性化的服务，让购物变得有趣、有意义，并且值得回忆，那么年青一代的消费者才认为商场值得前往。同时年轻人喜欢质量好的商品，但是他们往往不盲目崇拜品牌和高价。他们要质量好，并且能体现自己品位的商品，要让自己区别于自己的朋友。

年青一代的个性化需求，成为不少实体零售商守住线下阵地的重要砝码。2014 年 4 月至 6 月，哆啦 A 梦主题展在北京朝阳大悦城举办。除了静态展览外，朝阳大悦城还通过多种营销方式进行联动。哆啦 A 梦助阵购物中心，吸引了不少哆啦 A 梦迷前往。这也是满足消费者个性化需求的一个案例。另外，2013 年银泰 15 周年庆的小怪兽也成为引爆周年庆的重要元素。2014 年 5 月、6 月银泰提出没大没小、没羞没臊的"大小孩"模式，引入 hello kitty 这个超萌"大小孩"。促销不仅仅只是满返满送，周年庆不仅仅只是折扣。不管是蓝胖子还是超萌小怪兽的助阵，抑或是 kitty 猫，对于零售商来说，他们都是走在满足消费者个性化需求的营销道路上。

相比老一代消费者，当下的年轻人对待品牌具有更高的道德标准。他们会根据品牌商的社会表现，来决定是否购买这家店的商品。有调查显示，32% 的年轻人不会购买社会表现不好的品牌商的东西，这些商品不能被他们所接受。这对品牌商和零售商来说是一个新的挑战和机遇。

"血汗工厂"一词纷纷出现在各大媒体，富士康被指责为"血汗工厂"，格力也陷入"血汗工厂"风波，耐克、ZARA 的代工厂也被指责为"血汗工厂"。这说明越来越多的消费者不仅仅只关注商品本身，他们的社会责任感强于以往。所以，对于品牌商和零售商来说，不仅仅是要取悦消费者，更要让消费者看到商家的社会责任意识，树立自己良好的品牌形象。所以，对于珍惜羽翼的品牌来说，越来越看重代言明星的个人口碑；越来越多的零售商现身在灾难一线参加救援；也有不少企业设立人才培养计划、扶助贫困大学生计划等。通过这些方式，一方面是在承担自己的社会责任，另一方面也是在树立自己良好的品牌形象。

了解年青一代消费者，进而满足他们的消费需求，是未来创业领域的重点战略。这是一群让人又爱又恨的群体，他们的钱比任何一代人的都好赚，却也难赚，关键在于是否真的懂得他们。零售商要了解消费者的特性，提供更加多样的服务和特色。在交易方式上不仅要提供钱货交易的方式，也要提供物物交易的方式，以租赁的方式，来满足消费者的需求。美国的 Rent the Runway（服装租赁网站）就是符合新一代消费者的成功案例，其专门提供奢侈品、礼服等租赁服务，满足女性特定时间点的特定需求。在营销方式上，也要想方设法采用个性的、能够受到年青一代喜爱的方式。

通信类专业大学毕业生在进入大学开始专业知识学习的同时，必须时刻了解通信行业的发展现状和发展趋势。被誉为"职业指导之父"的帕森斯指出，要做好职业规划，除了了解自我外，还要了解职业，然后进行以上两方面的综合考虑。就多数大学生而言，对行业发展的不了解是他们进行职业发展规划的共同难题。

第一节　专业培养目标

通信类专业培养具有通信基础理论知识，了解电波、无线电和多媒体等通信技术，并掌握电子技术和计算机技术，能从事通信等方面的专业技术人才，以及了解通信行业发展趋势、熟悉通信市场环节的通信服务人才。未来社会是信息社会，信息的传递工程是十分重要的，通信类专业的学生会有相当光明的前景。

一、通信学科各专业就业方向

通过学习通信技术、通信系统和通信网等方面的知识，学生能在通信领域中从事研究、设计、制造、运营方面的工作及在国民经济各部门和国防工业中从事开发、应用通信技术与设备方面的工作。毕业后也可从事通信市场流程管理、通信信息服务管理以及通信市场营销等工作。近年来的毕业生集中在通信系统、高科技开发公司、科研院所、设计单位、金融系统、销售管理、铁路行业、政府和大专院校等。

通信学科各专业差异性不高，根据学校开设的具体课程有四大就业方向（见表 1-1）。

表 1-1　通信各学科主要就业方向

就业领域	就业方向	介绍
通信技术	设备制造商通信公司	从事通信技术研发及设备制作工作，例如摩托罗拉、诺基亚、爱立信、中兴、华为、大唐等
网络运营	运营商	从事通信网络运行管理工作，例如移动、电信、联通等
服务管理	服务提供商	从事通信网络服务开发，例如中兴软创、联创、亿阳、欣网、电信软件厂商等
市场营销	通信公司销售岗位	从事通信服务销售及通信设备销售的工作，例如社区经理、客户经理等

二、通信学科各专业发展趋势

1. 通信技术专业发展趋势

现代通信技术的特点可以归为以下三类：时效性、准确性、安全性。随着通信技术的不断发展和人们对生活质量要求的不断提高，通信技术专业的发展向着更快的网络速度、更有效利用频率的方向发展，可以说通信技术专业也处在一个迅猛发展的时期。通信技术专业是通信技术、电子技术与计算机应用技术相结合的复合型专业。通信技术专业培养具有适应社会主义现代化建设需要的德、智、体、美全面发展，掌握通信系统领域所涉及的通信技术、电子技术、计算机应用技术等方面的必备理论知识，专业技能强、适应面广、基本素质好，能够实际操作检测、维护管理通信设备及系统正常运行的应用型高等技术人才。

社会对于通信网络建设维护、通信设备开发管理的专业人员需求量也在持续增加，通信技术的不断升级对于本专业的人才也提出了更高的要求，质和量的要求促使通信技术专业人员必须有过硬的技术功底，才能很好地胜任通信技术岗位工作，才能在通信行业蓬勃发展的时期抓住自己的发展机遇。

2. 通信服务专业发展趋势

我国电信市场经过了几次变革，现形成了三家全业务运营商为主体的市场格局。随着人民生活水平的提高，客户需求也日益多样化，从最初较为单一的通话及短信业务发展到现有的上网、购物、休闲娱乐等多样化的服务。这些服务的实现必须要有庞大的基站数量和更加复杂的网络技术来支撑，运营商必须集中主要精力于核心业务上来应对日趋激烈的市场竞争，将非核心技术服务外包给独立的第三方电信技术服务商以降低其经营成本并提升管理效率。目前我国的电信技术服务外包趋势已经基本形成，商业及市场化程度大大提高。通信技术服务行业也在经过运营商主导、设备厂商主导等阶段的发展后，已经发展到了现在的第三方通信技术服务提供商主导的态势。

3. 通信营销专业发展趋势

通信产业作为一个知识密集型和人才密集型的高新技术产业，在竞争日趋激烈的社会化发展趋势下，十分重视自身的市场营销体系的建设及管理，与传统的营销行业不同的地方在于，通信营销对于销售人员提出了更高的要求，他们不仅要熟悉通信行业发展现状，也需要有更高的销售管理能力。目前随着各通信运营商的内外部重组带来的影响，各运营商已面临着严峻的考验，服务产品趋于差异化且目标客户市场将更加细分，电信业务需求已经从"语音时期"转变为"宽带时代"，用户主要的消费活动是浏览网页、网上聊天、手机视频等，通信营销专业向着差异化服务的方向发展，针对不同的用户群体，提供个性化业务和服务，最大限度地满足不同用户的需求。

第二节　通信行业现状

一、通信行业的分类

通信行业由通信服务业和通信制造业组成。

通信服务业包括提供信息内容服务的信息提供业和提供通信网络服务的运营业。为广大用户提供通信网络服务的主要指电信、移动和联通三大运营商，随着通信网络的高速发展，运营商之间也在进行密切的合作与竞争，为广大用户提供便利的通信网络服务的同时，也促进了我国通信行业的良性发展。在我国通信服务业中，信息提供业的主要企业是互联网信息内容提供商ICP，这部分产业刚刚兴起，正在蓬勃发展，并在丰富人们的生活工作中起到越来越重要的作用。

通信制造业按制造产品的不同，分为通信设备制造和通信产品制造。其中，通信设备有交换设备、接入设备、传输设备、移动通信设备、数据通信设备、微波通信设备、卫星通信设备七大类；通信产品主要有固定通信终端和移动通信终端。

二、通信行业发展战略

当今，通信产业不仅是一个国家经济的主要支柱之一，更重要的是，通信市场蕴含了巨大的经济价值和利润，它将超过钢铁、石油及汽车等传统产业，成为国民经济的最大支柱。开放的通信市场，将造就新的通信运营模式，使通信业务走向多样化，并促成众多新型通信运营商的出现。其结果是直接导致通信市场格局变化。自由开放的通信竞争格局，对中国通信市场带来的冲击是显而易见的。归根结底就是对网络带宽的巨大需求。近年来，Internet（互联网）对传统通信网络带来巨大影响，目前，通信业界正酝酿着又一个空前的革命，即光速经济的到来。

光速经济将为运营商带来巨大的商业回报，为用户带来无限的商机。光速经济，是互联网经济的高级阶段、光电子技术发展的必然趋势、电子商务的必要条件。它具有以下主要特点：开拓全新的信息产业领域，网络基础设施将发生革命性改变，通信将不受时间、空间和带宽的限制，从根本上改变人们的工作和生活方式。

日新月异的网络技术和业务，极大地分流了传统的电信业务量，传统语音业务逐渐丧失了主导权。而以IP为核心的新技术层出不穷，也极大地加快了传统电信技术和业务被淘汰的步伐。通信产业加速走向光纤化、宽带化、IP化、综合化，移动和宽带正在成为通信企业下一步发展的重心。宽带接入、IP技术、4G、NGN等催生出一大批新兴业务，为通信企业实现转型、开辟新的价值创造领域提供了有利条件。

三、通信企业职业需要情况

一般来说，通信企业可分为通信运营企业、通信设备供应企业、通信服务支持企业几类。

1. 通信运营企业的工作特点、岗位设置与职业晋升路线图及任职要求

通信运营企业主要是指在通信行业中提供具体网络设备、搭建通信网络并负责日常维护的通信运营商，比如中国移动、中国联通、中国电信等。

（1）工作特点：服务类职位进入门槛较低；技术类职位对专业知识的储备及运用要求较高。

（2）岗位设置：客户经理；网络维护；技术支持/研发。

(3) 职业晋升路线：职员→主管→中高层管理人员。

(4) 任职要求：在运营企业做设备维护，一种是在运营企业的机房随时待命，另一种是在基站维护代理下做事。后边一种的工作任务是维护基站的正常工作。例如，基站停电了，你需要去启动备用电源，更换零件、正常巡检；甚至刮大风天线被刮歪了要去处理都是在工作范围内。

但需求最大的还是服务类职位，例如客户经理、市场开发等。虽然说这一类职位招聘一般不会需要专业背景，但无论如何，在同样条件的通信类专业应聘者和别的专业的应聘者之间，机会更多的应该是具有通信类专业背景者。

案例1：了解企业需求，打通发展通道

小俊同学热爱通信专业，进入大学学习计算机通信专业，在校期间学习优异，经常参加学校组织的各种活动，在即将毕业的时候，经过详细认真的自我分析，立志进通信运营企业工作，凭借着其在校期间的专业积累和个人能力，在几轮笔试、面试后脱颖而出，顺利进入移动公司工作，从事网络维护岗位工作。在工作过程中为了更好的职业发展和能力提升，小俊同学积极参加成人教育进行学历提升，并参加各种技术培训进行职业技能提升，在进入移动公司的第三年参加公司组织的选拔考试，成为公司技术部门的主管。

点评：

通信行业尤其是通信运营企业，在人才选拔过程中有严格的要求和详细的晋升机制，对于毕业生的学历要求和专业能力都有标准的量化值方便毕业生参考，对于有意向进入运营企业技术岗位工作的同学，可以参考近几年运营企业的校园招聘要求，比照自身条件去弥补不足。技术类岗位在通信运营企业中，工资待遇较高，要求也是相当高，在学历、职业技能和自身能力方面有着严格的要求，只有不断地提升自己，才能在激烈的竞争中保持着持续的竞争力。

案例2：自我能力分析，找准合适岗位

小红是个性格外向的女孩，对于通信行业有着强烈的爱好，大学期间虽然是在通信类院校学习市场营销专业，但其职业规划明确了自己的职业发展是进入通信运营企业。在小红将要毕业的时候，她发现自己在技术类岗位当中并没有优势，自身的强项是沟通能力和组织能力，所以将简历投向了某电信公司营销类岗位，并顺利地得到了实习机会，实习期间她去过通信卖场做过销售经理，也去过呼叫中心做过接线员。小红一开始总是摸不着方向，也很着急，通过虚心地向前辈学习，利用休息时间整理工作经验，她的工作越来越有起色，在几次公司组织的技术比武中，获得了技能标兵的称号。

点评：

通信运营企业提供的技术岗位较少针对刚毕业的大学生，主要是针对有工作经验的高技术人才，而针对刚毕业的大学生，运营企业提供的岗位更多的是营销类岗位，它的起点要求较低，但相应的竞争也更激烈。本文中的小红，能及时意识到自己的优缺点，在职业选择过程中，选择适合自己的营销类岗位，并在工作过程中，积极思考总结工作经验，最终获得职业发展的成功。

2. 通信设备供应企业的工作特点、岗位设置与职业晋升路线图及任职要求

根据国家统计局的分类，通信设备产业分为移动通信（无线系统设备和终端）、通信交换（交换和接入）、通信终端（固定电话机和传真机等）、传输（光传输设备）、其他通信（包括数据通信、通信配套设备等）。

（1）工作特点：设备供应企业技术进步快，对技术类员工要求高；产品结构向高技术调整；市场竞争日益激烈。

（2）岗位设置：主要分为硬件工程师和软件工程师。

（3）职业晋升路线：研发员→研发工程师→高层市场或管理人员。

（4）任职要求：在通信设备供应企业工作，意味着将是在通信技术最顶端的企业工作。设备供应企业必须为运营企业提供能适应企业发展需求并具有前瞻性的设备，因此在设备供应企业工作要不断更新所学知识。要求应聘者一定要有更为扎实的专业知识和较强的学习能力，并且要有足够的心理抗压能力，才能适应企业的竞争要求和末位淘汰机制。

案例 3：提升技术能力，争做行业精英

小马从小喜欢研究新鲜事物，在进入大学的时候选择了通信技术这个较新颖的专业，在校期间尤其喜欢通信专业相关知识，在毕业的时候，放弃了在家门口通信运营企业工作的机会，选择向自己向往的通信设备制造企业投去了简历，经过多轮激烈的面试后，最终应聘上助理工程师的岗位。在工作期间，小马不仅很好地完成了自己的工作任务，还组织其他几位同事组成工作小组，一起研究企业设备技术难题，成为某一领域的技术专家。现在的小马已经成为公司的项目负责人，负责一个十几人小组的技术研发工作。

点评：

小马选择设备制造企业工作，除了需要自己有较强的技术实力之外，也需要自身有较高的综合素质如抗压能力等。他所接触到的技术也代表着通信行业发展的最前沿，需要不断学习进行技术提升，压力与机遇并存。小马能接受研发岗位带来的巨大压力，完成各项工作任务，最终成为公司的项目负责人。

3. 通信服务支持企业的工作特点、岗位设置与职业晋升路线图及任职要求

通信服务支持企业顾名思义，主要是在通信行业中负责提供相关技术服务支持的企业。

（1）工作特点：针对性较强，要能抓住时代潮流；需要协调通信行业中运营企业和客户之间的关系，要求较高的沟通能力。

（2）岗位设置：销售经理、客户经理。

（3）职业晋升路线：销售助理→销售工程师→销售（市场）经理。

（4）任职要求：在通信服务企业工作，需要有一定的通信专业知识基础，但是往往更注重的是人际沟通能力，在很多时候通信服务企业既是甲方也是乙方，在与人打交道的过程中，必须兼顾各方的应得利益，这就要求一定要有良好的 EQ（情商）素养，并具备市场开拓和团队合作的能力。

案例 4：发现自我优势，实现职业理想

小杰同学在校期间是文艺积极分子，大学选择了通信行业，成绩普通的他利用课余时间参加各项活动，也密切关注通信行业的发展趋势，当他毕业的时候选择了一家通信服务企业，做销售助理，一开始家人并不认同，觉得没发展且经常出差工作太辛苦，但小杰却觉得与人沟通交流才是自己的强项，慢慢地在工作中找到方向进入了状态，每年都能出色地完成公司业绩任务。现在已成为公司区域经理的小杰，总结自己的职业发展轨迹的时候更多地还是说这份工作符合自己的天性，向往自由的工作节奏，乐于挑战、善于交流是他成功的秘诀。

点评：

小杰的案例能够反映很多人现在的状态，专业能力一般却性格外向善于交流。销售工作的工作压力可能会让很多人一开始不能接受，但这样的岗位往往更重视一个人的人际沟通能力。在这方面有天赋的小杰，坚持自己的选择最终实现了自己的职业理想。

四、通信行业业务大类发展现状

1. 移动

移动通信服务行业在我国国民经济中具有独特地位，始终受到政府的高度重视。近年来移动技术也发生着翻天覆地的变化，技术的不断革新，推动着通信行业的不断发展（如图 1-1 所示）。毫无疑问，目前我国移动通信服务行业的市场格局是三巨头（中国移动、中国电信和中国联通）并立，尽管这一格局形成的时间较短，但竞争逐渐激烈。

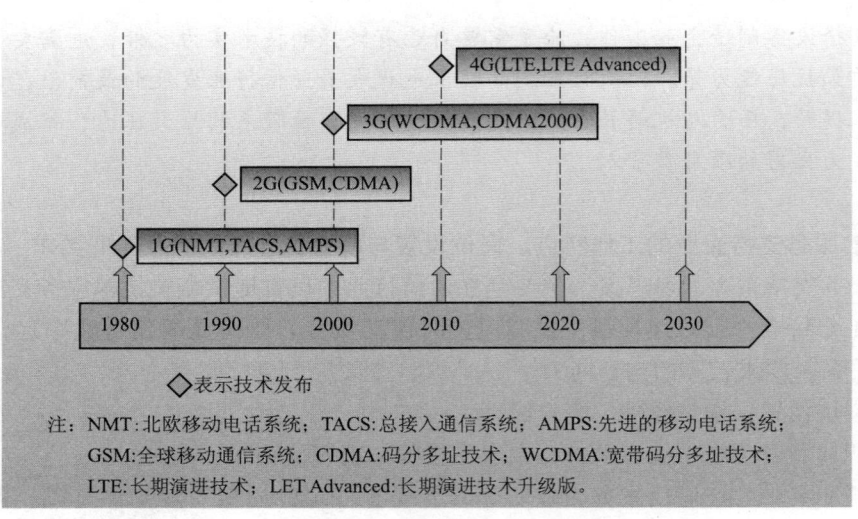

图 1-1　移动通信技术的发展历程

移动通信企业在获得全业务牌照后，需要改变基础业务较为单一的局面，完成从"移动信息专家"到"综合信息专家"的转变。

近年来，随着全国移动通信用户的迅猛增长，三家运营商的市场用户数均呈上升态势,但三家运营商的 ARPU 值(每月每户平均话费)却全都呈现出下降的趋势。这表明,移动通信服务行业的盈利空间已出现缩小迹象。加入 WTO(世界贸易组织)后,外商的进入将导致这场竞争更加白炽化,各路竞争者必将面对优胜劣汰、大浪淘沙的局面。随着国际国内 SMS、彩铃等业务的巨大成功,在世界范围内形成了移动数据增值业务的发展热潮。

4G 是英文 4rd Generation 的缩写,指第四代移动通信技术。是指将无线通信与国际互联网等多媒体通信相结合的新一代移动通信系统,手机与上网的结合产物,它能够处理图像、音乐、视频流等多种媒体形式,提供包括高速信息交流、电视电话会议、电子商务等多种信息服务。

2014 年 4G 牌照发放后,出现 2G、3G 和 4G 并存的局面,电信运营商、咨询公司纷纷预测移动数据增值业务将迎来持续快速发展的时期,从而扭转 ARPU 值下降的趋势,并产生未来的"杀手锏"业务,推动电信业走出低谷。

2019 年 5G 业务逐渐被人们熟知,5G 除了传统的峰值速率指标要求外,与之前的移动通信的不同之处还在于提出了包括体验速率、频谱效率、空间容量、移动性能、网络能效、连接密度和时延等八个指标。为实现其上述性能指标,5G 在无线传输技术和网络技术方面将有新的突破。在无线技术领域,技术的创新主要包括大规模天线阵列、超密集组网、新型多址、全频谱接入、基于滤波的正交频分复用(F-OFDM)等,其中基于大规模 MIMO 的无线传输技术将有可能使频谱效率和功率效率在 4G 的基础上再提升一个量级,该项技术走向实用化的主要瓶颈问题是高维度信道建模与估计以及复杂度控制,超密集网络(Ultra Dense Network,UDN)已引起业界的广泛关注,网络协同与干扰管理将是提升高密度无线网络容量的核心关键问题;在网络技术领域,技术的创新主要包括软件定义网络(SDN)、网络功能虚拟化(NFV)等。5G 关键性能指标见表 1 - 2。

表 1 - 2 5G 关键性能指标

关键指标	流量密度	连接密度	时延	移动性	能效	用户体验速率	谱效	峰值速率
ITU5G	10 Tbit/s/km^2	1 M/km^2	1 ms	500 km/h	100 倍	100Mbit/s	3 倍	10 Gbit/s
LTE 能力	100 Gbit/s/km^2	0.1 M/km^2	10ms	350 km/h	1 倍	10 Mbit/s	1 倍	0.6 Gbit/s
5G 比 4G 提升/倍	100	10	10	2	100	10	3	30

大规模天线阵列是可以十倍、百倍提升系统容量的无线技术,其原理是基于多用户波束成形,在基站端布置几百根天线,对几十个目标接收机调制各自的波束,通过空间信号隔离,在同一频率资源上同时传输几十条信号,从而实现几百个天线同时发数据。MIMO 技术并不是 5G 独有的技术,在 3G 时代就被引入无线通信领域,同样也是 4G 关键技术之一。对于大规模天线阵列可以从两个角度进行理解:一方面,大规模天线阵列的通道数远大于传统 TDD 网络的天线数,可达到 64/128/256 个,而传统的天线基本是 2 天线、4 天线或 8 天线;另一方面,Massive MIMO 基于波束成形原理,覆盖垂直维度的空域,其信号的辐射状是个电磁波束,可有效减少基站发射功率损耗,而传统 MIMO 在发射信号时,只能在一个平面上移动,因此也称为 2D-MIMO。

大规模天线阵列与传统的 MIMO 技术的区别不仅在于天线数量多少的差别,而是由量变引发质变。相较于传统 MIMO,大规模天线阵列可以深度挖掘无线空间维度资源,数倍系提升系统频谱功率和功率效率。大规模天线阵列的基站端拥有几百根天线，可以自动调节各个天线发射信号的相位，使其在手机接收点形成电磁波的叠加，从而提高信号接收强度。根据概率统计学原理，当基站端天线数远大于用户天线数时，基站到各个用户的信道将趋于正交，此时，用户间干扰将趋于消失，而巨大的阵列增益将能够有效地提升每个用户的信噪比，从而能够在相同的时频资源上支持更多的用户传输。

随着人们对于网络功能的需求不断提高，第五代移动通信网络应运而生，相较于之前的网络，5G 的发展方向会更加多元化、宽带化、综合化、智能化。智能终端数量将不断增长，未来的移动数据业务将飞速发展。当前网络架构中亟待解决的主要问题是热点地区的用户体验，由于低频段谱资源稀缺，单纯依靠提升频谱效率并不能有效解决当前问题。超密集组网是满足 5G 千倍容量增长需求的主要手段之一，在热点地区大规模部署低功率接入点，在局部热点区域实现百倍量级的系统容量提升。

新型多址是 5G 创新性的技术方向。多址接入技术的基本原理是利用为不同用户发送信号特征上的差异（例如信号发送频率、信号出现时间或信号具有的特定波形等）来区分不同用户。依据信号在频域、时域波形以及空域的特征，多址接入技术基本可分为频分多址（FDMA）、时分多址（TDMA）、码分多址（CDMA）和空分多址（SDMA）4 种方式（如图 1-2 所示）。在 5G 时代，着重关注高频频谱的同时，并不意味着传统的 2G/3G/4G 网络彻底退出，也应该考虑如何实现高频和低频的协同使用。5G 网络的部署使新空口和老空口协同变得更加迫切。

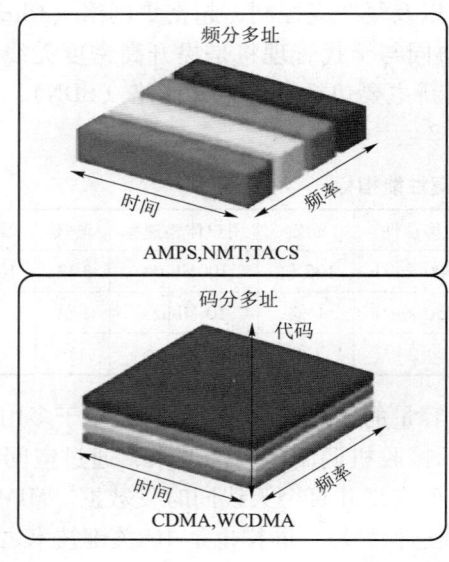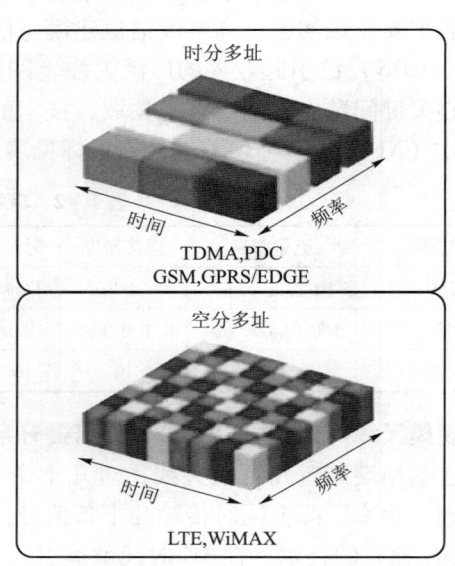

图 1-2　多址接入技术方式

2. 固网

固网是指固定电话网络，也是相对于移动电话网络而言的。目前，中国的固网公司有中国联通（合并原中国网通后）、中国电信、中国移动（合并原中国铁通后）。

新形势下，固网运营商面临的挑战日益严峻。其一，互联网的蓬勃发展颠覆了传统电信的商业模式，整个话音业务被网络电话、E-mail、即时通信等其他通信方式分流的情况越来越严重，尤其是传统长途电话业务在 IP 电话的打压下已每况愈下；其二，移动语音对固定语音的替代作用日益明显；其三，电信管制放松引发的市场竞争愈演愈烈，再加之新增用户多为低端用户，导致 ARPU 值不断下跌，增量不增收已成为固网运营商的普遍问题；其四，虽然以宽带为重心的数据业务的增长极大地超过语音业务，已成为固网运营企业新的业务增长点，但其低赢利水平与其占用的巨大网络资源很不相称，宽带业务的价值还有待进一步挖掘。

由于以上各种风险的存在，导致传统电信固话业务出现"两上升三下降"现象：固话用户离网率上升；零次数呼叫用户数上升；固话业务量增长速度迅速下降；住宅电话数量下降；ARPU（每用户平均收入）下降。所以，在电信市场外部环境发生变化，特别是电信用户的消费习惯和偏好改变时，势必使电信市场结构发生质变。

移动替代固网是通信行业不可避免的趋势，因此固网的萎缩是不可避免的。目前，固网业务收入占整个行业收入的比重为 20% 左右。固网业务中，固定电话收入下滑较为严重，2013 年下滑速度已经超过 10%。而传统的宽带接入业务方面，随着 4G 网络在主要城市建设完成后，4G 上网卡与传统的 3G 和 ADSL 业务的竞争逐渐显现。

3. 宽带

随着网络应用的极大丰富，对网络带宽的需求也是越来越高。宽带接入的发展也的确为传统运营商带来了丰厚的收益，已经成为传统运营商未来若干年最重要的业务增长点。不论是有线还是无线，宽带是电信业的未来。所以固网运营商不遗余力地发展宽带接入业务。面对这样的形式，加上最近电信业的重组，如何看待中国宽带数据业务的现状及发展趋势，如何理解并正视存在的问题与面临的挑战，是我们必须解决的问题。

宽带的发展方向包括两方面：无线宽带和光纤宽带。

无线宽带解决的是人们被网线束缚的烦恼，在过去的几年中，宽带接入技术以 DSL、Cable Modem、FTTX 等固定接入技术为主。近年来，随着 Wi-Fi/WiMAX 等固定无线接入技术以及 HSDPA 等 3G 增强型技术逐渐成熟，宽带接入无线化的趋势越来越明显，并将成为未来宽带接入的发展方向。宽带无线接入技术通过无线的方式以与有线接入技术相当的数据传输速率和通信质量接入核心网络。在高速 Internet 接入、信息家电联网、移动办公、军事、救灾、空间探险等领域具有非常广阔的应用空间。

而以"光进铜退"为特点的宽带改革，推动着光纤通信的发展，让我们能够一次又一次享受网络提速给我们的生活带来的巨大变革。用光作为载波进行通信容量极大，是过去通信方式的千百倍，具有极大的吸引力，光通信是人们早就追求的目标，也是通信发展的必然方向。

虽然中国的宽带接入用户数以年增 30% 左右的速度发展，但由于人口多、面积大，中国的家庭宽带普及率还有很大的提升空间，面向家庭用户，包括农村家庭用户的宽带接入仍将是今后的业务热点之一。

4. 云计算

云是一些可以自我维护和管理的虚拟计算资源，通常为一些大型服务器集群，包括计算服务器、存储服务器、宽带资源等。云计算将所有的计算资源集中起来，并由软件实现自动管理，无须人为参与。这使得应用提供者无须为烦琐的细节而烦恼，能够更加专注于自己的业务，有利于创新和降低成本。云计算是为用户提供无限计算资源的商业服务，是能够自我管理计算资源的系统平台，是应用服务按需定制、易于扩展的软件架构。云计算概念是由Google（谷歌）提出的，不但是新技术的结合，更是一种业务模式的创新。

云计算的基本原理是，使计算分布在大量的分布式计算机上，而非本地计算机或远程服务器中，企业数据中心的运行将与互联网更相似。这使得企业能够将资源切换到需要的应用上，根据需求访问计算机和存储系统。这可是一种革命性的举措，打个比方，这就好比是从古老的单台发电机模式转向了电厂集中供电的模式。它意味着计算能力也可以作为一种商品进行流通，就像煤气、水电一样，取用方便，费用低廉。最大的不同在于，它是通过互联网进行传输的。

云计算具有数据安全可靠、客户端需求低、轻松共享数据、可能无限多的特点，因此这一技术被大多数的通信企业所运用，它的前景也是相当好的。在我国，云计算发展也非常迅猛。想象一下，以后的计算机不再需要像现在一样：同样的数据，家里保存一份，办公室保存一份，不方便随时查用，并要经常更新，或者带着U盘到处跑。随着云计算的普及，以后的数据只需要保存在云中，随着4G网络的不断普及，人们需要调用数据的时候，只需要联网后就可以随时查用数据，十分方便。

5. 三网融合

三网融合是指电信网、计算机网和有线电视网三大网络通过技术改造，能够提供包括语音、数据、图像等综合多媒体的通信业务。三网融合是一种广义的、社会化的说法，在现阶段是指在信息传递中，把广播传输中的"点"对"面"、通信传输中的"点"对"点"、计算机中的存储时移融合在一起，更好地为人类服务，并不意味着电信网、计算机网和有线电视网三大网络的物理合一，而主要是指高层业务应用的融合。其表现为技术上趋向一致，网络层上可以实现互联互通，形成无缝覆盖，业务层上互相渗透和交叉，应用层上趋向使用统一的IP协议，在经营上互相竞争、互相合作，朝着向人类提供多样化、多媒体化、个性化服务的同一目标逐渐交汇在一起，行业管制和政策方面也逐渐趋向统一。所谓三网融合，就是指电信网、广播电视网和计算机通信网的相互渗透、互相兼容并逐步整合成为全世界统一的信息通信网络。三网融合是为了实现网络资源的共享，避免低水平的重复建设，形成适应性广、容易维护、费用低的高速宽带的多媒体基础平台。即电信网、广播电视网、互联网分别在向下一代电信网、下一代广播电视网、下一代互联网的发展和演进过程中，网络的功能趋于一致、业务范围趋于相同，都可以为用户提供打电话、上网和看电视等多种服务。三网融合的本质是未来的电信网、广电网和互联网都可以承载多种信息化业务，创造出更多种融合业务，而不是三张网合成一张网，因此三网融合不是三网合一。三网融合是现代信息技术融合发展的必然趋势。加快推进三网融合，是我国当前和今后一个时期应对国际金融危机的重大举措，是培育战略性新兴产业的重要任务，有利于迅速提高国家信息化水平，推动信息技术创新和应用，满足人民群众日益多样的生产、生活服务需求，拉动国内消费，带动相关产业发展，形成新的经济增长点；有利于更好地参与全球信息技术竞争，抢占未来信息技术制高点，确保国家网络信息安全；有利于创新宣传方式，促进中华文化繁荣兴盛，保障国家文化安全。"三网融合"后，民众可用电视遥控器打电话，在手机上看电视剧，随需选择网络和终端，只要拉一条线或无线接入即完成通信、电视、上网等。"三网融合"后，可以更好地控制网络接入商和内容提供商的质量，进一步提高和净化网络环境。将会为创建和谐社会做出重大的贡献。这样也可以实现中国电视数字化进程的迅速发展。无论在哪里，都可以实现无线上网。

党中央、国务院高度重视三网融合推进工作，将三网融合作为重要任务纳入国家发展战略。近年来，部分城市的广电、电信企业先行开展网络电视、IPTV、手机电视、移动多媒体广播电视、有线电视网互联网接入等试验，受到了人民群众的欢迎，产生了积极的经济效益和社会效益，为在更大范围、更高层面推进三网融合积累了有益经验。随着三网融合的进一步推进，相信未来这方面的人才缺口会更大。

6. 物联网

物联网的英文名称为"Internet of Things"，简称 IoT。物联网的定义是通过射频识别（RFID）装置、红外感应器、全球定位系统、激光扫描器等信息传感设备，按约定的协议，把任何物品与互联网相连接，进行信息交换和通信，以实现智能化识别、定位、跟踪、监控和管理的一种网络。所以物联网可以解释为"物物相连的互联网"。我们可以从两个层面来理解：第一，物联网的核心和基础仍然是互联网，是在互联网基础之上的延伸和扩展的一种网络；第二，其用户端延伸和扩展到了任何物品与物品之间，进行信息交换和通信。

随着通信技术的不断发展进步，设想下，未来的某天，你在超市选了一把青菜，只需要去扫描下，就能够马上知道青菜从选种子一直到施肥收获的整个过程，甚至施的是什么肥料，进行过怎样的卫生安全检疫，是否绿色，是否新鲜，这些信息都能马上了解到。又或者你在上班，可以通过网络，控制家里的洗衣机自动启动，控制家里的窗帘打开等，这些操作你都能迅速地通过网络进行控制。如果说互联网是人与人相通的网络，那么物联网就是在人的指令下实现物物相通的网络。

那么，究竟物联网的基本原理是什么呢？如果说互联网是通过网络设备和网线实现的话，那么物联网是把物品通过二维码、射频识别、卫星定位、红外扫描、传感器等信息传感设备，与互联网连接起来，实现人对物的智能化识别和管理。

物联网究竟离我们还有多远？其实到 21 世纪，实现物联网的技术已经不成问题，我国目前已经具备建立物联网的硬件条件，无论是乡村还是城市，都已经实现有线和无线的网络覆盖，手机和计算机让我们能够随时随地通过网络进行沟通交流，互联网已经成为我们生活中不可缺少的一部分，而无线网络是物联网中必不可少的基础设施，安装在动植物或机器设备上的电子介质能够将产生的数字信号，随时随地通过无线网络传送出去。尤其是随着"云计算"技术的应用，使数以亿计的各类物品的实时状态管理变得可能。

随着计算机的普及，以及手机通信技术的不断发展，物联网也会在通信行业中引起新的信息技术革命，人们的生产生活也将发生一次重大的变革，对于发展陷入迟缓的世界经济是强有力的推动力，相信在各方面的共同努力下，新一代的信息技术，包括物联网在内，必将会对中国以及全球的经济起到积极的推动作用，为通信产业开拓又一个潜力无穷的发展机会。

五、就业形势现状

1. 就业政策解读

（1）去基层工作。

国家和地方有关部门近来陆续出台政策，鼓励和引导高校毕业生到基层工作。具体就业渠道包括选聘大学生到农村担任村干部,参加"三支一扶"计划、"大学生志愿服务西部"计划,选调优秀大学生到街道和社区工作,等等。青年大学生朝气蓬勃、思想活跃,历来是思想解放的先锋,素有开风气之先的光荣传统。因此,要走在解放思想的前列,站在改革开放的前列,就要"到基层去建功立业",在最困难、最艰苦的地方大显身手,在不懈奋斗中历练人生。基层实践是青年大学生建功立业的"磨刀石"。越是条件艰苦、困难较多,越能磨炼人的意志,越能培养吃苦耐劳、坚忍不拔的品质和作风。有句俗话说得好:"刀不磨不快,玉不琢不光。"青年大学生只有不断地在基层的实践中"打磨",才能真正成为国家的栋梁之材。也正是因为如此,青年大学生到基层去建功立业,既符合人才成长的规律,又顺应了党的事业的需要,是我们党人才工作的成功经验之谈。

实践出真知,实践长才干。青年大学生在推进社会主义现代化建设的伟大事业中要有所作为、建功立业,只能到这一伟大事业的实践中去;检验青年大学生在基层工作有没有做出贡献、做出多大贡献,也必须用实践这把尺子来衡量。因此,青年大学生要认清时代的要求,认清党和人民寄予的希望,认清肩负的历史重任,朝气蓬勃、满腔热忱地到基层、到生产一线和艰苦的地方去经受考验、成长成才,这样才能获得组织上最大的信任和人民群众真诚的拥护,才能大有作为。

(2)到企业就业。

大部分毕业生毕业后都选择去企业就业,特别是一些大型企业和有名的外企。企业一般需要两类专业人员,即管理人员和工程技术人员。在管理人员需求方面,根据管理工作的特点,企业对毕业生的社会活动能力一般比较重视。有些处于起步阶段的企业,甚至把大学生的社交能力作为选聘的主要条件。此外,企业还常常考察毕业生的决策分析能力、开拓创新能力等。在工程技术人员方面,由于他们承担着解决生产过程中的技术难题和开发新产品、转移生产方向等艰巨任务,从企业近年接收大学毕业生情况看,企业对毕业生有两个明确的要求:一是要求有较强的动手能力和分析问题能力;二是眼睛向下,向实际学习,向工人学习。

目前国家出台了一系列政策鼓励大学毕业生到中小企业和非公有制企业就业,激励大学毕业生在中小企业和非公有制企业这个舞台发光发热。中小企业和非公有制企业须与其招用的高校毕业生签订劳动合同并按规定参加社会保险,根据需要也可委托公共就业(人才)服务机构为其代办社会保险事务。同时,对招用就业困难的高校毕业生,签订一年以上劳动合同并缴纳社会保险费的中小企业和非公有制企业,按规定给予社会保险补贴。可见,大学毕业生到中小企业和非公有制企业就业不失为一个明智的选择。

(3)参与科研项目。

现代科研活动是一种跨学科、多层次、综合性、创新性的复杂的社会活动,对生产力的推动作用巨大。因此,科研活动特点决定了从事这项活动的人员应该具有扎实的、比较全面的基础知识和专业知识,并尽可能富有创造力和分析能力。科研单位选择毕业生时,要求其专业成绩优秀、头脑敏锐、善于独立思考和钻研问题,并且外语水平也要求比较高。

与此同时,科研单位是大学生创新与创业的最好平台,大学毕业生在这个舞台上完全可以做出一番成就,对于以后的发展大有裨益。

(4)进行自主创业。

随着中国经济的蓬勃发展,中国正慢慢成为全球的商业沃土和创业乐园。国家相继出台了一系列鼓励大学生创业的政策法规来缓解就业压力，大学生创业环境得到明显改善，大学生创业人物不断涌现。大学生创业的主要类型包括：

①独立创业，即创业者个人或创业团队，白手起家完全独立地创建企业的活动。

②母体分离创业，即公司或企业内部的管理者从母公司中脱离出来，新成立一个独立公司或企业的创业活动。母体分离是常见的一种创业现象，一般在产品生命周期的早期，新兴行业及进入壁垒低的行业比较容易发生母体分离创业。母体分离创业的成功率比较高。

③企业内创业，通常是由一个企业内具有创业愿望的员工发起，在组织授权和资源保障等支持下，由员工和企业共担风险，共享创业成果的创业形式。

大学生创业的几种基本模式包括注册创建小型公司、依托或加盟创业、创建工作室或开小店面、利用互联网进行创业，等等。

目前，中国青年创业大多面临两大难题，即项目与资金。

那么，什么样的项目最适合青年创业呢？青年创业项目应至少满足四个条件：

①项目提供方能够给青年提供完善的运作系统支持。由于创业青年缺乏运作管理经验，在创业时若无完善的创业指导，则其在运作时必将因缺乏经验而遭到打击。

②有一个为青年创业者提供支持、帮助的组织。青年创业时，往往是在项目提供商的鼓动下，凭一时激情进行创业。这样，一旦出现失败，创业者将不仅蒙受经济上的损失，其信心也将会受到严重打击。若有一个组织尤其是官方组织为创业青年提供支持与帮助，则即使创业失败，也将获得组织的关怀。

③投资金额不大，且有可靠的推出机制。青年创业最主要目的应该是积累经验、积累人脉、积累资金。在其投资时，投资金额不宜过大，且要有可靠的退出机制。这样，才能确保把青年创业的风险降到最低点。

④有可靠的资金支持。青年创业时，往往是向亲友借钱，在青年无成功经营经验的情况下，向亲友借款很难成功。如果有机构能够为创业青年提供创业贷款，则其获得亲友支持的可能性将增大。

第三节　创业

一、创业的定义与类型

1. 创业的定义

创业的原意是"创立基业"或者"建功立业"。《辞海》对创业的解释就是"开创基业"。"创业"一词最早出现于《孟子·梁惠王下》，"君子创业垂统，为可继也"，将创建功业与一脉相承、流传后世联系起来。创业一词由"创"和"业"组成。"创"一般指创建、创新、创立、创造、创意。而"业"一般是指学业、业务、工作；专业、就业、转业、事业；财产、家业等。由此可以看出，创业有丰富的内涵，不单单是创办企业。

对于创业，不同的学者从不同的角度出发有着不同的解释。有人认为，创业是创业者对自己拥有的资源或通过努力能够拥有的资源进行优化整合，从而创造出更大经济或社会价值的过程。还有人认为,创业是一种劳动方式,是一种需要创业者运营、组织,运用服务、技术、器物作业的思考、推理和判断的行为。全球创业研究和创业教育的开拓者杰夫里·蒂蒙斯(Jeffry A. Timmons)教授认为:"创业是一种思考、推理,结合运气的行为方式,它为运气带来的机会所驱动,需要在方法上全盘考虑并拥有和谐的领导能力。"当代管理大师彼得·德鲁克认为:"任何敢于面对决策的人,都可能通过学习成为一个创业者并具有创业精神。创业是一种行为,而不是个人的性格特征。"创业是一种可以组织并且是需要组织的系统性工作。

借鉴以上各种定义,并结合现实创业实践内容,在这里,我们将开创新事业,或扩大现有的生产规模,或改变现有的经营模式,都归结为创业。

2. 创业类型

随着创业活动的日益广泛,创业活动的类型也呈现出多样化的趋势。了解创业类型,比较不同类型创业活动的特点,有助于我们更好地理解和开展创业活动。创业类型的划分方式很多,所依据的标准也不尽相同。在这里,我们从不同的维度出发,以全面的视角看待创业,对创业的类型进行划分。

(1)依创业目的可分为机会型创业和生存型创业。机会型创业是指创业的出发点并非谋生,而是为了抓住和利用市场机遇。它以市场机会为目标,以创造新的需要或满足潜在需求为目标,因而会带动新产业发展。生存型创业是指为了谋生而自觉或被迫地创业,大多偏向于尾随和模仿,因而往往会加剧市场竞争。

(2)依创业起点可分为创建新企业和既有组织内创业。创建新企业是指创业者从无到有地创建全新企业的过程。这个过程充满机遇和刺激,但风险和难度也大,创业者往往缺乏足够的资源、经验和支持。既有组织内创业是指在现有组织内的有目的的创新过程。以企业组织为例,可指公司由于产品、营销以及组织管理体系等方面的原因,在企业内进行重新创建的过程。

(3)依创业者数量可分为独立创业和合伙创业。独立创业是指创业者独自创办自己的企业,其特点在于产权归创业者个人所有,企业由创业者自由掌控,决策迅速,但创业者要独自承担风险,创业资源整合比较困难,并且受个人才能限制。合伙创业是指与他人共同创办企业,其优势和劣势正好与独立创业相反。

(4)依创业项目性质可分为传统技能型、高新技术型和知识服务型创业。传统技能型创业是指使用传统技术、工艺的创业项目,如酿酒、饮料、中药、工艺美术品等。这些独特的传统技能项目在市场上表现出经久不衰的竞争力。高新技术型创业是指知识密集度高,带有前沿性和研究开发性质的新技术、新产品创业项目。例如,将航天等高新技术领域的成果实现产业化、形成新产品,微波炉进入千家万户就是最好的例子。知识服务型创业是指为人们提供知识、信息等的内容创业项目。当今社会,会计师事务所、工程咨询公司等各类知识性咨询服务机构不断细化和增加,这类项目投资少、见效快,竞争也日渐激烈。

(5)依创业方向和风险可分为依附型、尾随型、独创型和对抗型创业。依附型创业可分为两种情况:一是依附于大企业或产业链而生存,在产业链中明确自己的角色,为大企业提供配套服务。二是特许经营权的使用。例如,利用知名品牌效应和成熟的经营管理模式,通过连锁、加盟等方式进行创业。尾随型创业即模仿他人创业,行业内已经有同类企业或类似经营项目，新创企业尾随他人之后，学着别人做。独创型创业是指提供的产品和服务能够填补市场空白。大到独创商品，小到商品的某种技术，如环保洗衣粉等。对抗型创业是指进入其他企业已经形成垄断地位的某个市场，与之对抗较量。

（6）依创业方式可分为复制型创业、模仿型创业、安定型创业和冒险型创业。

①复制型创业是在现有经营模式的基础上进行简单复制的过程。例如，某人原本在一家化工品制造企业担任生产部经理，后来离职创立一家与原化工品制造企业相似的新企业，且生产的产品和销售渠道与离职前的那家企业相似。

②模仿型创业是一种在借鉴现有成功企业经验基础上进行的重复性创业。这种创业虽然很少给顾客带来新创造的价值，创新的成分也很低，但对创业者自身命运的改变还是较大的。例如，某软件工程师辞职后，模仿别人开一家饮食店。这种形式的创业具有较高的不确定性，学习过程长，犯错误的机会多，试错成本也较高。不过，创业者如果具有较高的素质，那么只要他得到专门的系统培训，注意把握市场进入契机，创业成功的可能性也比较大。

③安定型创业是一种在比较熟悉的领域所进行的不确定因素较小的创业。例如，企业内的研发团队在开发完成一项新产品之后，继续在该企业内开发另一款新的产品。这种创业形式强调的是个人创业精神最大限度的实现，而不是对原有组织结构进行设计和调整。

④冒险型创业是一种在不熟悉的领域进行的不确定性较大的创业。这种创业除了对创业者具有较大的挑战，并给其带来很大的改变外，其个人前途的不确定性也很高。通常情况下，那些以创新的方式为人们提供具有自主知识产权的新产品、新服务的创业活动，便属于这种类型的创业。

（7）依创业主体可分为个体创业和公司创业。个体创业主要指不依附于某一特定组织而开展的创业活动。公司创业主要指在已有组织内部发起的创业活动，这种创业活动可以由组织自上而下发动，也可以由员工自下而上推动，但无论推动者是谁，公司内的员工都有机会通过主观努力参与其中，并在这种创业中获得报酬和得到锻炼。从创业本质来看，个体创业与公司创业有许多共同点，但是由于创业主体在资源、禀赋、组织形态和战略目标等方面各不相同，因而两者在创业的风险承担、成果收获、创业环境、创业成长等方面存在较大差异。两者的主要差异见表1-3。

表1-3 个体创业和公司创业的主要差异

个体创业	公司创业
创业者承担风险	公司承担风险，但不是与个体相关的生涯风险
创业者拥有商业概念	公司拥有概念，特别是与商业概念有关的知识产权
创业者拥有全部或者大部分事业	创业者或许拥有公司的权益，但可能只是一小部分
从理论上说，创业者的潜在回报是无限的	在公司内，创业者所能获得的潜在回报是有限的
个体的一次失误可能意味着整个创业失败	公司拥有更多的容错空间，能够吸纳失败
受外部环境波动的影响较大	受外部环境波动的影响较小
创业者具有相对独立性	公司内部的创业者更多地受团队的牵制
在过程、试验和方向的改变上具有灵活性	公司内部的规划、程序和官僚体系会阻碍创业者的策略调整

续表

个体创业	公司创业
决策迅速	决策周期长
低保障	高保障
缺乏安全网	有一系列安全网
在创业主意上，可以沟通的人较少	在创业主意上，可以沟通的人较多
至少在创业初期，存在有限的规模经济和范围经济	能够很快实现规模经济和范围经济
具有严重的资源局限性	在各种资源的占有上都有优势

（资料来源：MORRIS M，KURATKO D. Corporate Entrepreneurship ［M］. Harcourt College Publishers，2002.）

二、创业的过程与阶段

一般而言，创建新企业是一个充满挑战甚至非常痛苦的过程。在未知的不确定的情况下投入自己的积累，对创业者来说，其面临的压力可想而知，付出的心智和汗水将不计其数。创业过程涉及许多活动和行为，但最重要的环节在于企业与最佳的市场机会相适应。换言之，创业过程主要是企业为实现其任务和目标而发现、分析、选择和利用市场机会的管理过程。按照时间顺序，创业过程可以分为分析市场机会、选择目标市场、设计市场营销组合和管理创业活动四个阶段，如图 1-3 所示。

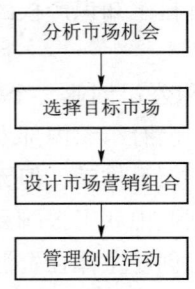

图 1-3　创业的过程

1. 分析市场机会

分析市场机会是创业过程的核心，也是创业管理的关键环节。通俗地说，市场机会就是指未满足的需要。哪里有未满足的需要，哪里就是市场机会。分析市场机会包括寻找发现市场机会和评估市场营销机会两个方面的活动。

寻找发现市场机会是企业分析市场机会的必要前提。寻找发现市场机会包括以下三种方式：第一，分析企业的营销环境，找出有利和不利的因素。企业要学会从宏观和微观的营销环境中及时识别市场机会，发觉其中有利和不利的因素。第二，广泛收集市场信息。建立完善的市场营销信息系统，开展经常性的调查研究工作是企业收集信息的重要途径。通过市场调研来寻找发现未满足的需要。第三，制造机会。制造营销机会在于能对营销环境变化做出敏捷的反应，善于在许多寻常事物中迸发灵感，巧于利用技术优势开发出新产品。

评估市场营销机会是企业分析市场机会的重要基础。市场营销机会是指对企业的营销具有吸引力的，企业在此能享有竞争优势和差别利益的环境机会。市场机会能否成为企业的营销机会要具备三个条件：第一，它是否与企业的任务和目标一致；第二，它是否符合企业的资源条件；第三，企业利用该机会是否能享有更大的差别利益。

2. 选择目标市场

选择目标市场是企业创业过程中面临的一个重要问题。任何企业都没有足够的人力资源和资金满足整个市场或追求过大的目标，只有扬长避短，找到有利于发挥本企业现有的人、财、物优势的目标市场，才不至于在庞大的市场上瞎撞乱碰。

选择目标市场主要包括以下四个步骤：第一，预测市场需求量。市场需求预测是在市场调研的基础上，运用科学的理论和方法，对未来一定时期的市场需求量及影响需求的诸多因素进行分析研究，寻找市场需求发展变化的规律。一般采用定性预测和定量预测两种方法。第二，市场细分化。通过市场调研，依据消费者的需要和欲望、购买行为和购买习惯等方面的差异，把某一产品的市场整体划分为若干消费者群的市场分类过程。每一个消费者群就是一个细分市场，每一个细分市场都是具有类似需求倾向的消费者构成的群体。第三，市场目标化。在评估完各个细分市场后，选择合适的细分市场作为目标市场。第四，市场定位。根据市场的竞争情况和企业的条件，确定企业产品在目标市场上的竞争地位。具体地说，就是在目标顾客的心目中为产品创造一定的特色、赋予一定的形象，以适应顾客一定的需要和偏好。

3. 设计市场营销组合

营销组合是企业的综合营销方案，即企业根据目标市场的需要和自己的市场定位，对自己可控制的各种营销因素（产品、价格、渠道、促销等）优化组合和综合运用。设计市场营销组合主要以4P营销理论为依据。

4P营销理论被归结为四个基本策略的组合，即产品策略，主要是指企业以向目标市场提供各种适合消费者需求的有形和无形产品的方式来吸引消费者的方式；价格策略，是企业以按照市场规律制定价格和变动价格等方式来更好地影响企业的销售量，从而获得最大利润的策略；渠道策略，主要是指企业以合理地选择分销渠道和组织商品实体流通的方式来实现其营销目标；促销策略，主要是指企业以利用各种信息传播手段刺激消费者的购买欲望，促进产品销售的方式来实现其利润增长的手段。

4. 管理创业活动

管理创业活动包括计划、组织、执行和控制营销工作等一系列过程。计划是指制订支持创业的计划。组织是指协调所有创业人员的工作，同其他部门密切配合，组织创业资源的使用。执行和控制是指执行营销计划，利用控制系统控制意想不到的事发生以实现创业的目标。

三、创业的要素

创业是一项非常艰苦的事业，也是一个复杂和复合的系统。创业需要多种条件、资源和要素。通常来说，创业的关键包括三个要素，即机会、团队和资源。

1. 创业机会

创业机会往往是一个新的市场需求,或者是一个需求大于供给的市场需求,或者是一个可以开辟新产品的市场需求。这样的市场需求并非只有创业者认识到了,其他的竞争者也许会很快加入竞争的行列。因此,并不是每一个创业者都需要付出行动去满足它。

2. 创业团队

创业团队并不是一群人的简单组合,而是一个特殊的群体。它要求团队成员能力互补,拥有共同的愿景和价值观,通过相互信任、自觉合作、积极努力而凝聚在一起,并且团队成员愿意为共同的目标奉献自己,发挥自己最大的潜能。

3. 创业资源

创业资源是指初创企业在创造价值的过程中需要的特定资产,其中包括有形与无形的资产,它是初创企业创立和运营的必要条件,主要形式表现为人才、资本、机会、技术和管理等。

4. 要素之间的关系

有着"创业教育之父"美誉的杰弗里·蒂蒙斯在长期研究的基础上,提出了创业要素模型——蒂蒙斯模型,如图 1-4 所示。

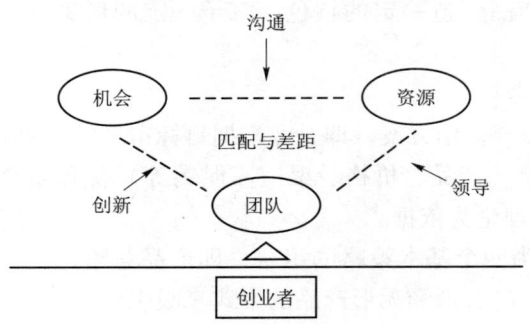

图 1-4 创业要素模型

蒂蒙斯模型在创业领域有着深远的影响。首先,该模型简洁明了,提炼出创业的关键要素:机会、创业者及其创业团队、资源。这三个要素是任何创业活动都不可或缺的。没有机会,创业活动就成了盲目的行动,根本谈不上创造价值;机会普遍存在,没有创业者识别和开发机会,创业活动也不可能发生;合适的创业者把握住合适的机会,还需要有资源,没有资源,机会就无法被开发和利用。

其次,该模型突出了要素之间匹配的思想,这对创业来说十分重要。蒂蒙斯认为,在创业活动中,不论是机会,还是团队,抑或是资源,都没有好和差之分,重要的是匹配和平衡。这里说的匹配,既包括机会与创业者之间的匹配,也包括机会与资源之间的匹配。机会、创业者、资源之间的平衡和协调,是创业成功的基本保证。蒂蒙斯说的这些道理虽然很简单,但对创业活动而言,却非常重要,而且要真正做到,也不是一件很容易的事情。

最后,该模型具有动态特征。创业的三要素很重要,但不是静止不变的。随着创业过程的开展,其重点也会相应地发生变化。创业过程实际上是创业的三个因素相互作用,由不平衡向平衡方向发展的过程。成功的创业活动，不仅要将机会、创业者及其创业团队、资源做出最适当的搭配，而且要使其在事业发展过程中始终处于动态的平衡状态。

第四节　创业精神与人生发展

创业精神是以创新、变革为核心的个性品质，也是推动社会经济变革、促进社会经济发展的重要力量。它既体现在创业者个体在创业实践活动中所表现出来的独特的市场判断能力、与众不同的行为方式，以及敢于冒险、敢于担当、百折不挠的意志品质等方面，也体现在一个国家或一个企业的技术创新、经营模式创新、管理制度创新、产业创新等方面。它既对个体的人生追求和事业发展具有重要影响，也对企业的发展、民族的兴旺和国家的繁荣具有重要影响。

一、创业精神

1. 创业精神的概念

创业精神这个概念出现于18世纪，多年来，其含义在不断变化着。综合已有的创业精神的定义，我们这样界定创业精神：创业精神是创业者在创业过程中的重要行为特征的高度凝结，这种精神主要表现为敢于创新、勇担风险、团结协作、坚持不懈等。创业精神的基本内涵可以从哲学层面、心理学层面、行为学层面三个方面加以理解。从哲学层面看，创业精神是人们对创业行为在思想观念上的理性认识；从心理学层面看，创业精神是人们在创业过程中体现的创业意志和创业个性的心理基础；从行为学层面看，创业精神是人们在创业时所表现出的创业品质和创业素质的行为模式。

创业精神是创业者各种素质的综合体现，它集冒险精神、风险意识、效益观念和科学精神于一体，体现了创业者具有开创性的观念、思想和个性，以及积极进取、不惧失败和敢于承担等优秀品质。创业精神不但是一种抽象的品质，而且是推动创业者创业实践的重要力量。这具体表现在以下三个方面：第一，创业精神能让创业者发现别人注意不到的趋势和变化，看到别人看不到的市场前景；第二，创业精神能让创业者在新事物、新环境、新技术、新需求、新动向面前具有较强的吸纳力和转化力；第三，创业精神能让创业者不断地寻找机遇，不断地追求创新，不断地推出新的产品和新的经营方式。

2. 创业精神的来源

创业精神的形成与发展受相应文化环境、产业环境、生存环境等的影响。

（1）文化环境。创业本身是一种学习。创业者离不开现实文化环境。作为学习者，其所生活区域的文化就是学习的重要内容之一。因此在一个商业文化氛围浓厚的地方，潜在的创业行动者容易培养创业精神。以温州为例，温州十分发达的商业文化传统，孕育了当今温州商人的创业精神。

（2）产业环境。不同的产业环境会对创业精神产生影响。对于垄断行业而言，企业缺少竞争，就容易抑制创业精神的产生。而在一个完全竞争的市场结构中，由于企业间优胜劣汰、竞争激烈，更有可能形成创业精神。

（3）生存环境。常言道，"穷则思变"。从生存环境来看，资源贫瘠、条件恶劣的区域往往能激发人的斗志。从创业视角分析，在资源贫瘠的地方，人们为了改善生存状况而寻求发展机会，整合外界资源，进而催生创业念头、激发创业精神。

3. 创业精神的特征

经济学家熊彼特专门研究了创业者创新和追求进步的积极性所导致的动荡和变化，将创业精神看作一种具有创造性和破坏性的力量。因为创业者创造的"新组合"使旧产业遭到淘汰，原有的经营方式被全新的、更好的方式破坏。而管理学家德鲁克则将这一理念更推进了一步，他将创业者称作是主动寻求变化、对变化做出反应并将变化视为机会的人。

综观各个学派、各方人士对创业精神的理解，通过对古今中外创业者的创业活动和人格特征的深入分析，我们将创业精神的特征概括为以下几个方面：

（1）综合性。创业精神，是由很多精神特质综合作用而产生的。比如创新精神、拼搏精神、专一精神、进取精神、合作精神等，都是创业精神的重要特质。

（2）整体性。创业精神，是由哲学层面的创业观念、心理学层面的创业意志和行为学层面的创业品质构成的整体，缺少其中任何一个层面，都无法构成创业精神。

（3）先进性。创业精神，体现在立志开创前无古人的事业，所以它必然具有超越历史的先进性，想前人之未曾想，做前人之未曾做。

（4）时代性。不同时代的人，面对着不同的物质生活条件和精神生活条件，创业精神的物质基础和精神营养自然有所不同，创业精神的内容也就各不相同。

（5）地域性。创业精神还明显地带有地域特色，例如，作为改革开放前沿的广东，其创业精神明显带有"敢为天下先""务实求真""开放兼容"和"独立自主"等特性。

4. 创业精神的相关因素

（1）创业精神与学历高低无关。创业精神与一个人学历的高低无关：不论是中学生、本科生还是博士生，只要其拥有创业精神，这种精神就不会因为学历的差距而有任何不同。

（2）创业精神与企业大小无关。需要说明的是，创业精神与企业大小也没有关系：不论是大型企业的老板还是便利店的老板，在开办企业时，所需要拥有的创业精神都是一样的，并不会因为所创企业的大小不同，使创业精神的本质有丝毫的区别。

5. 创业精神的作用

创业精神能激起人们进行创业实践的欲望，是一种心理上的内在动力机制。创业精神在很大程度上决定着一个人是否敢于投身创业实践，它支配着人们对创业实践活动的行为和态度，并影响行为和态度的方向及强度。

创业精神能够渗透到三个广阔的领域并产生作用：个人成就的取得（个人如何成功地创建自己的企业）、大企业的成长（大公司如何使其整个组织都重新焕发创业精神，以具有更强的竞争力并创造高成长）和国家的经济发展（帮助人民变得富强）。创业精神的力量能够帮助个人、企业，乃至整个国家或地区在面对21世纪的竞争时走向成功和繁荣。当前，世界产业结构正经历着彻底转变，创业精神定会在我国发挥更大的作用，它有利于加快转变经济发展方式，促进社会经济又好又快地发展。

6. 创业精神的培育

（1）培育创业人格。个性特征对个体创业来说是极其重要的，尤其是"独立性""敢为性""坚持性"等特征。所以，人格的教育对创业能力与创业精神的培养来说是相辅相成的。高校要根据大学生的心理特点，有针对性地教授心理健康方面的知识，引导大学生树立心理健康意识、强化心理素质、增强心理调节能力和对于社会的适应能力，自觉培养坚韧不拔的意志品质和艰苦奋斗的内在精神，提高承受挫折和解决问题的能力。此外，还可以采用创业案例剖析创业者的人格特征、进行心理训练等，让学生了解形成良好心理素质与优秀人格特征的途径。

（2）培养创新能力。创新能力是创业精神的核心，高校必须突出对学生创新能力的培养。一定要尊重学生的个性发展，爱护和培养学生的好奇心，为学生潜能的充分开发营造出一种宽松的氛围。鼓励学生勇于突破，有针对性地突破前人、突破书本、突破老师。通过开设创新创造类课程、举办主题知识技能竞赛，让学生感受、理解创新的产生和发展过程，培养学生的创新思维和科学精神。

（3）宣扬创业文化。校园文化是学生成才的外部环境，对于学生来说，它具有陶冶、激励和导向功能。高校应将创业精神有机地融入学科活动、科技活动等活动中，以更好地培养学生的创业精神。可经常邀请成功的企业家或成功的校友来学校做报告，增强大学生对于创业的信心，利用他们的激情感染学生，成为鼓励学生创业的榜样。

（4）强化创业实践。鼓励学生在课余时间参加一些创业模拟和社会实践活动，增强学生对企业的了解以及对社会的适应能力。比如在校内外开展创业竞赛活动、与外部企业联合开展学生的实习见习等，"纸上得来终觉浅，绝知此事要躬行"，让学生在实践中磨炼自己，形成正确的创业认知，孕育创业精神和增强解决问题的能力。

二、创业精神对个人生涯发展的影响

创业精神并不是与生俱来的，而在于后天的学习、思考和实践。创业精神一旦形成，就会对人的一生产生重要的影响。这种影响不仅体现在创业者创业准备和创业活动的始终，还体现在日常的工作、学习和生活中。从某种意义上说，创业精神不但决定个人生涯发展的态度，而且决定个人生涯发展的高度和速度。

1. 创业精神决定个人生涯发展的态度

作为一个社会人，其生涯发展必然要受到各种社会因素的影响。但是，不同的人由于其生涯发展的态度不同，所以在面临各种各样的发展机遇时，其选择也不相同。而创业精神作为一种思想观念、个性心理特征和行为模式的综合体，必然会对其生涯发展态度具有重要影响。例如，创业精神中思想观念的开放性、开创性，容易让人接受新思想、新事物，形成开放的态度，敢于开风气之先，从而想他人未曾想，做他人不敢做，成为事业上的领跑者。再如，创业精神中的创新精神、拼搏精神、进取精神、合作精神等，能使人树立积极的生活态度，在顺境中居安思危、不懈奋进，在逆境中不消沉萎靡，排除万难、积极向上，重新找到生涯发展的方向。有道是"态度决定一切"，在相同的个人天赋和社会环境下，有创业精神的人有着比其他人更加积极的人生态度，所以更有可能发现机会、把握机会，更有可能看到别人不能看到的风景。

2. 创业精神决定个人生涯发展的高度

创业精神是一个人核心素质的集中体现，它不仅决定了一个人在机遇面前的选择，而且决定了一个人的生涯目标和事业追求。具有创业精神的人，无论是创办自己的企业，还是在各种各样的企事业单位就业,都会志存高远、目光远大、心胸宽广。这样的人不但在事业上会取得更大的成绩,在个人品德和修为上,也会达到更高的境界。

随着国家经济、政治、文化、社会、生态"五位一体"的深入改革,社会结构将发生重大调整,各行各业将在变革中重新达到利益均衡,这既为个人的发展提供了更多的机会,也给其带来了更大的挑战。在这种背景下,大学生如果能够有意识地培养自己的创业精神,让个人理想与社会发展的趋势和节奏相吻合,就有可能使自己的事业发展,达到计划经济时期无法想象的高度。但是,大学生如果在个人生涯发展上仍然沿袭计划经济时期的思维模式,不去主动规划自己的生涯发展,一切等着家长、学校和政府安排,一心想找个安稳、轻闲的"铁饭碗",就很有可能一辈子也找不到理想的工作,甚至一毕业就"失业"。

3. 创业精神决定个人生涯发展的速度

创业精神是一种主动精神和创造精神,这种精神能让人积极主动、优质、高效地做好自己承担的每一份工作,从而在平凡的岗位上做出不平凡的奉献。实践证明,具有创业精神的人,不管在什么岗位,不管从事什么职业,其强烈的成就动机,其追求增长、追求效率的欲望,都将转化为内心强劲的追求事业成功的动力。在这种动力驱使下,人们会将眼前的工作作为未来事业发展的起点,把握好生命中的每一个机会,做好自己从事的每一项工作。创业精神也是一种求真务实的精神。这种精神的本质,就是实事求是、讲求实效,就是实干苦干、反对浮夸、反对空谈。在人类社会的发展史上,许多企业家正是凭借这种精神,创造了从白手起家到富可敌国的财富神话;许多科学家、思想家、政治家、教育家和劳动模范,也正是凭借这种精神,从一个普通学子成长为举世瞩目的业界精英。当前,我国正处于改革开放的攻坚时期,改革是一条从未有人涉足过的路,所以既不能在书本中找到答案,也无法从前人的经验中寻找固定的模式,更不能靠空想和辩论来解决出路问题。在这种背景下,富于创业精神的人,敢于靠自己的实践探索,"摸着石头过河",会接受更多的挑战,完成更多的任务,取得更大的业绩,因而会取得更快的发展。

这是一个风起云涌的时代。十年、二十年之后,当我们回首这段历史,我们会为自己的胆怯而感到遗憾。这是一个风云变幻的时代,改革是我们成长过程的主要基调。传统的社会关系、思想观念、道德伦理、价值体系开始瓦解,而取代传统的,是一个多元化的世界。所有的一切,无时无刻不在变化;所有的一切,都有可能被打破;而这一切,需要你我重新定义。

拓展阅读

未来通信行业就业市场发展的展望

展望未来,我们认为通信行业就业市场发展主要有以下十大趋势:"新三国"的局面巩固,并分化为两大阵营;3G增值业务进入高速发展期,增值业务种类和应用范围将进一步扩展增多,增值业务爆发的基础进一步巩固;三网融合取得突破性成就;统一通信得到广泛应用,个人、企业普遍接受统一通信的理念并实施于工作生活之中;电子支付和电子商务迎来新的发展期;有线宽带业务进一步扩充;WLAN网络覆盖全国,成为普遍服务的一部分,并得到国家政策扶持,成为国家信息化战略的重要组成部分;语音收入进一步下滑,表现在总时长和收入两个方面;网站进一步整合,成熟的门户网站集中化,效率低、流量小的网站快速被兼并和倒闭；以中国移动为主导的4G（LTE）在中国商用范围进一步扩大，三家运营商均推出4G产品。

为了通信事业的发展，国家加快了5G网络工程建设步伐，网络基础建设、设备测试与调试、硬件维护、传输等硬件方面高端高薪岗位的人才紧缺。国内外顶尖的通信设备提供商及运营商（移动、联通、电信、中兴、华为等）也在紧急招聘大量5G的网络建设人才。可以说，未来通信行业就业市场是非常火爆的，我们通信行业的毕业生也是非常乐观的。

但由于大学扩招，造成了很多行业都"僧多粥少"的局面，再加上金融危机的冲击，这一切都严重影响了通信行业毕业生的就业。因此，通信行业毕业生要坚决避免眼高手低、心浮气躁，不要对工资薪酬期望太高，要知道在每个公司中，工资总是与自己的贡献成正比的。同时，要不断加强自己的动手实践能力，这样才能在未来的通信市场竞争中脱颖而出。

中国电信集团公司企业架构

中国电信集团公司是按国家电信体制改革方案组建的特大型国有通信企业，于2002年5月重组挂牌成立。原中国电信划分为南、北两个部分后，中国电信下辖21个省级电信公司，拥有全国长途传输电信网70%的资产，允许在北方十省区域内建设本地电话网和经营本地固定电话等业务。重组后的中国电信集团公司由中央管理，是经国务院授权投资的机构和国家控股的试点。资产和财务关系在财政部实行单列。中国电信集团公司注册资本1 580亿元人民币。目前主要经营国内、国际各类固定电信网络设施，包括本地无线环路；基于电信网络的语音、数据、图像及多媒体通信与信息服务，进行国际电信业务对外结算，开拓海外通信市场；经营与通信及信息业务相关的系统集成、技术开发、技术服务、信息咨询、广告、出版、设备生产销售和进出口、设计施工等业务；并根据市场发展需要，经营国家批准或允许的其他业务。中国电信集团公司继续拥有"中国电信"的商誉和无形资产。

作为一个国有大型企业，中国电信在全国各个大中小城市都有其分公司。而不同分公司往往用人标准、薪酬福利也都不一样。作为通信运营商，其下属部门包括行政管理、财务管理、人事管理、市场营销、运行维护、客户服务等部门，因此其需要的人才也会包括行政管理、财务管理、人事管理人员、技术服务人员、营销服务人员等。

而不同的部门也会有不同的岗位，以运行维护部而言，作为技术部门，可能会包括程控交换、无线、基础网络、互联互通等不同的岗位，而不同的岗位对于专业、技能要求也都不一样。今后的发展通道可能也会存在区别。中国电信作为上市公司，为了节约企业成本以及由于上市公司对于人员编制的限制要求，往往会同时存在在编人员和劳务派遣合同工两种用工性质。

"驴妈妈"：把自助游的流量导向景点

"驴妈妈"是洪清华的第三次创业，他的生意始终未离开过"旅游"二字。第一次创业是在北京，他跟朋友创办了达沃斯巅峰旅游景观设计中心，如今这家公司已经成为具备全国旅游规划甲级资质的单位。第二次创业是2004年，他在上海创办奇创旅游规划设计机构（以下简称"奇创"），该机构曾为三亚、漓江、千岛湖等旅游地做过规划。但是，真正让洪清华声名在外的，还是面向大众的B2C网站"驴妈妈"。

（1）向抱怨要商机。

洪清华一直认为，抱怨最多的地方必然存在巨大商机。游客对旅行社意见很大，他们反感所有的门票被打包，厌恶被带到指定商店买高价的劣质商品。景区对旅行社则是又爱又恨：爱的是旅行社能带来门票收入，恨的是旅行社不能带动周边消费。那个时候的市场是从观光游向休闲游过渡的时期，休闲设施大量建成。

洪清华判断，"未来一定是自驾游、自助游的游客激活景点的周边消费"。买一张门票游玩之后，游客还要住下来，晚上喝点咖啡，品尝下景点周边的特色餐饮，悠哉地待上两三天。洪清华坚持认为，景区门票一定要打折，让"驴友"过来之后产生综合消费、二次消费的价值远远大于一次性购买门票的价值。

其实，洪清华的这个想法诞生于2005年，但他真正付诸行动是在2008年。为什么要推迟三年才行动？很重要的原因是，他在等待自助游市场的爆发。

2008年电子商务慢慢热起来，在旅游行业摸爬滚打多年的洪清华感觉"散客潮"的时代即将来临，将"电子商务潮"和"散客潮"两股热潮整合起来，一定能产生很好的商业模式。不抢跟团游，也没选择机场、酒店作为切入口，洪清华大胆地选择了从无人涉足的自助游市场进入。

"领先一步可能是先烈，领先半步就是先锋。"作为第一个"吃螃蟹"的人，洪清华坚持通过电子商务平台向全国各地的自助游旅客卖门票，这也成为"驴妈妈"跟途牛、悠哉等众多旅游网站最大的区别。洪清华解释说，"驴妈妈"尽管是一家综合性旅游网站，但80%的业务是卖自助游产品，比如当季主打产品、"开心驴行"等，其余的20%是卖跟团游产品，洪清华坚信："我们的核心业务一定是自助游和门票。"

起步阶段的确艰难，景点服务商接受电商模式和打折门票需要一个循序渐进的过程。好在"驴妈妈"有先发优势，还有在奇创旅游规划咨询机构（简称"奇创"）做景区规划时结识的一些景区服务商。洪清华以免费的形式鼓励服务商到"驴妈妈"平台上做尝试，派市场人员苦口婆心地一遍遍沟通，做思想工作。"先有产品，然后再拿产品吸引游客，而且少量的产品是没有用的，起码得有1 000家供应商。"这是洪清华当时说服景点服务商的理由。

与传统区域性门票代理商不同，"驴妈妈"是面向全国的分销平台。经过一年时间的市场培育，"驴妈妈"的票务分销平台签了1 000多家代理商。这时的"驴妈妈"迎来了首轮融资。为了让更多"驴友"知道"驴妈妈"，洪清华开始大力推广网站。

（2）B2B2C全三角

2010年年初，当网站有四五千家景点之后，"驴妈妈"已经具备不小的知名度，一个"黄金周"能为某些景点输送游客几万人次。当营业额和订购数量开始形成规模后，"驴妈妈"仅向游客输送门票产品的模式显得越来越单薄。"游客抱怨餐饮不好，抱怨没有导游，抱怨旅游时在当地人生地不熟，等等，这些都是商机。"这时，洪清华开始不断丰富电商平台产品，为驴友提供度假酒店、餐饮、娱乐、租车、导游等自助游产品。他们还在三亚、黄山、厦门等旅游目的地开设分公司，服务当地游客。

业务发展过程中，洪清华发现，在中国的旅游产业链上，景区运营水平参差不齐，管理水平有很大提升空间。这时，洪清华的几大业务板块逐步显现。他通过成立景城国际旅游运营集团打通了旅游产业链，集团旗下景城旅游发展有限公司专做景区运营管理，景城旅游营销有限公司则负责景区营销服务。他还创办了"帐篷客"，在景区开设连锁酒店。再加上

"奇创"的业务，洪清华在旅游市场可谓"无孔不入"，用他的话来说，形成了一个"B2B2C 全三角"。

洪清华一边通过"驴妈妈"为自助游游客提供服务，一边帮景区做营销和规划设计等服务。"当为景区做规划设计的时候，景区看到我们的服务很专业，可能就会把相应的资源嫁接过来。'驴妈妈'获取门票等资源后，可以为游客提供更好、更丰富的产品。所有好的商业价值，一定是实现二次、三次的价值。就像苹果手机，光卖硬件只能赚一部分钱，硬件使用后的服务又能赚大量的钱。"洪清华的道理很简单，不是单纯将"驴妈妈"打造成电子商务公司，而是要将其打造成一家服务型公司。

洪清华首先通过网站把游客送到景区，提取佣金，输送完游客后，再通过旅游营销和规划产生二次价值，"卖服务的收入，已经超过了佣金收入"，这就是洪清华真正的商业模式。

2011 年，洪清华明显感觉到了中国自助游市场的蓬勃发展。当时国家旅游局统计数据显示，中国全年出游人数约 26 亿，大概只有 8.2% 是跟团游，剩下的 91.8% 都是自助游。"今年的'十一'黄金周，30% 的游客选择自助游，自助游旅客更多。"洪清华终于等到了"驴妈妈"业务的爆发。

目前，"驴妈妈"已经有了 7 000 多家景点的打折门票，打折幅度一般在二到八折。他们前前后后得到了江南资本、红杉、鼎晖等机构的三轮投资。今天，在出境旅游还是以跟团游为主流的情况下，洪清华又开始推出出境"自由行"产品。据透露，2013 年他们将大力开展全球门票业务。"我要瞄准下一个主流。难点在于市场的成熟和对产品的接受度。"

洪清华的下一个目标是希望再花三到四年的时间，将"驴妈妈"打造成集攻略、点评、公共服务、旅游景点等为一体的电子商务社区。"自助游天下，就找'驴妈妈'"，这是他们的诉求。

（资料来源：《创业邦》.2012 – 12，封面故事，编者进行了整理和删减。）

实践练习

1. 请分析和整理你所学专业可能的就业方向有哪些。
2. 就创业而言，你打算如何弥补不足。
3. 倾听三个以上朋友讲述他们的人生目标，制定你的大学三年规划表。

网络资源

1. 大学生创业：
   http：//www.cye.com.cn/xueshengchuangye/#
2. 大学生就业创业课程建设与思考：
   http：//ishare.iask.sina.com.cn/f/17704277.html

第二章　创业者与创业团队

- 学习目标

    通过本章的学习，深入了解创业者需要具备的素质，结合自身情况有的放矢地提高创业素质，同时掌握创业相关组织体系，进一步明确创业团队组建的一般规律，为今后创业奠定良好的基础。

- 知识要点

    1. 创业者：组织、管理一个生意或企业并承担其风险的人。
    2. 创业动机：引起和维持创业者从事创业活动，并使该活动朝向某些目标的内部动力。
    3. 创业团队：主要指在创业初期（包括企业成立前和成立早期），由两个以上才能互补、责任共担、愿为共同的创业目标而奋斗的人所形成的工作群体。创业团队中创业者间的关系通常可被分为网状、星状、虚拟星状等类型。
    4. 创业团队的责任：向社会提供优质产品和服务、促进国家创造和积累财富、节约资源保护环境、提高就业率和就业质量、履行社会公益事业等。
    5. 大学生提升创业素质的基本途径：间接途径主要是接受创业教育与创业体验，直接途径主要是亲自参与一定的创业过程。

案例导入

腾讯创始人马化腾深圳奋斗的故事

他，创业7年身家9亿；让2亿中国人改变了沟通习惯，打造了最具知名度的"深圳制造"；与软件巨擘微软争锋中国网络通信市场，被美国《时代周刊》和有线新闻网评为2004年全球最具影响力商界人士之一，他就是深圳市腾讯计算机系统有限公司CEO马化腾。

潮州小子闯深圳

尽管创造了中国网络领域其中一个最经典的神话，被视为中国IT界的"风云人物"，但当记者见到这位低调的神话创造者的时候，马化腾则更像是一位儒雅而内敛的斯文学者。即使谈到 1 月份为了赈济南亚海啸灾区，马化腾捐出了自己的"88888"QQ 号，并被意外地拍卖出 26 万元"天价"的时候，他也只是一笑置之。

只有谈到计算机和网络，马化腾才会不时露出开心的笑容和得意。看得出，他是一个完全沉浸在 IT 感觉中的人。1984 年，13 岁的马化腾跟随父母从海南来到深圳，一个百业待举却充满希望的年轻城市。进入大学后，曾经酷爱天文的马化腾在深圳大学却选择了计算机专业，"毕竟，天文太遥远了。"他说。在深大的岁月，马化腾的计算机天赋已经让老师同学刮目相看，他既可以成为各种病毒的克星，又可以为学校的 PC 维护提供解决方案，有时还干些将硬盘锁死的恶作剧，让机房管理员哭笑不得。

谈起大学的趣事，马化腾回味无穷。1993 年从深圳大学毕业后，马化腾进入润迅公司，开始做软件工程师，专注于寻呼软件的开发，并一直做到开发部主管。这段经历使马化腾明确了开发软件的意义就在于实用，而不是写作者的自娱自乐。而也正在这一年，他的大学师兄史玉柱开发的"汉卡"软件已经红遍中国，巨人集团名噪一时。从师兄的身上，马化腾得到了某种启示。马化腾是潮州人，潮州人那种深入骨髓里的商业细胞开始在马化腾的身上"激活"。当时正是股票市场最红火的年代，聪明的马化腾于是与朋友一起开发了针对股民的"股霸卡"，结果这个软件一炮而红，在赛格电子市场甚至卖到断市。同一时间，马化腾亦弄潮股海，并在 1994 年完成了一次飞跃，为其后来独立创业打下了基础，那时马化腾最精彩的一单是将 10 万元炒到 70 万元。

"从 1998 年开始，我就考虑独立创业，却一直没想清楚要做什么，但创业的想法并没有起伏，我知道自己对着迷的事情完全有能力做好。我感觉可以在寻呼与网络两大资源中找到空间。"马化腾说。1998 年 11 月，27 岁的马化腾创办了深圳腾讯计算机系统有限公司。1999 年 2 月，腾讯自主开发了基于 Internet 的即时通信网络工具——腾讯即时通信（Tencent Instant Messenger，简称"腾讯 QQ"），一个网络神话开始了。

微软其实并不可怕

经过短短 7 年的发展，腾讯 QQ 的用户群已成为中国最大的互联网注册用户群，注册用户高达 2.91 亿，活跃用户 7 100 万，最高同时在线用户达 600 万，腾讯 QQ 已成为亚洲最大的即时通信服务网络，而 QQ 的标志——那两个憨态可掬的企鹅更是被无数年轻人喜爱。通过和中国移动的合作，腾讯移动 QQ 曾占据了移动梦网 70% 以上的业务量，几乎每一个网民都用过它来聊天，它的知名度超过了互联网上任何一个名字。现在每十三个中国人中会有一个人逢人就说："别 call 我，Q 我。"还有不少人背着企鹅背包，穿着 QQ 制服，床头摆着 QQ 相架，床上扔着 QQ 靠枕……要做 QQ 一族。有人说：马化腾打造了一个 QQ 江湖，而他就是这个江湖无可替代的帮主。但这个江湖并不平静，全球软件巨擘——微软的 MSN 并不愿意让腾讯独美。面对这样一个世界级对手，马化腾却显得出奇的从容。

他说："腾讯在与微软正面交锋，但我们并不畏惧。互联网就是这样一个多变的市场，腾讯创造竞争力的方法就是紧密跟踪市场，超前地思考。就目前的情况来说，我们最强的竞争对手当然是微软的 MSN，但是从我个人的角度出发，我觉得腾讯应该并不惧怕来自微软的竞争。虽然对于腾讯来说，微软 MSN 进军中国应该算是最大的挑战，但只要我们避开他们的锋芒，微软其实并不可怕。微软要正式进军中国并不是那么容易的事情，毕竟各国的市场情况并不完全相同。具体到中国市场上来讲，一来我们会从定位上考虑和他们区分开来，微软是个很大的公司，他们主要针对企业用户，那么我们就更偏向于娱乐化一些，把我们原本就具备的优势发挥得更加淋漓尽致；二来中国的市场很大，有足够的发展空间和余地，这也使得我们更有信心。"

资本市场再续"QQ 神话"

2004 年 6 月，腾讯 QQ 终于向资本市场迈出了第一步——成功在中国香港挂牌上市，其超额认购的首次公开募股（IPO）为企业带来了总计 14.4 亿港元的净收入。

同时，公司预计 2004 年将赢利 4.44 亿元，据悉，中国香港零售发行部分获得 67 亿股的认购申请，超额认购达 158 倍。由此，腾讯顺利地完成了自己的资本跳跃。根据发行价 3.7 港元计算，拥有公司 14.43% 股权的马化腾个人资产接近 9 亿港元。

2004 年年底，年仅 34 岁的马化腾被美国《时代》周刊和 CNN 评为"2004 全球最具影响力商界人士"，还获得了中国香港第四届紫荆花杯杰出企业家奖，原因很简单：因为马化腾和腾讯 QQ 不仅改变了数亿中国人的沟通习惯，创造了一种网络时代的文化，更引领出一个全新的赢利模式。今天，几乎每一个中国网民的电脑桌面上，都在右下角藏着一只小企鹅的图标。

"让用户上网第一件事就是打开 QQ，这是我的目标。"马化腾说。谈到未来的发展，马化腾表示除了继续将网络即时通信市场巩固壮大外，腾讯还有意进军网络游戏和网络拍卖两大领域。有了资本市场做后盾，这位充满创业激情和新锐创意的年轻人越发踌躇满志了。在深圳这座充满各种艰难创业故事的城市，马化腾的成功看起来的确有着传奇色彩。马化腾并不否认自己是个幸运儿，他说："我庆幸自己来到了深圳，并在此创业获得了成功，是深圳这个年轻而富于激情和梦想的城市，成就了腾讯，成就了我。"

（资料来源：http//：www.cye.com.cn）

第一节　创业者及其创业动机

创业者并不是"另类"的特殊人群。具备一些独特技能和素质有助于成功创业。一个创业者或有志创业的人首先要明白自己将要承担的社会角色，清晰个人或团队的创业动机。

一、创业者的定义和特征

对应于"创业"的广义和狭义定义，"创业者"也有广义和狭义之分。广义的创业者通常指"从事创造新事业的人"，狭义创业者一般指"从事开办新企业事业的人"（有时又被特指为"自主创业者"）。本书的"创业者"将主要采用狭义定义。

在欧美学术界和企业界，创业者更多地被定义为"组织、管理一个生意或企业并承担其风险的人"。它又特指两类人：一是企业家，即在现有企业中负责经营和决策的领导人；二是创始人，通常理解为即将创办新企业或者是刚刚创办新企业的领导人。

创业者区别于一般人的特征表现为以下 6 个方面：

（1）立志创新。由于创新是创业精神的本质所在，所以创业者通常具有创新精神。

（2）成就导向。创业者通常是目标导向型之人，他们很自然地设定个人目标，并且通过自己的成长去努力完成这些目标。

（3）崇尚独立。创业者大多高度地自我依赖，并且许多人自然地偏向于通过独立工作来完成目标。

（4）掌控自我。创业者很少把他们自己看作是生存和经营环境的受害者，而是努力掌控自己的命运。他们具有把消极的环境看作是机会而不是威胁的倾向。

（5）不惧风险。虽然没有足够的证据证明任何理性人（包括创业者）为了从风险中获得利益而主动寻找风险，但是已有较多的证据表明创业者对风险有更多的包容性，并且创造性地寻找可行方法以降低风险。

（6）包容不确定性。创业者总是比其他人更加从容地适应动态变化、未来并不特别明确的情形。

二、创业者的素质与能力

1. 素质和能力的含义

创业者的素质和能力是创业者在创业活动中表现出来的特质，是一些先天性因素和后天积累的综合产物，是创业者达成一个创业目的需具备的主体条件。

虽然人们常常将"素质"和"能力"相提并论，但它们之间在学理上应该有所差别。素质通常指某人在先天生理基础上，受后天环境教育影响，通过个体自身的认识和社会实践，养成的比较稳定的身心发展的基本品质，包括情商、行为方式和使命感等。能力则是在掌握了一定知识的基础上，经过培养和实践锻炼而形成的一些特别素质，包括想象力、记忆力、观察能力、联想能力、组织能力、沟通能力、领导能力、创新能力、学习能力、号召能力、适应能力等。

2. 创业者应具备的素质

美国管理学家拜格雷夫（曾任教于美国创业学教育的领导者百森商学院）曾将优秀创业者的基本禀赋归纳为 10 个"D"，即理想（dream）、果断（decisiveness）、实干（doer）、决心（determination）、奉献（dedication）、热爱（devotion）、周详（details）、命运（destiny）、效益（dollar）和分享（distribute）。

我国的丁栋虹教授则认为创业者应具备以下素质：resources（充分的资源，包括人力和财力，以及充足的经验、学历、流动资金、时间、精神和毅力等）、ideas（可行的创意和想法）、skills（适当的基本技能，不是行业中的一般技能，而是通常性的企业管理技能）、knowledge（有关行业的知识，不是只陶醉于自己的理想中）、intelligence（才智，创业者不一定要有高智商，但要能够善于把握时机去做出明确的决定）、network（网络和关系，创业者需要有人帮助和支持，不断扩大朋友网络和处理好人际关系会带来不少方便）和 goal（确定的目标）。

虽然这些表述都是仁者见仁、智者见智的事情，但毕竟都是从大量实践和创业者的经历中提炼出来的特征，因而具有一定的参考作用，对我们年轻的创业者有意识地培养和积累自己的能力和素质具有一定的引导性作用。若换一个角度去理解，创业者的素质还可以被看作主要包含以下三个方面：

知识素质。创业者通常具有一专多能的知识结构。比如，了解科学的经营管理知识和方法，具有一定的管理水平；掌握与本行业发展相关的政策法规、科学技术知识，依靠科技进步增强竞争能力；具备市场经营方面的财务会计、市场营销、国际贸易、国际金融等知识。

心理素质。创业者要具备一定的心理条件，包括自我意识、性格、气质、情感等心理构成要素。创业者的自我意识特征通常表现为自信和自主；其性格常常刚强、坚韧、果断和开朗；其情感时常更富有理性色彩。

身体素质。创业者通常身体健康、体力充沛、精力旺盛、思维敏捷。现代企业的创业与经营是艰苦而复杂的过程，创业者工作繁忙，工作时间长，压力大，如果身体不好，必然力不从心、难以承受创业重任。

3. 创业者应具备的能力

准确地区分"素质"和"能力"是一个颇为复杂的学术问题。好在大部分创业者并没有在严格、清晰地区分了"素质"和"能力"两者之间的不同后才去启动他们的创业行为。因此，此处我们也不对创业者的"能力"问题进行详细的说明。

当然，如果我们强调创业者的"素质"主要包括"知识素质""心理素质"和"身体素质"，那么，可以认为创业者的能力将主要包含创新能力、分析决策能力、预见能力、应变能力、用人能力、组织协调能力、社交能力、激励能力等。

其实，创业者的"素质"和"能力"也常常因人而异。稍后我们将以对马云的观察给出关于这方面的进一步说明。

4. 创业素质与能力的培养

大多数创业能力可以通过后天的实践获得或加以改善。创业者素质能力的开发通常需要注意三个方面的内容：一是开发有利于创业者素质能力形成的外部环境；二是引导创业者的人格形成；三是坚持知识、能力、素质的辩证统一，科学地开发培养能力。

良好的外部环境对创业者具有陶冶、凝聚、激励和导向等功能，有利于创业者塑造自己的优秀品质。个人的自由发展、独立精神、开拓精神、创造性以及公平的竞争和均等的机会等都能极大地促进创业精神的孕育，有利于将创业精神培养和能力开发有机地融入社会活动、科技活动等日常生活中去。

美国斯坦福大学教授推孟曾在30年中追踪研究了800人的成长过程，结果发现，他们中成就最大的20%与成就最小的20%间最明显的差异体现在个性方面，个性特征对个体的创业具有重要的影响。高成就者更具有谨慎、自信、不屈不挠、进取心、坚持性、不自卑等心理特征，其中"独立性""坚持性""敢为性""克制性"的作用尤为显著。总之，创业人格的形成与创业能力的打造之间常常相辅相成。

就知识、能力、素质的辩证统一而言，知识是能力和素质的载体。创业所需的知识是一个体系，包括科学文化知识、专业基础知识、专业知识、相邻学科知识等。创业知识的获取可以通过开设相关的创业课程和培训进行，能力可以在掌握了一定程度知识的基础上经过培养和实践锻炼而形成，丰富的知识可以促进能力的增强，较强的能力也可以促进知识的获取。

案例 1

创业者马云的素质和能力

通过观看有关马云创业的视频，曾有人总结了这位典型的创业者具备的素质和能力。

满满的自信

采访过马云的记者曾说，马云的长相很有特点。马云的父母及兄弟姐妹都相貌不错，只有马云长得比较独特。但他却没有因此自卑，一直以来，他对自己都很自信。这是成功者非常重要的素质。

棒棒的身体

马云从小就喜欢看武侠小说，练了八年的太极拳和散打。这说明他的身体很健康，有了创业的资本。

良好的心态

从马云出镜的不少视频中，我们可以了解到他对待事业和生活都非常乐观。面对失败他从不言放弃，而是积极地面对，从哪里跌倒就从哪里爬起来。这说明创业者都有一个积极向上的心态，能极好地调节自己的情绪。

冒险的精神

马云喜欢武侠小说，那些小说里的人物一般都有高强的武功，喜欢尝试新事物，具有冒险精神。这给他带来了很大的影响。马云本来是一位翻译老师，有着不错的职业和稳定的收入，但他毅然选择实现他最初的创业梦想。

敏锐的发现

马云有一次去美国出差，朋友向他介绍了互联网。当他在上面试图搜索有关中国的内容时，他惊讶地发现搜索不到中国的任何信息。于是他制作了一个关于他所在翻译社的简单的网页。没过多久，他收到了 5 封 E-mail，寄件人都提到这是来自中国的第一家网站，希望和他合作。马云从中产生了在国内制作网站的想法。他一下归国的飞机就迫不及待地把自己的想法与朋友分享。因为具有敏锐的洞察力，他就从这件事里发现了机遇。

无比的坚韧

从源自出差美国时的想法出发，马云和他的团队开始了他们的创业之路。首先，他们制作了"中国黄页"网站，通过把企业的信息放在网上，从替企业打广告中获得收入。创业之初团队就遇到了极大的挑战，当时的中国很少有人知道互联网，更别说将其用于自己的商业活动。马云只有登门推销，虽然他讲得绘声绘色，但还是很少有人能听得懂，导致公司无法经营而倒闭。但他并没有放弃，毅然带着自己的团队到北京发展。而此时的搜狐和新浪等门户网站已经做得很好了。他不想模仿，坚持走自己的独特之路。在北京再次碰壁之后，他带着团队又回到了浙江。即使此时他还是没有放弃，在租住的房子里成立了"阿里巴巴"公司。正是他的坚韧，才有了现在的中国第一电商平台。

卓越的领导

马云并不精通电脑和网络,而他的团队成员都是这方面的高手。虽然他们不知道马云最后究竟要做出什么产品,但他们却都愿意跟着马云干。这表明马云具有很强的领导能力和个人魅力,能很好地协调团队成员。

三、创业动机

(一) 创业动机的含义

动机是推动个体及组织从事某种活动,并朝一个方向前进的内部动力,它是为实现一定目的而行动的原因。创业动机是引起和维持创业者(或创业团队)从事创业活动,并使该活动朝向某些特定目标发展的内部动力。

在此我们主要讨论与创业者个人有关的创业动机问题。

(二) 创业动机的主要类型

创业者的创业动机主要有两种类型:第一种为生存型动机,即创业者迫于生存压力,为获得个人基本生存或更好的生存条件而选择创业,它是创业动机中最常见也是最基本的类型,大多数创业者因为这种动机而开始创业;第二种为机会型动机,指创业者虽然有不错的就业机会,但创业者为追求更多的利润、更大的发展空间或更明显的自身价值实现,通过发现或创造新的市场机会而进行创业。在眼下"大众创业、万众创新"的宏观环境与政策的影响下,从事机会型创业的创业者正在逐渐增多。

(三) 大学生创业动机的类型

根据有关学者的观察和实证性研究,大学生的创业动机受不同级别需求的驱动。其中最重要的是源于兴趣、自我实现等高级需求的驱使;生存驱动的低级需求通常居于后位。这表明大学生创业并不主要是迫于生计、不得已而为之的行为,而是经过理性思考之后的主动行为。

大学生与普通社会创业者的创业动机相对比,除了生存需要、自我实现的需要外,还多了积累经验、拓宽就业渠道等方面的需求。大学生创业是适宜的创业环境与做好创业准备的大学生相互结合的产物,其动机有一定的特殊性,归纳起来主要有以下四种类型:

1. 兴趣驱动型

兴趣是最好的老师,是大学生创业的重要动因之一。如果创业者对一件事物产生了兴趣,就会调动自身的潜能、时间和精力去了解和体验它,不管遇到什么困难险阻,都会一如既往地坚持下去。这种精神状态就是创业者必须具备的创业素质。当兴趣出现时,一个人就无形中拥有了创业者必备的重要素质。因此,我们可以说兴趣是大学生创业者起步的动力源泉。如周成建因为对服装设计有浓厚的兴趣而成就了美特斯·邦威集团,成为中国休闲服饰业的领军人物;比尔·盖茨因为对计算机操作系统产生浓厚兴趣而成就了微软公司,成为个人电脑(PC 市场)操作系统市场的霸主。所以说,兴趣是创业者事业发展至关重要的因素,也是创业的原动力之一。

案例 2

扎克伯格因兴趣成就脸书公司

马克·艾略特·扎克伯格（Mark Elliot Zuckerberg），1984年5月14日出生，在美国纽约州白原市长大。作为牙医和心理医生的儿子，扎克伯格从小就受到了良好的教育，是个电脑神童。10岁的时候他得到了第一台电脑，从此大量时间花在其中。高中时，他为学校设计了一款 MP3 播放机。之后，包括微软公司在内的不少业内公司都向他抛来了橄榄枝。但是扎克伯格却拒绝了年薪95万美元的工作机会，毅然选择去哈佛大学上学。在哈佛，主修心理学的他仍然痴迷电脑。在上哈佛的第二年，他侵入了学校的一个数据库，将学生的照片"偷来"贴在自己设计的网站上，供本班同学评估彼此的吸引力。

黑客事件之后不久，扎克伯格就和两位室友一起，用了一星期时间编写网站程序，建立了一个为哈佛同学提供互相联系平台的网站，命名为 Facebook（脸书）。Facebook 在 2004 年 2 月一经推出，便横扫整个哈佛校园。2004 年年底，Facebook 的注册人数已突破一百万，这时的扎克伯格毅然选择了从哈佛退学，全职运营网站。

Facebook 现在已是世界排名领先的照片分享站点，截至 2012 年 5 月，Facebook 拥有约 9 亿用户，而到 2013 年 11 月，上传的照片约有 3.5 亿张。当 2016 年 6 月 8 日《2016 年 BrandZ 全球最具价值品牌百强榜》公布时，Facebook 已排名第 5 了。

作为社区网站 Facebook 的创办人，据《福布斯》杂志保守估计，扎克伯格拥有 135 亿美元身家，是 2008 年全球最年轻的单身巨富，也是历来全球最年轻的自主创业的亿万富豪。2010 年 12 月，扎克伯格被《时代杂志》评选为 2010 年的"年度风云人物"。

2. 职业需求型

美国学者克雷顿·奥尔德弗认为，一个个体主要存在三种需要，即生存的需要、相互关系的需要和成长发展的需要。"生存的需要"包括生理需求、安全需求等，"相互关系的需要"指人们对于保持重要的人际关系的要求，而"成长发展的需要"则主要指个体谋求发展的内在愿望。

当代大学生随着年龄的增长，对于相互关系和成长发展的需要会逐渐强烈。大学生为了增加自己的实践经验、丰富自己的社会阅历、增强自己的择业能力，或者为了自己以后的发展做好经济上、经验上的准备，在条件成熟的情况下也会积极利用课余时间走上创业的道路。这个类型的创业者往往以锻炼为目的，承受失败的能力较强。

3. 就业驱动型

近年来，全国每年有数百万的高校毕业生毕业走出校门，高校毕业生已成为新的就业大军。在这种情况下，有一部分大学生开始了创业之路，以期解决就业出路，并能取得更好的经济收入。此外，随着就业压力的增大，各种鼓励大学毕业生创业的政策也纷纷出台，毕业生创业已成为社会关注的热点问题。这一问题受到的密切关注的程度透露出各级政府迫切希望自主创业能成为缓解大学生就业压力的一条有效途径。

4. 价值实现型

大学生是创新创业最为活跃的群体，他们思维活跃、创新意识强烈，同时所受到的约束和束缚较少。他们往往更容易接触一些新的发明和学术上的新成果，或者他们中的一部分人本身就拥有具有自主知识产权的科研成果。为了能早日实现成功的目标，他们中的一部分人改变了自己的就业观念，开始自主创业生涯。另外，大学生是自我意识较强的群体，"希望有一番自己的事业，而不是一辈子给别人打工"。这代表了当代大学生的现实想法。选择自主创业是为了通过这一途径证明自己的能力，挑战自我，实现自我价值，得到社会的认可。

四、创业动机的主要影响因素

创业者选择创业的动机受诸多直接和间接因素的影响。这些因素既包括创业者本身的特质、职业目标和周围的商业环境，也与创业者创业的机会成本、心理预期等有关。

1. 影响创业动机的直接因素

影响创业者创业动机的直接因素主要是内在的个体因素。

（1）风险倾向。众多创业者的实践证明，风险倾向主要作用于对创业认知的渴望性，风险倾向强的个体更容易产生创业动机。换句话说，风险倾向和创业动机呈正相关关系。

（2）自我效能感。自我效能感由美国心理学家班杜拉于1977年首次提出，是指个体在执行某一任务之前对自己能够在何种水平上完成该任务所具有的信念、判断或自我感受。当人们面对挫折的时候，自我效能将影响其选择、热情、努力和坚持，同时，也影响人们对目标能否成功实现的信念。有相当多的学者认为只有人们对创业成功具备足够的信念和自信的时候，才有可能产生稳定的创业倾向。也就是说，自我效能感越强，创业动机也就越强。

（3）资源水平。个体拥有较多的创业资源，不仅能够增强创业者产生创业认知的渴望，导致创业倾向，而且对创业认知的可行性也将产生积极的影响。也就是说，个体所能调配的创业资源越多，创业动机就越强。

2. 影响创业动机的间接因素

创业是创业者与环境互动的过程，因而影响创业活跃程度的一个重要因素是创业的外在环境。影响创业动机的间接因素主要是外在环境。外在环境主要包括文化环境和政策环境。

（1）文化环境。一个国家（地区）的文化环境会影响当地人的创业意识和动机。积极的创业文化能促使更多的人萌生创业动机，从而使有创业动机的个体有意识地搜寻因为环境的变动而带来的商业机会，而消极的创业文化会在思想上束缚一些人创业动机的萌芽。我国历史上长期积淀的"重官轻商"封建文化曾制约了民间的创业。也就是说，周边的创业氛围越浓，创业者的创业动机越强。

（2）政策环境。政策环境是不同层级的政府为了其特定的目的而实施的一系列制度（规章）的集合。一些制度或规章能直接和创业者的行为相联系（如针对高新科技创业的资金支持、土地优惠、税收减免、财政补贴等优惠措施）；有些政策虽不直接针对创业，但因其为整个经济运转的各个环节服务，因而也会通过连锁反应，影响创业者的行为（如发展资本市场，对金融企业进行市场化改革，完善环保政策、社保体系等）。也就是说，创业政策越好，个体创业的动机就越强。

第二节 创业团队

一、创业团队的特征和类型

1. 创业团队的定义和特征

创业团队是一种特殊群体,通常指创业初期(包括企业成立前和成立早期),由两个以上才能互补、责任共担、愿为共同的创业目标而奋斗的人所形成的工作团队。创业团队也有狭义和广义两种:狭义的创业团队特指那些拥有一定的所有权、发挥某种管理功能并全程参与新企业创建的人;广义的创业团队则不仅包括前者意义上的创业团队成员,还包括与创业过程有关的各类利益相关者,如核心员工、风险投资家、专家顾问。

创业团队的特征可以从以下三个方面去加以界定:

第一,创业团队不是一般的群体,创业团队成员在创业初期把创建新企业作为共同努力的目标。他们在集体创新、分享认知、共担风险、协作进取的过程中,形成特殊的情感,创造出高效的工作流程。随着新创企业的进展,企业会不断有新的人员加入,团队力量由此会不断增强。

第二,与个体创业相比,团队创业具有多方面的优势,对创业成功起着举足轻重的作用。创业团队的工作绩效大于所有个体成员独立工作时的绩效之和。虽然创业团队个体成员可能具有不同的特质,但他们互相配合、互相帮助,通过坦诚的意见沟通形成团队协作的行为风格,能够共同对创建的新企业负责,具有一定的凝聚力。由于团队绩效基于每个团队成员的不同角色和能力,因而创业团队的通力合作很可能产生乘数效应。

第三,创业团队是高层管理团队的基础和最初的组织形式。由于创业团队通常处在创建新企业的初期或小企业成长的早期,因而团队成员现实中往往被人们称为"元老"。高层管理团队通常是创业团队组织形式的继续。虽然创业时期的元老可能继续留在高层管理团队中,也可能都已离开,但高层管理团队的管理风格在很长一段时期内很难被彻底改变。

2. 团队对创业的重要性

"对不对,看团队。""一段篱笆三根桩,一个好汉三个帮。""创业离不开好兄弟、好团队。"创业需要多种多样的资源和机会,单靠个人是很难满足这些条件的。越来越多的证据表明,创业活动越来越多地基于一个创业团队而非一个单独的创业个体。大量结果和经验表明,由创业团队共同创立的创业企业的创业绩效往往显著高于由单个创业者创办的创业企业,尤其是高新技术企业。因此,创业团队对企业的成立和成长均起着至关重要的作用。

"创业教育之父"杰弗里·蒂蒙斯在其所提出的创业理论经典框架中,将创业团队、资源、机会一起视为三大核心要素,其中任何一种要素的弱化都会破坏三者之间的平衡,创业团队在这种从不平衡到平衡的状态变化过程中发挥着重要作用。

3. 创业团队的类型

依据不同逻辑组建创业团队既可能带来优势,也可能带来障碍,对后续创业活动会带来潜在影响。一般而言，创业团队可以分为网状型、星状型和从网状型演化来的虚拟星状型等几种类型。

1. 网状创业团队

网状创业团队的成员间一般在创业之前就有密切的关系，如同学、亲友、同事、朋友关系等。团队成员一般在交往过程中会共同认可某一个创业想法，没有明确的核心人物，大家根据各自的特点进行自发的组织角色定位。因此在企业创业初期，各位成员基本上扮演协作者或者伙伴角色。

网状创业团队通常有以下特点：团队没有明显的核心，整体结构较为松散。组织决策时，一般采取集体决策的方式，通过大量的沟通和讨论达成一致意见。因此组织的决策效率相对较低。由于团队成员在团队中的地位相似，因此容易在组织中形成多头领导的局面。当团队成员之间发生冲突时，一般都采取平等协商、积极解决的态度消除冲突。团队成员不会轻易离开。但是一旦团队成员间的冲突升级，使某些团队成员撤出团队，就容易导致整个团队的瓦解。

网状创业团队的典型例子有微软公司的比尔·盖茨和其童年的玩伴保罗·艾伦，惠普公司的戴维·帕卡德和他在斯坦福大学的同学比尔·休利特等。这些知名企业的创建者多是结识在先，基于一些互动激发出创业点子，然后合伙创业。

2. 星状创业团队

一般在星状创业团队中有一个核心主导人物充当领军者角色。这种团队一般在形成之前，其核心主导人物就有了创业的想法，然后该人物根据自己的设想组建创业团队。因此，往往在团队形成之前，核心人物就已经对团队的组成进行过仔细思考，根据自己的想法选择相应的人物来组织团队，这些后来加入创业团队的成员也许是核心人物以前熟悉的人，也可能是其不熟悉之人。除核心主导人物之外的团队其他成员在创业型企业中大部分时候是支持者角色。

星状创业团队通常有以下特点：组织结构紧密，向心力强，主导人物在组织中的行为对其他个体影响巨大。决策程序相对简单，组织效率较高，但容易形成权力的过分集中，从而加大决策失误的风险。当其他团队成员和主导人物发生冲突时，因为核心主导人物具有特殊权威，其他团队成员往往处于被动地位，在冲突较严重时，其他团队成员一般都会选择离开团队，因而对组织的影响较大。

这种团队的典型例子有太阳微系统公司（Sun Microsystem），创业之初维诺德·科尔斯勒（Vinod KhMla）就确立了多用途开放工作站的概念，接着他分别找了Joy和Bechtolsheim这两位软件和硬件专家，和一位具有实际制造经验和人际技巧的麦克尼里（McNeary），组成了公司的创业团队。

3. 虚拟星状创业团队

虚拟星状创业团队往往由网状创业团队演化而来，基本上是前两种的中间形态。虽然团队中有一个核心成员，但是其核心成员地位的确立是团队成员协商的结果，因此某种意义上可以说核心人物是整个团队的代言人，而不是主导型人物，其在团队中的行为必须充分考虑其他团队成员的意见，其权威性不像星状创业团队中的核心主导人物。

二、创业团队的组建原则和策略

（一）创业团队的组建原则

创业者在组建团队时通常遵循的一个基本原则就是，不要只和那些与你具有基本类似的背景、教育和经历的人一起工作，尽管与相似的人在一起工作在许多方面显得容易和令人愉悦，但这并不能提供新企业所需要的丰富的人力资源。实践表明，创业团队的规模越大，团队成员的经验就越需要具有互补性，新企业创业成功的可能性就越高，其成长也将越快。

创业者在组建团队时还应注意尽可能符合以下几个原则：

1. 诚实守信

重承诺、守信用是创业者们能走到一起的起码的道德要求。创业合作伙伴通常会全面介入企业的经营管理，需要了解新创企业内部的所有情况，如果道德有问题的话，企业的资金、人员、关系、精力等都可能遭受不必要的损失。

2. 志同道合

创业团队通常具有经过碰撞而形成的创业思路和经营理念，其成员亦有共同的目标愿景。否则，在企业经营的一定阶段就可能由于合作伙伴的意见不一而导致创业的停滞不前，甚至导致企业解体和创业失败。

3. 分工协作

创业团队成员通常根据不同的性格和特长进行分工协作。

4. 权责分明

创业团队成员通常以法律文本的形式确定尽量清晰的利润分配方案，对涉及股权、期权和分红权等的基本的责权利尤其要界定清楚，对增资、扩股、融资、撤资、人事安排等与团队成员利益紧密相关的事宜也应如此处理。

（二）创业团队的组建策略

创业团队的组建没有统一的模式，有两种情况比较常见：

一是某位创业者有了一个好的创业思路或者找到了一个好的商机，打算创办一家企业，接下来他选择并邀请一些志同道合的人加入，或者陆陆续续有一些感兴趣的合作者主动加入团队中来。

二是某一群人因为创业的共同愿望，一起形成了一个创业的思路或发现了一个商机，然后从一开始就以共同的友谊、信念为基础组建起一支团队。

可以说，创业团队的组建是一项非确定性的活动，常常充满了随机性。创业团队的形成和发展也各不相同，团队成员走到一起的方式更是多种多样。

（三）创业团队组建中应注意的问题

创业团队组建中应注意"四个明确"：

（1）明确创业目标，达成共识创业者应该将创业组织的目标清晰化、明确化。有了目标才有方向，才有一个共同的愿景，这种共识能够大大减少管理和运作上的摩擦。

（2）明确"谁听谁的"和"什么事情谁说了算"，并用书面的形式规定下来，团队组建的组织架构设计中的基本问题就是决策权限的分配。因此，明确每一个核心成员的职责对创业活动的顺利进行就非常关键，否则创业者的兄弟意气很可能让管理陷于混乱。

（3）明确沟通方式，在组织内部形成一个管理团队，定期交换意见，讨论诸如产品研发、竞争对手、内部效率、财务状况等与组织策略相关的问题。许多问题都可以直截了当地进行沟通，大家都应遵循开诚布公、实事求是的行为风格，把事情摆到桌面上来，不要打肚皮官司。

（4）明确制定并尽量遵守既定的管理制度。必须强调人人遵守，不能有特权，更不能朝令夕改。当组织发展到一定的程度时，要及时设计和实行与其相适应的管理流程与制度，尽可能聘请一些管理方面的专业人才来共图大业。

另外，初创企业组建团队时还要注意避免以下情况：股份结构太过分散与平均，团队成员的背景过于接近，贸然和不熟悉的人一起创业，引入中看不中用的人员，缺少专职创业者，团队中混进了品德不好的人等。

三、创业团队的运作

（一）创业团队的凝聚力

创业团队最需要避免的失败之一就是内部的分裂，一个有凝聚力的团队可以拥有很强大的动力，而如果团队内部成员之间的关系出现了问题，就会极大地削弱整个团队的战斗力。

那么，如何让一个创业团队保持持久的凝聚力呢？一是要有一个魅力和能力出众的核心领导。一头狮子带领一群羊胜过一只羊带领一群狮子。一个能力强、人格魅力出众的领导者本身就是团队成员追随的对象，是团队产生凝聚力的最佳黏合剂。二是要有共同的愿景和价值观。孙子曰："上下同欲者，胜。"团队成员要有共同的梦想和目标。只有目标一致、齐心协力，团队才可能产生合力，才会得到最终的胜利与成功。三是要有一个一以贯之的团队制度和组织文化。制度和文化要有延续性和一致性，不能朝令夕改。创业过程中的人和事要严格分开，对人可以温和，但对事就要严格，形成对事不对人的工作文化。四是团队成员间要及时沟通、求同存异，不要表里不一、言行不一。遇到问题面上不沟通，私下乱猜疑，最易产生隔阂影响团结。

（二）创业团队运作机制设计需注意的问题

（1）创业团队同成长。团队成员一定要保持对创业团队长期成功运作的信心，相应地，团队也要给成员以长期承诺，每一位成员均要了解团队在成功之前将会面临的挑战，并承诺不会因为一时利益或困难而轻易退出团队，同意将团队的资源和股票集中管理。如有特殊原因而提前退出团队者，必须将票面价值股权转让给原创业团队的成员。

（2）团队价值发掘。团队成员要全心全意致力于创造新企业的价值，以不断创造团队的价值增量作为创业活动的主要目标，充分认识到唯有团队不断增值，所有成员与参与者才有可能分享到其中的利益。

（3）合理股权分配。当创业进行到一定程度时，作为创业团队价值体现的股权分配就是一个绕不过去的问题。显然，股权分配中的平均主义并非合理。虽然团队成员的股权分配不一定要均等，但是需要合理、透明与公平。通常创始人与主要贡献者会拥有比较多的股权，但只要与他们所创造的价值与贡献可以相匹配，就是一种合理的股权分配。

（三）创业团队的领导者

在创业团队中，领导者也即团队领袖的作用尤为重要。创业团队领袖是创业团队的灵魂，是团队力量的协调者和整合者。柳传志曾经说过："领军人物好比是阿拉伯数字中的1，有了这个1带上一个0，它就是10，两个0就是100，三个0就是1000。"这句话很好地概括了创业团队里领导者的重要性。优秀的创业团队领导者——创业家应该具有良好的品质、能力、资历和魅力。

1. 品质

品质是指创业家自身所具备的基本性格、心理素质和道德修养等。包括执着的目标信念、自信心、激情、坚韧的意志力、魄力与决断力，以及冒险精神、创新精神、独立意志、合作精神、道德修养、社会责任、实干精神和心理承受力等。当然，我们并不能要求所有的创业家都必须同时具备所有这些优秀品质，不同的创业家会在涉及品质的不同项目上有强弱之分；不过，但凡成功的创业家往往具有一些共同的基本品质，如百折不挠的进取意志、冒险与实干精神、良好的心理承受力和道德修养等。

2. 能力

能力是指一个创业家需要具备的解决创业过程中各个方面问题的实践能力。它可被大致划分为专业能力、管理能力和沟通能力三类。其中专业能力主要指专业知识和专业技能。创业家的专业能力除了能够赢得员工的尊重和敬仰、树立个人威信、提高创业家的影响力之外，也有利于创业家深入生产销售第一线，及时进行技术改进和战略方面的正确决策。管理能力主要指管理创业过程中应该具备的各种能力。一个强有力的领导者应当具备计划、组织、领导和控制协调的能力。沟通能力是指创业家与他人的沟通与交际能力，主要包括表达能力、谈判能力、变通能力、自我认识与自我调整能力、感悟能力等。

3. 资历

资历是指创业家过去所拥有的资格和经历。资历只能代表过去，一种经历或许让人能拥有某个方面的经验，但并不能说明许多未来的问题。因为没有哪个人在某个领域不是从零开始的，当然，丰富的资历对现在和未来的事业将大有裨益。

4. 魅力

创业家个人的魅力是指创业家的品质、学识、能力、资历和个性化语言行为等综合形成的"个人引力（磁）场"。个人魅力是吸引人、影响人的无形而又巨大的力量。创业家个人的魅力在企业管理过程中的作用十分重要，是形成企业文化不可缺少的因素。

小测试：你具备多大的领导能力？

领导能力是一系列行为的组合，而这些行为将会激励人们跟随领导去要去的地方（当然它并不是简单的服从）。

你想知道你是否是个有领导能力的人吗？一起来测测看吧。

在目前你所在的团队管理中，你做得怎么样，你是一个领导者，还是一个跟随者？请你选择答案。

1. 如果有人嘲笑你身上的衣服，你会继续穿吗？　　　　　　　　　①是　　②否
2. 你永远走在时尚的前沿吗？　　　　　　　　　　　　　　　　　①是　　②否
3. 你曾经穿过好看但却不舒服的衣服吗？　　　　　　　　　　　　①是　　②否
4. 开车或坐车时，你曾经咒骂过别的驾驶员吗？　　　　　　　　　①是　　②否
5. 别人拜托你帮忙，你很少拒绝吗？　　　　　　　　　　　　　　①是　　②否
6. 为了避免与人发生争执，即使你是对的，也不愿发表意见吗？　　①是　　②否
7. 你遵守一般的法规吗？　　　　　　　　　　　　　　　　　　　①是　　②否
8. 你经常向别人诉说自己的抱怨吗？　　　　　　　　　　　　　　①是　　②否
9. 你对反应较慢的人有耐心吗？　　　　　　　　　　　　　　　　①是　　②否
10. 你经常对人发誓吗？　　　　　　　　　　　　　　　　　　　　①是　　②否
11. 你经常让对方觉得他（或她）不如你或比你差劲吗？　　　　　　①是　　②否
12. 你总是让别人替你做重要的事情吗？　　　　　　　　　　　　　①是　　②否
13. 你喜欢将钱投资于金融市场，胜过投资于个人教育和成长吗？　　①是　　②否
14. 你会故意在穿着上吸引他人的注意力吗？　　　　　　　　　　　①是　　②否
15. 你不喜欢标新立异吗？　　　　　　　　　　　　　　　　　　　①是　　②否
16. 你曾经大力批评电视上的言论吗？　　　　　　　　　　　　　　①是　　②否
17. 如果请的工人没有做好，你会向有关部门反映吗？　　　　　　　①是　　②否
18. 你习惯于坦白自己的想法，而不考虑后果吗？　　　　　　　　　①是　　②否
19. 你是个不轻易忍受别人的人吗？　　　　　　　　　　　　　　　①是　　②否
20. 与人争论时，你总爱争赢吗？　　　　　　　　　　　　　　　　①是　　②否

评分标准：回答"是"得1分，答"否"得0分

14～20分：你是个标准的跟随者，不适合领导别人。你喜欢被动地听人指挥。在紧急的情况下，你多半不会主动出头带领群众，但你很愿意跟大家配合。

7～13分：你是个介于领导者和跟随者之间的人。你可以随时带头，或指挥别人该怎么做。不过，因为你的个性不够积极，冲劲不足，所以常常扮演跟随者的角色。

6分及以下：你是个天生的领导者。你的个性很强，不愿接受别人的指挥，你喜欢使唤别人，如果别人不愿听从的话，你就会变得很叛逆，不肯轻易服从别人。

（资料来源：学优网，http：//ww.gkstk.com/article/wk-78500007595.html.）

（四）创业团队管理中应注意的问题

因为创业团队是特殊的工作团队，所以创业团队的管理也就不同于对工作团队的管理。对于大多数企业内的工作团队来说，如研发团队、销售团队和项目团队等，由于人员和岗位

稳定性相对较高，人们习惯性地将重点放在过程管理上，注重通过建设沟通机制、决策机制、互动机制和激励机制等发挥集体智慧，实现优势互补，提升绩效。但对创业团队而言正好相反：重点在于结构管理，而不是过程管理。创业团队管理的重点是在维持团队稳定的前提下发挥团队多样性优势。

首先，创业团队管理是缺乏组织规范条件下的团队管理。在创业初期，创业团队还没有建立起规范的决策流程、分工体系和组织规范，"人治"味道相当浓厚，处理决策中的分歧显得尤为困难。此时，团队成员之间的认同和信任尤其重要，但又很难在短期内建立起来。因此，认同和信任关系取决于创业团队的初始结构。其次，创业团队管理是缺乏短期激励手段的团队管理。成熟企业内的工作团队可以凭借雄厚的资源基础、借助月度工作考核等手段，在短期实现成员投入与回报的动态平衡。相比之下，创业初期需要团队在时间、精力和资金等资源方面的高强度投入，但短期无法实现期待的激励和回报，不仅是因为没有资源，更主要的是对创业团队的回报以创业成功为前提。当成功不可能一蹴而就的时候，就需要找到能与之相适应的合伙人。

此外，创业团队管理是以协同学习为核心的团队管理。成熟企业内工作团队的学习以组织知识和记忆为依托，成员之间共享着相似的知识基础。但是创业过程充满着不确定性，需要不断地试错和验证，在此基础上创造并存储组织知识和记忆。创业团队的协同学习建立在团队成员之间形成于创业之前的共同知识和观念的基础之上，这仍旧取决于创业团队的初始结构。

最后，核心创业者对团队成员的选择会决定创业团队管理的基础架构，这是实现有效的创业团队管理的重要前提。

四、创业团队的社会责任

（一）创业团队社会责任的含义

创业团队的社会责任从本质上说就是创业企业的社会责任，是指企业在商业运作过程中对其利害关系对象应负的责任，包括对员工、顾客、供应商、社区团体、母公司或附属公司、合作伙伴、投资者和股东等的责任。

1999年1月，在瑞士达沃斯世界经济论坛上，时任联合国秘书长的安南提出了"全球协议"，并于2000年7月在联合国总部正式启动。该协议号召公司遵守在人权、劳工标准和环境方面的九项基本原则，其内容是：①企业应支持并尊重国际公认的各项人权；②绝不参与任何漠视和践踏人权的行为；③企业应支持结社自由，承认劳资双方就工资等问题谈判的权利；④消除各种形式的强制性劳动；⑤有效禁止童工；⑥杜绝任何在用工和行业方面的歧视行为；⑦企业应对环境挑战未雨绸缪；⑧主动增加对环保所承担的责任；⑨鼓励无害环境科技的发展与推广。

我们从这九项原则中可知，从企业内部看，就是要保障员工的尊严和福利待遇；从外部看，就是要发挥企业在社会环境中的良好作用。总的来说，企业的社会责任可分为经济责任、文化责任、教育责任、环境责任等几方面。就经济责任来说，企业主要为社会创造财富，提供物质产品，改善人民的生活水平；就文化责任和教育责任等方面来说，企业要为员工提供符合人权的劳动环境，教育职工在行为上符合社会公德；而对环境的责任则要坚持在生产方式等方面符合环保要求，不对环境造成破坏，达成人和环境的和谐。

（二）创业团队社会责任的内容

1. 向社会提供优质产品和服务的责任

诚信是市场经济正常运行的基石，企业的不诚信和泛滥的假冒商品是消费者福利的巨大损失。由于多种原因，目前有些企业已因造假商品的干扰和打假难度的加大而难以为继。为了维护市场秩序，保障人民群众的利益，创业团队必须承担起明礼诚信、确保产品货真价实的社会责任。

2. 促进国家创造和积累财富的责任

企业的主要任务无疑是发展和盈利，并以此为基础担负着增加税收和促进国家发展的使命。因此，企业必须承担起发展的责任。要以企业发展为中心，以产品创新为前提，不断扩大企业规模，扩大纳税份额，完成纳税任务，为国家发展做出贡献。当然，这个发展观必须科学、绿色和可持续。任何企业都不能只顾眼前，不顾长远；也不能只顾局部，不顾全局；更不能只顾自身，不顾友邻。

3. 节约资源保护环境的责任

中国是一个人均资源特别紧缺的国家，企业的发展一定要与节约资源相适应。企业不能顾此失彼，不顾全局。作为创业团队，一定要站在全局立场上，坚持可持续发展，高度节约资源。要下决心改变经济增长方式，发展循环经济，优化调整产业结构。尤其要响应党中央号召，实施"走出去"战略，用好国内、国外两种资源、两个市场，以保证经济的运行安全。随着全球经济发展带来的日益增加的环境压力，大气、水、海洋的污染日益严重，野生动植物的生存面临危机，森林与矿产被过度开采，这些都给人类的生存和发展带来了很大威胁。为了人类的生存和经济的持续发展，创业团队一定要担负起保护环境、维护自然和谐的重任。

4. 提高就业率和就业质量的责任

人力资源既是社会的宝贵财富，也是企业发展的支撑力量。保障企业职工的生命和健康，确保职工的工作与收入待遇，这些不仅关系到企业的持续健康发展，也关系到社会的稳定与发展。创业团队必须承担起保护职工生命、健康和确保职工待遇的责任。创业团队要时时绷紧遵纪守法这根弦，爱护企业的员工，搞好劳动保护，不断提高员工的工资水平并保证按时发放工资。创业团队要多与员工沟通，多为员工着想。

5. 履行社会公益事业的责任

虽然改革开放以来我国的经济得到了巨大的发展，但是作为一个有13亿人口的大国还存在很多困难。农村的困难尤其明显，还有一些穷人需要帮扶。这些固然需要政府去努力，但也需要企业为国分忧，参与社会的扶贫济困。为了社会的发展，也为了企业自身的发展，我们的创业团队更应重视扶贫济困，更好地承担起"先富带后富、共奔致富路"的责任。

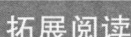

创业者的神话与现实

关于创业者和创业成功的传说、经典故事经久不衰,即使是在这高度信息化和社会飞速进步的时代也同样如此。某些神话总是一再地得到人们的关注和青睐。但这里有一个问题:普遍规律虽然对某些特定类型的创业者和情况适用,但创始人的多样性却向普遍规律提出了挑战。

神话1:创业者是天生的,通常无法塑造。

现实情况是——即使创业者天生就具备了特定的才智、创造力和充沛的精力,这些品质本身也只不过是未被塑造成形的泥巴或未经涂抹的画布。创业者是通过多年积累相关的技术、技能、经历和关系网后才被塑造成功的,这当中包含着许多自我发展历程。具有多年甚至10年以上的商业经验,才能识别出各种商业行为,并获得创造性的预见能力和捕捉商机的能力。

神话2:任何人都能创建企业。

现实情况是——创业者如果能及时识别思路和商机之间的区别,思路开阔,他们创业成功的机会就较大。即使运气在成功中很重要,充分的准备仍是必要条件。创办还只是最简单的一部分,更困难的是要生存下来,持久经营,并把企业发展成最终可以让创办者喜获丰收的企业。在能够存活10年以上的新企业中,10~20家中大约只有1家最后可以给创办人带来资本收益。

神话3:创业者是赌博者。

现实情况是——成功的创业者会预期风险,小心翼翼。在有选择的情况下,他们通过让别人一起分担风险、避免或最小化风险来左右成功优势的倾斜方向。他们常常把风险分割成一个个可接受、可消化的小块;那时,他们才肯付出时间和资源,看哪部分的风险与收益划算。他们不会故意承担更多的风险,不会承担不必要的风险,当风险不可避免时,也不会胆怯地退缩。

神话4:创业者喜欢单枪匹马地干。

现实情况是——完全拥有整个公司的所有权和控制权的想法只会限制企业的成长。单个创业者通常只能达到维持生计。想单枪匹马地发展一家高潜力的企业是极其困难的。高潜力的创业者会组建起自己的团队,然后是自己的公司。

神话5:创立公司是冒风险的事情,而且到头来通常以失败告终。

现实情况是——有才能、有经验的创业者——因为他们追逐的是有吸引力的商机,而且能够吸引到使企业顺利运作的合适人才、必要资金及其他资源——带领的往往是成功的企业。而且,即使企业失败了,并不能说创业者也失败了。失败常常是对创业者的学习经验和成交技能淬火的过程。

神话 6：创业者必须年轻并且精力充沛。

现实情况是——这些特征虽然会对成功有所帮助，但年龄绝不是障碍。有关统计数据表明，创立高潜力企业的创业者的平均年龄在 35 岁左右，六十几岁才开始创办企业的创业者也为数甚多。关键是要掌握相关的技术、经验和社会关系网，它们非常有助于创业者识别和捕捉商机。

神话 7：万能的金钱是创业者唯一的驱动因素。

现实情况是——追求高潜力企业的创业者更多地被创建企业、实现长期的资本收益所驱动，而不是为了高额薪水、奖金这类立即可以获得的报酬。个人的成就感、对自己命运的把握、实现他们的期望和梦想也是强有力的动机。金钱只是保持得分的工具和方式。

神话 8：对有能力的创业者而言，只需 1~2 年就会成功。

现实情况是——风险投资家有一句古老的格言：柠檬只要两年半就成熟了，但珍珠需要 7~8 年才能孕育成功。几乎没有一家新企业可以在少于 3~4 年的时间里打牢基础。

神话 9：除非你的 SAT（美国高中毕业会考）和 GMAT（美国管理类研究生语言能力测试）的分数达到 600 分以上，否则你就永远不可能成为成功的创业者。

现实情况是——创业者的智商只是创造力、动机、正直、领导才能、团队建立、分析能力、对付模糊性和劣势等品质组合中的一个特定的成分而已。

（资料来源：Rybin. 创业者的神话与现实 [EB/OL]. http：//rybin12. blog. 163. com/blog/static/21109119320127213-1431147/. ）

团队与群体的差异

团队（team）并不等同于一般意义上的群体（group），二者的根本差别在于：团队中成员所做的贡献是互补的，而群体中成员之间的工作在很大程度上是互换的。简单地说，在团队中离开谁都不行，在群体中离开谁都无所谓。具体表现在：团队的成员针对是否完成团队目标一起承担成败责任并同时承担个人责任，而群体的成员则只承担个人成败责任；团队的绩效评估以团队整体表现为依据，而群体的绩效评估则以个人表现为依据；团队的目标实现需要成员间彼此协调且相互依存，而群体的目标实现却不需要成员间的相互依存性。此外，团队较之群体在信息共享、角色定位、参与决策等方面也进了一步。因此，团队是群体的特殊形态，是一种为了实现某一目标而由相互协作依赖并共同承担责任的个体所组成的正式群体。

（资料来源：张玉利. 创业管理 [M]. 北京：机械工业出版社，2011. ）

实践练习

线上练习：
1. 登录"湖南省大学生创新创业就业学院"网。
2. 注册账户并选择"创业课程"，进行线上学习。

线下练习：
1. 个人练习：采访几位你身边的创业者，总结一下他们各自所具备的能力。
2. 团队练习：大学里经常会有班级春游或秋游，从过去了解到的情况看，这类活动对组织者而言既普通（基本上每个班都会有），又很有挑战性（一般很难做到让大家都满意）。如果你是一位核心组织者（可以组建一个团队），请充分考虑发挥团队的特质，策划一场成功的春（秋）游或公益性活动。

网络资源

1. 全国大学生创业服务网：http//：cy.ncss.org.cn
2. 中国大学生创业网：http://www.studentboss.com
3. 创业邦：http://www.cyzone.cn

第三章　创业风险的识别与控制

- 学习目标

    通过本章学习，使学生全面了解创业风险的来源、构成和分类，掌握创业风险管理的基本程序，掌握系统风险防范方法和非系统风险防范方法，理解创业者承担风险的能力，学会创业风险管理技巧，客观对待创业中存在的风险，走上理性创业的道路。

- 知识要点

    (1) 创业环境的不确定性，创业机会与创业企业的复杂性，创业者、创业团队与创业投资者的能力与实力的有限性，是创业风险的根本来源。

    (2) 有价值的创业机会也是有风险的。创业者在创业过程中，面临着瞬息万变的市场环境，面临着激烈的市场竞争，创业者要深入理解创业风险与创业风险的构成，了解创业风险的类别，为防范风险做好准备。

    (3) 创业者承担风险的能力与创业者的个人能力、家庭状况、工作状况、收入状况等相关。

案例导入

随着互联网的发展，许多打车软件也相继问世，比如滴滴专车、快的打车等的打车软件进入了我们的生活。但是由于各地政府对这些专车严格管理的态度，使这些软件频频遭受困境。2015年7月23日，北京市交通委等8个部门再度约谈滴滴、优步等平台负责人，明确指出以上平台涉嫌违法组织客运经营、逃漏税、违规发送商业性短信息等。此前，上海已加大对专车的查处力度，而北京此番将矛头指向专车，京沪双城收紧专车的态度愈发明显。

此前，北京市交通委等部门已多次约谈过专车平台负责人，但截至目前，各大平台的专车服务依旧没有受到影响。北京市交通委负责人表示，虽然专车满足了部分市民的个性化出行需求，但也给城市交通带来了冲击，道路交通拥堵的情况有所加剧。"而且在北京从事专车、快车运营的平台、车辆、驾驶员均不具备相应的经营资质，缺乏有效的服务监管，存在较大的安全隐患。"该负责人说道。

其实，从2014年起，辽宁、浙江、江苏、上海等省市就相继认定专车运营不合法，其中，上海对于专车的处罚尤为严厉。根据《上海市查处车辆非法客运办法》和《上海市查处车辆非法客运若干规定》相关条款，执法部门对专车非法客运实施"1+3+10"的处罚，即每查处一辆专车非法客运，除对当事人进行1万元行政罚款和暂扣驾驶证3~6个月的处罚外，同时将对网络平台进行10万元行政罚款的处罚。

艾媒咨询董事长张毅也认为，专车提供的服务实际上是符合社会发展和市民需求的，只不过目前还存在着太多的漏洞和不足。"不能说当前的法律法规不支持专车，专车这个行业就没有未来。"张毅说道。他表示，现行的法律应给专车一定的调整空间，专车也要尽快找准自身定位，逐渐向合法化靠拢。

（资料来源：摘自《中国报告大厅》http://www.chinabgao.com/info/83050.html。）

第一节　创业风险识别

一、创业风险的来源

创业环境的不确定性，创业机会与创业企业的复杂性，创业者、创业团队与创业投资者能力与实力的有限性，是创业风险的根本来源。研究表明，由于创业的过程往往是将某一构想或技术转化为具体的产品或服务的过程，在这一过程中，存在着几个基本的、相互联系的缺口，它们是上述不确定性、复杂性和有限性的主要来源，也就是说，创业风险在给定的宏观条件下，往往就直接来源于这些缺口。

（一）融资缺口

融资缺口存在于学术支持和商业支持之间，是研究基金和投资基金之间存在的断层。其中，研究基金通常来自个人、政府机构或公司研究机构，它既支持概念的创建，也支持概念可行性的最初证实；投资基金则将概念转化为有市场的产品原型（这种产品原型有令人满意的性能，对其生产成本有足够的了解并且能够识别其是否有足够的市场）。创业者可以证明其构想的可行性，但往往没有足够的资金实现商品化，从而给创业带来一定的风险。通常，只有极少数基金愿意鼓励创业者跨越这个缺口，如富有的个人专门进行草创期项目的风险投资，或者可以申请政府资助计划等。

（二）研究缺口

研究缺口主要存在于仅凭个人兴趣所做的研究判断和基于市场潜力的商业判断之间。当一个创业者最初证明一个特定的科学突破或技术突破可能成为商业产品基础时，他仅仅停留在自己满意的论证程度上。然而，这种程度的论证后来不可行了，在将预想的产品真正转化为商业化产品（大量生产的产品），即具备有效的性能、低廉的成本和高质量的产品的过程中，需要大量复杂而且可能耗资巨大的研究工作（有时需要几年时间），从而形成创业风险。

（三）信息和信任缺口

信息和信任缺口存在于技术专家和管理者（投资者）之间。也就是说，在创业中，存在两种不同类型的人：一是技术专家；二是管理者（投资者）。这两种人接受不同的教育，对创业有不同的预期、信息来源和表达方式。技术专家知道哪些内容在科学上是有趣的、哪些内容在技术层上是可行的、哪些内容根本就是无法实现的。在失败类案例中，技术专家要承担的风险一般表现在学术上、声誉上受到影响，以及没有金钱上的回报。管理者（投资者）通常比较了解将新产品引进市场的程序，但当涉及具体项目的技术部分时，他们不得不相信技术专家，可以说管理者（投资者）是在拿别人的钱冒险。如果技术专家和管理者（投资者）不能充分信任对方，或者不能够进行有效的交流，那么这一缺口将会变得更深，带来更大的风险。

（四）资源缺口

资源与创业者之间的关系就如颜料、画笔与艺术家之间的关系。没有了颜料和画笔，艺术家即使有了构思也无从实现。创业也是如此。没有所需的资源，创业者将一筹莫展，创业也就无从谈起。在大多数情况下，创业者不一定也不可能拥有所需的全部资源，这就形成了资源缺口。如果创业者没有能力弥补相应的资源缺口，要么创业无法起步，要么在创业中受制于人。

（五）管理缺口

管理缺口是指创业者并不一定是出色的企业家，不一定具备出色的管理才能。创业活动主要有两种：一是创业者利用某一新技术进行创业，他可能是技术方面的专业人才，但却不一定具备专业的管理才能，从而形成管理缺口；二是创业者往往有某种"奇思妙想"，可能是新的商业点子，但在战略规划上不具备出色的才能，或不擅长管理具体的事务，从而形成管理缺口。

二、创业风险的构成

风险的构成，主要包括风险因素、风险事件和风险损失三个方面：

（一）风险因素

风险因素主要包含有形风险因素和无形风险因素两大类。有形风险因素也称实质风险因素，是指某一目标本身所具有的足以引起风险事故发生或增加损失机会或加重损失程度的因素，如创业各要素存在的风险因素。无形风险因素是不确定的风险因素。无形风险因素是与人的心理或行为有关的风险因素，通常包括道德风险因素和心理风险因素，如创业中人的道德、心理状况等因素。

（二）风险事件

风险事件也称风险事故，是指酿成事故和损失的直接原因和条件。风险一般只是一种潜在的危险，而风险事件的发生使潜在的危险转化成为现实的损失。从这个意义上来说，风险事件是损失的媒介。创业中的风险事件是指导致创业风险损失的可能性变成现实的事件，如政策调整带来损失等。

（三）风险损失

风险损失是指非故意的、非预期的和非计划的经济价值的减少和灭失，包括直接损失和间接损失。创业风险损失一般表现为：由于风险事件的出现给创业者或者创业企业带来的能够用货币计量的经济损失。

三、创业风险的分类

（一）按照风险来源的主客观性分类

创业风险可以分为主观风险和客观风险。主观创业风险是指在创业阶段，由于创业者的身体与心理素质等主观方面的因素导致创业失败的可能性；客观创业风险是指在创业阶段，由于客观因素导致创业失败的可能性，如市场变化、政策变化、竞争对手发展等。

（二）按照风险影响的范围分类

创业风险可以分为系统风险和非系统风险。系统风险又称市场风险，也称不可分散风险，是指由于多种因素的影响和变化，导致投资者风险增大，从而给投资者带来损失的可能性。系统性风险的诱因多发生在企业等经济实体外部，企业等经济实体作为市场参与者，能够发挥一定作用，但由于受多种因素的影响，本身又无法完全控制它们，其带来的波动面一般都比较大，有时也表现出一定的周期性。非系统风险又称非市场风险或可分散风险，它是源于创业者或创业企业本身的商业活动和财务活动引发的风险。

（三）按照风险的可控程度分类

创业风险可以分为可控风险和不可控风险。可控风险是指在一定程度上可以控制或部分控制的风险，如财务风险、团队风险等；不可控风险是指风险的产生与形成不能由风险承担者所控制的风险，如宏观经济政策的变化、政治形势的变化等风险。

（四）按照创业过程分类

创业风险可以分为机会识别与评估风险、团队风险、确定并获取创业资源的风险、创业产品开发风险和创业企业管理风险。机会识别与评估风险是指创业者在项目选择过程中，由于创业者信息掌握不够全面、能力不足、问题解决不当等客观、主观因素，面临创业方向选择和决策失误的风险。团队风险是在团队组建过程中，由于团队成员选择不当或者缺少合适的团队成员带来的风险。确定并获取创业资源的风险是指由于存在资源缺口，无法获得所需要的资源，或者得到所需要的资源对创业活动带来较高的风险。创业产品开发风险，是指由于创业是开发一个新产品，在产品开发过程中存在技术转化不好、开发周期过长等风险。创业企业管理风险是指在管理方式、企业文化的选取与创建以及建立企业组织、管理制度、营销方案等方面存在的风险。

（五）按照风险内容的表现形式分类

创业风险可以分为机会选择风险、环境风险、人力资源风险、技术风险、市场风险、管理风险和财务风险。机会选择风险是指由于创业而放弃原来的属于创业者的机会，比如在原有职业上所丧失的潜在的升迁或发展的机会。环境风险是指创业活动所处的社会、政治、经济、法律环境等变化，或由于自然灾害导致创业者蒙受损失。人力资源风险是指由于人的因素，对创业活动的开展产生不良影响或偏离经营目标的潜在可能性。技术风险是指由于技术成功的不确定性，技术前景、技术寿命的不确定性等，带来技术转化或技术使用过程中的风险。市场风险是指由于市场情况不确定性导致创业者或者创业企业损失的可能性。市场风险包括产品市场风险和资本市场风险。管理风险是指管理运作过程中，因信息不对称、管理不善、判断失误等影响管理的水平，从而产生的风险。财务风险是指创业者或创业企业在财务支配活动中存在的风险。

第二节 创业风险管理

一、创业风险管理的基本程序

创业风险管理的基本程序包括风险识别、风险评估和风险应对三个阶段。

（一）风险识别

风险识别是指在风险事故发生之前，人们运用各种方法系统地、连续地认识所面临的各种风险以及分析风险事故发生的潜在原因。

1. 风险识别的过程

风险识别过程包含感知风险和分析风险两个环节。

（1）感知风险。即了解客观存在的各种风险，是风险识别的基础，只有通过感知风险，才能进一步在此基础上进行分析，寻找导致风险事故发生的条件因素，为拟定风险处理方案、进行风险管理决策服务。

（2）分析风险。即分析引起风险事故的各种因素，它是风险识别的关键，是化解风险的重要过程。

2. 常见的风险识别方法

（1）生产流程分析法。又称流程图法。生产流程又叫工艺流程或加工流程，是指在生产工艺中，从原料投入到成品产出，通过一定的设备按顺序连续地进行加工的过程。该方法强调根据不同的流程，对创业的每一阶段和环节，逐个进行调查分析，找出风险存在的原因。

（2）风险专家调查列举法。由风险管理人员对该创业项目、初创企业可能面临的风险逐一列出，并根据不同的标准进行分类。专家所涉及的面应尽可能广泛些，有一定的代表性。一般的分类标准为：直接风险或间接风险、财务风险或非财务风险、政治性风险或经济性风险等。

（3）资产财务状况分析法。按照企业的资产负债表、损益表、财产目录等财务资料，风险管理人员经过实际的调查研究，对企业财务状况进行分析，发现其潜在风险。

（4）分解分析法。分解分析法指将一复杂的事物分解为多个比较简单的事物，将大系统分解为具体的组成要素，从中分析可能存在的风险及潜在损失的威胁。

（5）失误树分析法。失误树分析法是以图解表示的方法来调查损失发生前种种失误事件的情况，或对各种引起事故的原因进行分解分析，具体判断哪些失误最可能导致损失风险发生。

（二）风险评估

风险评估是在风险事件发生之前或之后（风险还没有结束），对该事件给创业者的生活、生命、财产或给创业企业的运营、管理、发展等各个方面造成的影响和损失的可能性进行量化评估的工作。创业者需要结合对机会风险的估计，努力防范和降低风险。常见的风险评估方法如下：

1. 风险因素分析法

风险因素分析法是指对可能导致风险发生的因素进行评价分析，从而确定风险发生概率大小的风险评估方法。其一般思路是：调查风险源→识别风险转化条件→确定转化条件是否具备→估计风险发生的后果→风险评价。

2. 内部控制评价法

内部控制评价的主体是原始创业团队及投资人，对象是内部控制的有效性，而内部控制的有效性，是企业建立与实施内部控制对实现控制目标提供合理保证的程度。内部控制的目标包括合规目标、资产目标、报告目标、经营目标和战略目标。因此，内部控制评价的内容应是对以上五个目标的内控有效性进行全面评价。

3. 定性风险评价法

定性风险评价法是利用已识别风险的发生概率、风险发生对项目目标的相应影响，以及其他因素，例如时间框架和项目费用、进度、范围和质量等制约条件，对已识别风险的优先级别进行评价。

4. 风险率风险评价法

风险率风险评价法是定量风险评价法中的一种。它的基本思路是：先计算出风险率，然后把风险率与风险安全指标相比，若风险率大于风险安全指标，则系统处于风险状态，两数据相差越大，风险越大。

（三）风险应对

风险应对是指在确定了决策的主体经营活动中存在的风险，并在分析出风险概率及其风险影响程度的基础上，根据风险性质和决策主体对风险的承受能力而制订的规避、接受、降低或者分担风险等相应防范计划。制定风险应对策略主要考虑以下四个方面的因素：可规避性、可转移性、可缓解性、可接受性。

1. 规避风险

规避风险指通过避免受未来可能发生事件的影响而消除风险。规避风险的办法有：通过公司政策、限制性制度和标准，阻止高风险的经营活动、交易行为、财务损失和资产风险的发生；通过重新定义目标，调整战略及政策，或重新分配资源，停止某些特殊的经营活动；在确定业务发展和市场扩张目标时，避免追逐"偏离战略"的机会；审查投资方案，避免采取导致低回报、偏离战略，以及承担不可接受的高风险的行动；通过撤出现有市场或区域，或者通过出售、清算、剥离某个产品组合或业务，规避风险。

2. 接受风险

接受风险指维持现有的风险水平。接受风险的办法有：不采取任何行动，将风险保持在现有水平；根据市场情况许可等因素，对产品和服务进行重新定价，从而补偿风险成本；通过合理设计的组合工具，抵消风险。

3. 降低风险

降低风险指利用政策或措施将风险降低到可接受的水平。降低风险的办法有：将金融资产、实物资产或信息资产分散放置在不同地方，以降低遭受灾难性损失的风险；借助内部流程或行动，将不良事件发生的可能性降低到可接受的程度，以控制风险；通过给计划提供支持性的证明文件并授权合适的人做决策，应对偶发事件，必要时，可定期对计划进行检查，边检查边执行。

4. 分担风险

分担风险指将风险转移给资金雄厚的独立机构。分担风险的办法有：保险，在明确的风险战略的指导下，与资金雄厚的独立机构签订保险合同；再保险，如有必要，可与其他保险公司签订合同，以减少投资风险；转移风险，通过结盟或合资，投资于新市场或新产品，获取回报；补偿风险，通过与资金雄厚的独立机构签订风险分担合同，补偿风险。

二、创业者风险承担能力的估计

创业者在创业过程中，要合理评估创业的风险和自身承担风险的能力，以采取合理的风险管理办法，减少创业过程中的不确定性，促进创业的成功。创业者承担风险的能力与创业者的心态、个人能力、家庭情况、工作情况、个人收入等相关。对创业者风险承担能力的估计可以从以下四个方面进行：

（一）估计从 0 到 1 过程中可能遇到的风险

创业是一个从 0 到 1 的过程，在这个过程中，要经历创业项目的选择、产品与服务功能的确认、市场的存在、创业团队的构建等过程，创业者要能够针对不同的创业项目，深入领会创业项目需要经历的各个过程，评估在这些过程中存在哪些创业风险。

（二）获得解决风险发生所需要的资源

创业过程中，有一些风险是不可控制的，当风险发生时，创业者要善于整合资源，从不同的渠道获取资源，通过资源整合去化解创业中的风险。创业者从其他渠道获取资源的能力与创业者承担风险的能力正相关。

（三）创业者用于承担风险的资金

一般来说，创业者的家庭经济状况和创业者的年龄会对承担风险的资金有一定影响。刚刚毕业的大学生，资金积累较少，用于承担风险的资金就相对较少，有一定工作经历的从业者，创业前会有一定的积蓄，家庭经济富裕的创业者，用于承担风险的资金会较多。用于承担风险的资金数量和创业者承担风险的能力正相关。

（四）创业者危机管理能力

创业者危机管理能力影响着创业危机发生时采取的风险控制措施和效果，从而影响着风险带来的损失的大小。当创业风险发生的时候，创业者要能够沉着、冷静对待风险，及时采取措施，避免损失进一步扩大。所以创业者危机管理能力越强，承担风险的能力也就越强。

三、基于风险估计的创业收益预测

按照风险报酬均衡的原则，创业者所冒的风险越大，其所获得的收益一般情况下应该越高，当创业者合理评估自己承担风险的能力并对风险进行有效防范后，应该对创业收益进行预测，以便将其和所冒的风险相匹配，进行创业风险收益决策。基于风险评估的创业收益预测可以采用以下步骤：

首先，预测不同情况下的收入、成本情况。创业者针对不同风险的发生估计在发生这些风险的情况下，收益变化的情况将如何。其中的风险主要在两大方面：其一是产品制造成本方面可能存在增加的风险；其二是市场推广方面，因为市场销售量、价格等原因，会带来销售额减少的风险。

其次，计算风险收益的预期值。创业者要对第一步中估计的各种收益发生风险的概率及对应收益情况做出计算，预期收益 = 预期收入 − 预期成本。通过计算，明确各种境况下的预期收益。

最后，分析最大风险的收益和创业者风险承担的匹配性。通过对预期收益的计算，创业者对各种危机发生境况下的创业收益有一定的了解，结合创业者自身的情况，进行决策。

第三节　创业中的常见风险及其防范

一、系统风险防范与防范方法

系统风险是由某种全局性的共同因素引起的，创业者或初创企业本身控制不了或者无法控制其影响的风险，采取有效的消除风险的方法相对较难。由于环境、市场引起的风险一般是系统风险。对于系统风险，创业者或初创企业应该尽量做好防范，一般有以下三个方面的做法：

首先，深入分析创业者或初创企业所处的环境。当下，国家对大学生创业十分支持，创业者要深入了解创业的税费减免、小额贷款担保、无息贷款、政府贴息贷款等政策情况，以及科技型创业在场地、项目、资金、技术、培训等方面的资讯，以便于自己的创业项目能更好地得到政策的帮助。另外创业者要深入分析创业的宏观环境、行业环境、地区环境等，对创业过程中可能遇到的系统性风险进行预判。

其次，正确预测能够预测的风险。在创业中很多风险是不可预测的，有一些风险是可以预测的，创业者要尽可能利用自己掌握和能够调动的所有资源，采用科学的方法，对那些能够预测的风险进行深入分析，通过企业内部成员的探讨和外部专家的预测来判断未来的变化，准确判断变化对企业未来会产生的影响。

最后，采取有效措施，合理应对。由于系统风险的不可分散性，创业者只能依据以上两个步骤对系统风险进行分析，并制定合理的应对措施，当创业者经过以上两个步骤做出了判断之后，要给出妥善应对办法。预判的风险是尚未发生的风险，不能心存侥幸，待风险发生后追悔莫及。

二、非系统风险防范与防范方法

非系统风险是由创业者或者初创企业自身引起的，只对创业者或者初创企业产生影响，因此，创业者或初创企业可以在某种程度上进行控制，并且通过一定的手段进行预防。

（一）机会选择风险防范

创业者在创业之初，由于缺乏创业能力与实践经验，在选择创业项目过程中可能出现随意性。项目来源有朋友介绍的，有偶然碰到的，有靠灵感产生的，有看到别人正在做的，有听了一场报告知道的，有看到报纸上介绍的。在进行项目选择过程中有随意性，偶然发现的项目，能够做起来也是偶然。解决的办法是：把选择项目设定为创业必需的程序之一，在实践中进行创业项目的选择，验证市场和产品两个核心要素，确定市场存在和产品优质的情况下再行动，不能依靠创业者的主观评价。

（二）技术风险防范

技术创新能够带来丰厚的回报，但是把技术转化为产品的过程中也存在着巨大的风险，在具有一定技术含量的创业项目进行操作时,要注意防范技术风险。解决的办法是:首先,加强对技术创新方案的可行性论证,减少技术开发和技术选择的盲目性,技术要聚焦,不能过于分散;其次,要通过组建技术联合体或建立创新联盟等方式来分散技术创新的风险;最后,要不断激发技术开发人员工作的积极性和创造性,高度重视知识产权。

(三) 管理风险防范

管理风险具体体现在构成管理体系的每个细节上,可以分为四个部分:管理者的素质、组织结构、企业文化、管理过程。预防风险办法如下:

1. 在管理者的素质方面

首先,要加强领导者自身的品德修养,从而增强企业凝聚力和激励力,同时着力弥补其他方面的不足,如资源劣势、市场经验等方面的不足,提升管理的效率和效果;其次,要扩展知识,对技术创新涉及的知识方法等有一定程度的理解,增强与技术创新人员的沟通,从而使创新活动的组织更为科学;最后,还要全面提升管理层人员的素质和能力,尤其要注重管理人员协作沟通能力的提高,刻意培养管理创新意识和创新能力。

2. 在组织结构方面

创业型企业应在组织效率和灵活性上充分发挥自身先天优势,积极利用多种渠道与社会组织加强内外信息沟通和交流,注重知识经验的有效识别和积累,加强企业知识管理,建立知识储备库,扩大企业开放程度,利用各种社会力量,与商业院校、科研院所建立密切关系,增强组织对创新方向的把握。

3. 在企业文化方面

要致力于良好的企业文化的培养,除了凝聚力、向心力的形成和培养,尤其应该塑造创新精神和团队精神,真正把创新作为企业生存和发展的根本所在,树立朝气蓬勃、齐心向上的企业精神,为一切创新活动创造良好的环境。

4. 在管理过程方面

应该遵循对技术创新管理的科学性,减少管理人员的随意性。首先,要设立正确的创新目标,最大限度地利用现有条件制订科学合理的计划,其中包括对风险的预测及建立相应的防范规避机制;其次,组织的过程管理要以计划为依据,充分挖掘企业各种资源,使现有资源的效用发挥到最大,注意组织结构的适时调整。领导过程要以现有目标为前提,加强对参与创新人员的适当激励,保持创新团队的士气;最后,控制环节除了一般的信息准确及时、控制关键环节、注意例外处理等方面,应突出关注控制的经济效益,要关注采取行动的效率和效果。

(四) 财务风险防范

财务风险是指公司财务结构不合理、融资不当使公司可能丧失偿债能力而导致投资者预期收益下降的风险。财务风险是企业在财务管理过程中必须面对的一个现实问题,财务风险是客观存在的,企业管理者只能有采取有效措施来降低财务风险,而不可能完全消除财务风险。预防财务风险的办法如下:

(1) 建立财务预警分析指标体系,防范财务风险。产生财务危机的根本原因是财务风险处理不当。因此,防范财务风险,建立和完善财务预警系统尤其必要。

（2）建立短期财务预警系统，编制现金流量预算。由于企业理财的对象是现金及其流动，就短期而言，企业能否维持下去，并不完全取决于是否盈利，而取决于是否有足够现金用于各种支出。

（3）确立财务分析指标体系，建立长期财务预警系统。对企业而言，在建立短期财务预警系统的同时，还要建立长期财务预警系统。其中获利能力、偿债能力、经济效率、发展潜力指标最具有代表性。反映资产获利能力的有总资产报酬率、成本费用利润率等指标；反映偿债能力的有流动比率和资产负债率等指标；经济效率高低直接体现企业经营管理水平，反映资产运营效率的有应收账款周转率以及产销平衡率等指标；反映企业发展潜力的有销售增长率和资本保值增值率。

（4）树立风险意识，健全内控程序，降低负债的潜在风险。如订立担保合同前应严格审查被担保企业的资信状况；订立担保合同时适当运用反担保和保证责任的免责条款；订立合同后应跟踪审查被担保企业的偿债能力，减少直接风险损失。

三、现金风险与防范方法

无论是创业型企业还是大企业，现金流断裂是其失败的一个重要原因，在创业过程中，导致现金流断裂的因素包括以下三种情况，针对不同的情况应该采取相应的应对办法。

（一）创业管理失控，现金流断裂

在创业过程中，创业项目对创业者能力的需求与创业者能力生成相对滞后的矛盾长期存在，伴随着创业项目的发展。创业者对创业项目的控制能力与管理手段存在跟不上的事实，在创业过程中，创业者容易出现讲排场、大肆铺张浪费、销售实际与销售预期差距偏大、资源消耗过多等情况。

创建企业的第一目标是让企业活下来，企业活下来的呈现形式是企业的现金支出能够补偿企业的耗费，在创业过程中，企业拥有的现金量是一定的，因此，要千方百计减少创业过程中现金的使用，主要有两个方面的措施：

1. 减少固定资本的投入

创业者要千方百计减少投入，减轻收入补偿的负荷。首先，为减少甚至不要固定成本投入，要充分利用社会分工细密的条件，能借则借，能租则租，可以采用委托、代理、合作等资源整合的方式，尽一切可能减少固定成本的投入。其次，用销售收入补偿耗费做投入的标尺，在投入数量、种类和时间三个方面，以能够让企业活下来为限度，只要与企业生存不直接相关的投入则不投、少投、缓投。

2. 减少运营费用的使用

创业者应有计划地使用资金。首先，制定费用合理的标准，要以企业生存为尺度，对企业生存有必要的费用为合理，否则是不合理；其次，管控创业项目实施的阶段，按照项目发展阶段，规定每个阶段的计划费用额度；最后，千方百计控制运营费用，采取一个人、一支笔、一本账的管理方式，按计划严格控制资金的使用。

（二）销售管理失控，现金流断裂

在创业过程中，销售收入持续地增加时，创业者容易产生急切的产品销售的心理，耗费大量的资金，去尝试多种业务推广方式，这可能产生大量应收货款，导致现金流断裂。

在创业过程中，影响企业生存的是现金而不是资金，在这一过程中，要准确理解现金与资金、销售额与销售回款。一是现金与销售额和利润脱离。产品卖出去了，会计则依据开具的销售凭证记账，销售额和其中的利润就反映出来了。可资金是否全额及时到账则是另一笔账目。这中间的差额所体现的是现金与销售额、现金与利润的不相等。它会经常掩盖真实的现金流量。二是减少由"应收"产生的"差额"。财务明细中的"应收"，反映的是资金往来关系，体现的是企业短期债权，记在资金平衡表中的资金来源一方。但它掩盖了资金平衡的真实，应收不等于实收，甚至不等于能收，不是资金的真实存在。

（三）时点通病，现金流断裂

在一些有一定技术含量或技术含量较高的创业项目开发过程中，有一些创业者习惯以产品制造出来推向市场的时间点为准，来计划资金的安排与使用。在他们心目中只要产品制造出来，销售收入就很容易产生，但却忽略了产品制造出来与销售收入一般不同步的事实，更难用销售收入补偿项目耗费。此时，如果没有后续资金补充，创业就可能失败。

在创业过程中，现金的储备要以产品制造出来，并且将产品投放到市场，销售收入有计划地回流的时间为标准来准备。

创业过程中，很多创业者把资金的来源寄希望于外部投资机构，导致创业存在很大的风险。在创业中，创业者要清醒地认识到：赚钱比找钱更容易，找钱比赚钱难得多。职业金融机构向优秀的企业投入股权资本的行为，其直接目标是为了赚钱。创业项目是能够让资金增值的载体，这个项目必须有自己的前期投入，有运作过程，并在这个过程中，能够显示项目的核心优势，证明这个优势的标准是项目的市场目标、销售额和利润，一个项目做到这个程度，往往已经是一个企业了。资金对项目需要的条件是：只有项目优势显现的时候，资金才需要项目。创业者决定项目，项目决定资金，主要是项目规模、特点和启动方式决定资金数量和进入时间；创业者的能力和项目特点，共同决定投入资金的时间、方式和数量。资金能使自己得以保存和增加这个载体。总而言之，创业者要先赚钱，在赚钱中不断增强自己的实力。

四、创业中产品开发风险与防范方法

在创业过程中，一旦开始创业活动，由于创业者花费相当长的时间思考并开发创业产品，会不可避免地产生一种非理性的思维定式：表现在"心理偏好"和"偏执心态"两个方面。先是心理偏好的产生。创业者看好了一个项目，对利益的追求一旦落实到具体目标上，追求目标的过程就会强化着实现目标的愿望。日益强化的愿望通过持续的"注意"而产生"心理偏好"。"心理偏好"一旦产生，就自然地转化为对目标本身和其相关假定的信任。这种被不断加强了的信任是无限执着的偏执心态，表现在对待项目上的义无反顾的气概。在许多人看来不可行的事，当事人却信心十足，直到撞到南墙头破血流方如梦初醒。

在产品开发过程中，要时刻铭记，创业者是产品功能开发的设计者，消费者才是产品功能的确证者，创业者开发的产品，必须经过消费者使用后才能确定其产品的品质，故此，创业者制造产品先于消费者评价产品是一个事实，在承认事实的基础上，创业过程中要小规模、探索性地对创业项目进行尝试，认识、理解和把握创业项目中诸多要素之间的关系，做出符合市场需求的产品。

> **拓展阅读**

技术创新带来商业机会

上海九港公司近年来坚持走"技术创新，加强科技投入"的道路，依靠新技术、新产品走天下。在日前召开的"新千年首次订货会"上，签订合同达400多万元，用户来自浙江、江苏、内蒙古、四川、广西、福建、山东、湖南等17个省市，销售形势十分看好。该公司当年一直沿着简单模仿其他厂家的机械的老路子，销售上一直打不开局面，公司领导意识到只有创新才能立本，哪怕花费10倍的努力，也要走自己的创新之路。几年来，他们先后开发成功热风循环快速纸箱烘干机、全自动平台模切机、大规格纸箱成型机等新产品，用户想到的，他们千方百计去做好，用户没想到的，他们也想尽办法去做好。"想用户所想，急用户所急"成为他们公司的宗旨。扬州永盛纸制品有限公司看到该公司2 600×1 800大型平台自动模切机爱不释手，在订货会上立即拍板，当场提货，浙江省最大的服装生产集团莱机华集团买走了该公司的模切机、纸箱成型机、分纸压线两用机、双色水性印刷开槽机等十多台大型设备，黑龙江光明家具公司看了国内二十多家纸箱机械厂家，最后还是看中了九港公司的设备，他们的看法是："九港公司的机械的确千方百计为用户着想，确有特色。""人无我有，不断创新"。该公司开发国内独创的多功能纸箱烘干机，曾帮助国内许多中、小型纸箱厂走出靠天吃饭的困境，这次他们在技术上又有创新，在订货会上也十分"抢手"。

（资料来源：摘自《中国包装》2000年03期）

创业机会的特征与类型

1. 创业机会的特征

创业机会主要是指具有较强吸引力的，具有时效性、持久性的能够创造价值的有利于创业活动的机会，创业者或者创业团队可根据创业机会进行创业活动，并从中获益。

（1）时效性。创业机会只存在于某个时间段，这个时间段被称为"机会窗口"，因此创业机会具有时效性。当市场需求处于一种不平衡的状态时，创业者需要及时搜集信息并捕捉机会，迅速采取行动，这样就可能取得创业的成功并获取收益。

（2）持久性。创业机会在具有时效性的同时，也应该具有持久性，能够得到进一步的发展。也就是说，判断一个创业机会合适与否的标准之一，是判断市场是否会有足够的时间让创业者对创业机会进行开发。

（3）创造价值。创业机会应带来商业价值或社会价值。市场回应是判断创业机会价值的一个重要标准。所谓市场回应程度，就是指市场对创业者产品或服务的接受程度。只有在市场能够对创业项目的产品有很好的回应时，创业者的产品才有可能实现货币价值。

2. 创业机会的类型

技术机会：是指技术创新带来创业机会。随着科技发展与社会科技的进步，技术上的变化组合与创新，可为创业者带来创业机会。一方面，机会会引导新创企业开发出新产品和新服务；另一方面，新产品和新服务又能带来新的创业机会。

市场机会一般分为三类：第一类是在当下市场已有的产品和服务中，去寻找尚未满足顾客的需求，去开发一个新的市场，或开发现有产品的新功能和新用途；第二类是指创造开发、设计生产出具有新功能的产品，来满足变化的市场需求；第三类是指基于社会分工演化下，专业化所衍生的市场。

政策机会：政治因素、规章制度的变动带来了相关资源使用上的变动，因此带来了相关的创业机会。国家或区域政策环境的变化能够促进商机的产生，从而将原有的资源重新整合并使用，提高了资源使用效率。

基于机会风险的创业收益预测

创业收益是创业者创业的主要动因，它是指创业者将自己拥有的技术资源、资本资源等资源投入创业项目后，通过运营，实际产出额减去投入后剩下的部分，是创业项目回报给创业者的财务和社会收益。

创业收益不是无风险收益。创业者承担风险后可能会获得相关报酬，且收益与风险一般呈现正相关。

在创业者对各项风险因素可能发生的概率以及造成的损失进行预估后，可以测算特定创业机会的风险收益，以机会风险收益为依据来评判是否值得开展该创业项目。在通常情况下，创业机会的风险收益越大，越值得创业者对这个创业项目进行投入。下面是特定机会的风险收益的测算公式：

$$FR = \frac{(M_t + M_b) \times B \times P_s \times P_m}{C_d + J} \times S$$

式中，FR 表示特定机会的风险收益指数，M_t 表示特定机会的技术及市场优势指数，M_b 表示创业者的策略优势指数，B 表示特定机会持续期间内的预期收益，P_s 表示技术成功概率，P_m 表示市场成功概率，S 表示创业团队优势指数，C_d 表示利用特定机会创业的有形资产投资总额，J 表示利用特定机会创业的无形资产投资总额。

实践练习

1. 简述如何规避创业风险？
2. 如何评估创业风险？
3. 创业过程中需要了解哪些方面的知识以抵御风险？

网络资源

1. 大学生创业前期准备中的知识产权法律风险识别：
   http：//www.cnki.com.cn/Article/CJFDTotal-ZFSD201703113.htm
2. 大学生创业项目风险识别方法比较研究：
   http：//xueshu.baidu.com/usercenter/paper/show？paperid=996074aa990c3b6181b41cc50f2ca43b&site=xueshu_se

第四章 商业模式及其设计与创新

- 学习目标

  通过本章的学习加深对商业模式等相关概念的了解,从而学会设计适应自身创业的商业模式,并在此基础上进行创新应用。

- 知识要点

  商业模式与商业战略;商业模式的设计;商业模式的创新

案例导入

张荣耀在20世纪90年代初创立了荣昌公司,做皮货洗染,后来进入洗衣行业,成立了"荣昌洗衣",20多年发展了1 000多家连锁店。

传统的洗衣行业表面风光,毛利挺高,其实净利润很低,因为房租占了很大一部分,而且还在不断上涨。随着竞争加剧,行业发展面临困境,同时用户的痛点非常突出。

于是,张荣耀决定创新商业模式,于2013年创立e袋洗,基于移动互联网,以O2O模式提供洗衣服务。e袋洗上线不到半年,在北京地区粉丝突破10万人,日单突破1 000单。2015年4月份日订单突破10万单,创造了行业纪录。2014年获得腾讯的投资,估值2亿美元,2015年获得百度等投资,估值10亿美元。

下面梳理一下e袋洗商业模式的设计。

1. 用户痛点

传统洗衣行业,到店洗衣是一件很麻烦的事情。首先要自己上门到洗衣店,到店后要一件一件清点、填单,洗好后还要自己去取,非常麻烦。用户有时间时,洗衣店可能关门了,好不容易到了洗衣店往往停车又很难。

时间问题、堵车问题、停车难问题、营业时间不能满足用户的取送需要,且价格高、服务不标准化,这些用户痛点再加上自身经营面临的困境,使张荣耀在很多年前就开始思索转型。

2. 价值主张

e袋洗的价值主张非常清晰:基于移动互联网的"O2O在线洗护平台",这是对荣昌洗衣自身的彻底革命,把自己原来的1 000多家店全部关掉,完全变成一个线上服务的O2O公司。传统企业二次创业发新芽，长出新锐的互联网家政行业标杆品牌。

为了解决用户痛点，张荣耀首先做的转型探索不是做e袋洗，而是用更现代化的方式洗衣服。他2000年开始和新浪合作，通过新浪网给洗衣店导流，这让他意识到，他的行业不仅是洗衣服，而且是经营数据的行业，拥有庞大的用户数和频次。

2004年张荣耀对荣昌洗衣进行信息化改造，通过"一带四""联网卡"，在一家洗衣店周边设立四个收衣点，消费者用一张"联网卡"就能在其所有的洗衣门店使用。这次信息化改造虽然不属于重大的战略调整，但是为后来e袋洗的推出打下了很好的基础。

3. 解决方案

（1）产品与服务。

首先看e袋洗的产品和服务，即创造了什么样的新的用户体验。

传统洗衣店是按件收费的，e袋洗则是按袋计费，给你一个专业的帆布袋收取衣服，装多少都行，e也是"1"的意思，一袋99元（原价158元）。用户通过微信下订单，2小时内有人上门取件，一分钟完成交接、封袋，拿回去清洗，72小时以内送回，用户体验非常好。e袋洗将衣服分类、检查，全程高清视频监控，洗衣过程可跟踪。用户体验不只是省心，服务也更好，管理更规范，性价比高。

e袋洗迅速从北上广深扩展到省会城市，发展非常快。由于订单量太大，经常有用户投诉，e袋洗拿出足够的资金和诚意，对用户做出快速反馈，让有意见的用户重新建立好感。

（2）渠道与传播。

其次看渠道与传播。原来的渠道是终端的洗衣店，e袋洗去中介化，直接通过O2O完成，房租和中间环节都没有了，1 000多家门店全部关闭，把所有的洗衣业务搬到手机上完成。

用户体验的渠道变成手机，代表了移动互联网的特质。e袋洗制定了O2O在线洗衣行业的标准。通过微信预约，去掉烦琐的流程，去掉纸质衣物明细单，变为微信推送。

清洗选择专业的洗衣工厂清洗、消毒、熨烫。服务时自动推送，全程跟踪，每个环节都可在微信上与用户保持互动。

（3）交易结构。

再次看交易结构，即生态圈。e袋洗采用"众包+外包"的模式。

所谓外包，就是把洗衣工厂外包给其他厂商，与传统的洗衣店、洗衣工厂合作。张荣耀在洗衣行业做了二十多年，对行业的品牌非常了解，知道哪个品牌的洗衣工厂更靠谱。行业的洗衣成本只占10%，房租、人工和设备折旧等占90%，所以选择高端与低端店面合作成本差别不大。为了保证洗衣品质，e袋洗只与一线品牌洗衣工厂合作。e袋洗制定了一套严格的标准，对合作的洗衣工厂的资质、品牌、店面面积、技术、员工数量、清洗流程等都严格把控和考核，以确保清洗的品质。

所谓众包，即以社区为单位招募配送人员，如社区内退休的老大妈，让这些老大妈配送，用户感受很亲切。由于取送衣服的半径不能太远，所以取送衣服的人员需求量非常庞大。e袋洗通过共享经济促进中老年人再就业，创造了社会价值。

（4）盈利模式。

如果在传统洗衣店，99元一袋肯定亏死了，根本无法维持，在线上运作则可把中间的成本砍掉，线上下单形成规模效应，边际成本递减，把节省下来的成本让利给消费者，消费者得到好处，自然会自发传播e袋洗。

【感悟反思】

通过e袋洗这个案例，启发大家思考从找用户痛点到提出价值主张，再到提出解决方案，从而设计相应的商业模式。

1. 设计商业模式的基本逻辑

设计商业模式的"三部曲"。

第一步，找到用户痛点。

商业模式设计最根本的切入点是用户的痛点，而不是怎么赚钱、能否上市等。用户的痛点，也可以泛化为行业的痛点和社会的痛点。例如，食品安全问题、婴儿奶粉问题、环境问题等。当很多国人到境外疯狂买东西，奶粉问题和食品安全问题不是明摆着的行业痛点和社会痛点吗？

痛点就是商机，痛点有多大，商机就有多大。逐利是商人的本性，多数人做生意的出发点就是赚钱，而不是用户的痛点。卢梭说："企业家就是愿意被社会驱赶的驴子。"企业家一定要找到用户痛点，痛点在哪里，商机就在哪里。

第二步，提出价值主张。

价值主张就是聚焦具体的一个点来凸显自己的核心价值，根据自身的情况决定聚焦什么痛点，然后面向社会提出自己的承诺，定位也好，品牌也罢，都离不开清晰的价值主张。什么是品牌，品牌就是承诺，就是承诺我能解决什么问题。价值主张梳理清楚了，战略方向就比较清晰了。

第三步，提出解决方案。

价值主张要落到解决方案。解决方案是一个系统，至少包含以下4个方面：

（1）产品与服务。

能不能给用户新的、更舒服的体验，让顾客的痛点有极大改善或者消失，如果做到的话，那么你的产品与服务就有杀伤力。

（2）渠道与传播。

渠道与传播是市场营销层面的问题。互联网时代，产品即渠道，产品即传播。原来产品与渠道是分离的，现在的消费者既是购买者也是传播者。

（3）交易结构。

商业模式的本质是交易结构，即确定和政府、供应商、渠道及相关联企业之间的关系，构建企业生态圈。例如，企业与企业之间的合作、加盟，包括外包、众包、众筹等。

（4）盈利模式。

盈利模式即收入来源，怎么赚钱。狭义的商业模式就是盈利模式。有的商业模式设计很有创新性和颠覆性，但问题是盈利模式没设计好，企业长期不赚钱，即使不断融资烧钱，最后还是死掉了。

2. 商业模式设计的几点思考

（1）理念的创新。

像e袋洗这些成功的商业模式，首先都是敢于在观念上大胆创新，具有一定的超前性，捕捉时代的趋势，针对用户的关键痛点下手，抓住机会建立自己新的企业定位和商业模式。

而如何做到理念创新呢？我们在设计商业模式时首先要跳出来，特别是很多传统制造业的企业家朋友，长期在自己固定的行业和圈子里，如果老是不能跳出来，理念就很难创新，商业模式也就很难突破。

（2）适度超前。

理念创新有一定的超前性，但过度超前就是找死。我们在设计商业模式时，不能过于理想化和超前。

比如说e袋洗，之所以能在今天突然获得成功，其实它是厚积薄发。张荣耀积累了多年的行业经验，特别是在十多年前就进行了信息化改造，这些基础工作非常重要。而跟e袋洗同时起步的其他一些O2O洗护平台公司，有很多不到一年就死掉了，烧了很多钱但仍未存活下来。因为有些东西严重超越了他们能力驾驭的范畴，他们可能对互联网、大数据、微信传播等都非常熟悉，但对线下的情况，对行业最基本的理解和管理能力不够，再好的商业模式最终也离不开产品。

张荣耀从1990年开始创业，经历了两三个发展阶段，2013年创立e袋洗时，一切都已经准备好了。这个准备不仅是对行业的准备，还包括他的团队，比如说，他从百度挖来了陆文勇来担任CEO，还有很多环节他都聘用了顶尖的高手，在做了充足的准备之后，他才正式创立了e袋洗。

对于商业模式的创新，很多人急于求新、过度超前，不是跳起来摘苹果，而是跳起来摘星星。甚至有些人痴迷于乔布斯、马云等明星企业家，扬言要在互联网时代用新的商业模式颠覆世界，他们往往会制定出过度超前的、不成熟的商业模式而把自己搞死。

（3）顺带赚钱。

商业模式设计的原点不是为了有更高的行业利润，要先把盈利模式放到后面，放在最前面的是用户的痛点，是能帮用户和社会解决什么问题，能提供怎样的用户体验，设计什么样的交易结构，最后才是盈利模式的问题。

恰恰很多人设计商业模式时，太过急功近利，把赚钱放到最首要的位置，这类商业模式在资本市场和投资人那里行得通，但最终市场并不买单，因为没有真正解决用户的痛点。如果没有解决用户的痛点和需求，一时博眼球是可以的，但没有抓住根本问题。

（4）不断迭代。

商业模式没有一成不变、一劳永逸的，任何商业模式都是阶段性的，要不断迭代、持续创新，不然就会出局。

商业模式严格地说应该叫"经营方式"，方式是持续创新、不断变化的，一旦说成"模式"就固化了，在哪里成功往往最终也会在哪里失败。很多模式不是一下子设计出来的，很多都是在过程中不断完善、进化迭代、微创新、逐步成熟的。

特别是互联网时代的创业有个特点，很多模式考虑到七八分成熟时就可以启动了，这得益于资本市场，一些风险投资愿意对尚未完全成熟的商业模式进行投资，但前提是从用户的痛点出发，梳理出你的价值主张，提出一个初步可行的解决方案。

解决方案包括4个方面：产品与服务、渠道与传播、交易结构、盈利模式，这4个方面可能只考虑清晰了两三个方面，可能盈利模式还不太清晰，但有些人就已经敢干了。

例如，美国有一家利用太阳能的公司，叫太阳城公司。这家公司起步时做屋顶太阳能的设备，成本比较高，而且美国人经常搬家，太阳能设备移动不方便，所以产品推广起来很吃力。

这家公司的发展是典型的摸着石头过河、不断迭代的过程，当它发展到相当规模时仍然不盈利，因为前期一次性投资于太阳能发电设备和安装费用，而收费模式是租赁，收取租金回报非常慢，属于长投短收，这种盈利模式显然是有问题的。

后来，太阳城公司终于完善了商业模式，建立起一个宏大的交易结构，一方面绑定政府，因为太阳城公司有了众多的用户和订单之后，就以这些订单为筹码跟地方政府谈合作，之后再去对接资本市场（如基金、财团等），建立起灵活的融资方式。这样，太阳城公司终于解决了盈利模式问题，公司开始盈利，并迅速甩开竞争对手，成为美国太阳能领域的领导者。

第一节　商业模式

一、何谓商业模式

商业模式是创业者的商业创意，商业创意来自机会的丰富和逻辑化，并有可能最终演变为商业模式。其形成的逻辑是：机会是经由创造性资源组合传递更明确的市场需求的可能性，是未明确的市场需求或者未被利用的资源或者能力。尽管它第一次出现在20世纪50年代，但直到90年代才开始被广泛使用和传播，已经成为挂在创业者和风险投资者嘴边的一个名词。

有一个好的商业模式，成功就有了一半的保证。商业模式就是公司通过什么途径或方式来赚钱。简言之，饮料公司通过卖饮料来赚钱；快递公司通过送快递来赚钱；网络公司通过点击率来赚钱；通信公司通过收话费赚钱；超市通过平台和仓储来赚钱等。只要有赚钱的地方，就有商业模式存在。

随着市场需求日益清晰以及资源日益得到准确界定，机会将超越其基本形式，逐渐演变成为创意（商业概念），包括如何满足市场需求或者如何配置资源等核心计划。

随着商业概念的自身提升，它变得更加复杂，包括产品/服务概念、市场概念、供应链/营销/运作概念（Cardozo，1996），进而这个准确并差异化的创意（商业概念）逐渐成熟最终演变为完善的商业模式，从而形成一个将市场需求与资源结合起来的系统。

商业模式是一种包含了一系列要素及其关系的概念性工具，用以阐明某个特定实体的商业逻辑。它描述了公司所能为客户提供的价值以及公司的内部结构、合作伙伴网络和关系资本（relationship capital）等用以实现（创造、推销和交付）这一价值并产生可持续盈利收入的要素。

在文献中使用商业模式这一名词的时候，往往模糊了两种不同的含义：一类作者简单地用它来指公司如何从事商业的具体方法和途径，另一类作者则更强调模型方面的意义。这两者实质上是有所不同的：前者泛指一个公司从事商业的方式，而后者指的是这种方式的概念化。后一观点的支持者们提出了一些由要素及其之间关系构成的参考模型（reference model），用以描述公司的商业模式。

二、商业模式与商业战略

（一）商业模式与战略具有相同的本质

商业模式与商业战略是不同的，它们的区别主要在于，商业模式是"价值创造"导向，商业战略是"建立竞争优势"导向。然而，从商业模式概念的递进过程可以看出，这两种导向应是相互依存和不可分割的。

从经济层面到运营层面再到战略层面，定义的综合性是递进的。目前来看，国外对商业模式的定义大部分属于战略层面。

"价值创造"导向是基于经济层面和运营层面的定义而对商业模式的定位，其中经济层面描述的是对企业价值的创造（包括成本控制和收入来源），运营层面描述的是对顾客价值的创造。这两个层面的定义未强调所创造的价值必须具有独特性、不可模仿、不可替代，由于缺乏这三个特点的价值是不可持续的，这样的商业模式无法持久，是不值得研究的。所以商业模式的概念进一步发展，出现了战略层面的商业模式定义，即商业模式是符合以上三个特点的价值创造逻辑，能为企业建立竞争优势。可见，战略层面的商业模式的本质，是对能够获得竞争优势的价值创造活动的描述（经济逻辑、运营逻辑、战略方向分别描述了价值活动开展方式及其所遵循的战略原则）。尽管后来专家又提出了整合性定义，但其与战略层定义实质是相同的，只是在内容描述上显得更饱满些。

商业战略是通过对企业行为的谋划获取竞争优势，而竞争优势来自企业价值链的某些环节，这些环节能够创造独特的、不可替代的、不可模仿的价值，可以看出，战略的本质是通过对符合以上三个特点的价值创造活动的规划，为企业赢得竞争优势。

由以上分析可知，商业模式和商业战略的本质是相同的，从价值活动实施前的角度定义，它们都是对能够获得竞争优势的价值创造活动的规划或设计；从实施后的角度，它们就成为对带来竞争优势的价值创造活动的描述。

（二）商业模式是对已实施的战略的描述，与战略在内容上高度一致

商业模式的内容可以通过其构成要素或三个逻辑层面来描述，构成要素和三个逻辑层面是完全一致的，它们可以归入不同的逻辑层面。

1. 商业模式是对已实施的战略的描述

我们将价值链上的价值活动方式作为中介（中间变量），来对商业模式和战略的内容进行比较分析。价值活动方式包含了价值创造过程中所有的价值活动、结构及价值链中的伙伴关系。

首先，经济逻辑和运营逻辑是对战略措施体系的描述，它们是等价的。价值链各环节由企业的各种职能构成，职能战略是对价值链上所有价值活动的具体规划，实施后的（职能）战略措施体系直接表现为企业价值链上的价值活动方式。根据商业模式的定义，运营逻辑和经济逻辑是对价值活动方式的描述，所以它们实际上就是对已实施的战略措施体系的描述。

运营逻辑和经济逻辑是从已实施的战略措施体系（价值活动方式）中归纳而来，是战略措施体系本身所具有的。需要说明的是，经济逻辑描述了企业在价值链环节上的盈利方式，而盈利实际上是对企业价值的体现或回报，所以经济逻辑可以看作是对企业价值的创造过程。经济逻辑和运营逻辑包含了企业价值和顾客价值的创造方式，是对战略措施体系的全面描述，所以它们是等价的。

其次，（商业模式中的）战略方向描述了战略原则。因为商业模式来自对价值活动方式的描述和分析，商业模式中的战略方向必然从价值活动方式中得到。尽管价值链活动方式是对战略措施体系的直接体现，但企业战略、业务战略、核心竞争力又体现在战略措施体系上，所以可以通过可视的价值链活动来察觉这些战略原则。通过对价值活动的分析可能无法察觉所有战略原则，但这并不影响战略方向与战略原则的高度一致性。

2. 商业模式和战略在内容上高度一致

因为商业模式是对商业战略的描述，两者在内容上必然一致。例如国美电器的采购、供应、销售、人力资源管理等职能战略措施，都属于价值活动方式，它们构成了"价值创造过程"。国美在"价值链中的定位"是通过控制终端而占据价值链中的主导地位；"产品和服务内容、目标顾客、基本市场竞争战略、资源和能力"等要素可在国美的战略定位、低成本战略、核心竞争力等战略内容中完全体现；"收入来源、企业经济"指国美在财务上的收入和运作方式。可以看出，商业模式的构成要素与战略内容——对应且高度一致。

（三）商业模式理论属于战略理论范畴

既然商业模式与战略在本质和内容上是一致的，商业模式理论必然属于战略理论范畴。明茨伯格将战略理论归为十大学派。其中学习学派将战略视为一种模式，模式是对已实施的战略的描述。学习学派认为战略无法提前设计，只有根据变化的环境及不断的试错，即经历持续的学习过程，才能得到一个有效的模式。这些观点，将商业模式理论与学习学派联系起来。由于竞争的强化和新技术的不断涌现，新的商业模式层出不穷，为了建立有效或更好的商业模式，不断的试错或学习也是不可避免的。然而，随着商业模式理论的发展，更多的战略理论，如核心竞争力、市场定位等被其吸纳了进来，这些都是为了设计具有竞争优势的商业模式的需要，在直观的经济逻辑、运营逻辑基础上增加的。这使得商业模式理论与设计和定位学派等更多的学派产生了联系，并逐渐显示出与这些学派的理论的趋同。总之，所有商业模式理论内容均可从战略理论中寻踪溯源。

三、商业模式与战略的区别

商业模式与战略的区别主要在于关于它们的理论侧重点的不同。

1. 商业模式理论与战略理论研究的侧重点不同

由于新技术（如互联网）、新观念（如价值网络）的不断涌现，企业在制定战略措施体系时可以有更多选择，于是很多别具特色的（职能）战略措施体系出现了。这引起了人们对战略措施体系及其所呈现的商业模式的研究兴趣，商业模式理论的主要研究对象或侧重点就是这些别具特色的战略措施体系。

商业模式理论从战略制定的结果处开始研究，着重于对特定（属于某个企业的）战略措施体系的分析，归纳出其包含的各种内在逻辑特别是价值创造逻辑，不同的逻辑呈现出不同的商业模式。商业模式所包含的逻辑关系对企业构建具体的战略措施具有很好的指导作用，这是战略理论所欠缺的。战略理论从战略制定的源头开始研究，主要研究战略制定方法及形成过程，缺少对具体战略措施的研究。

因为战略理论缺少对具体战略措施体系内在逻辑的研究，人们并没意识到运营逻辑和经济逻辑是战略措施体系本身所包含或应该包含的，所以往往认为商业模式和战略是两回事。

2. 商业模式和战略在概念表述上不同

由于理论研究的侧重点不同，造成它们在概念表述上不同。商业模式从战略措施层面着手研究，所以在概念表述上，除了战略方向，还包含从战略措施体系中得到的经济、运营逻辑，这与战略的概念表述区别很大。特别是经济层面或运营层面的商业模式定义，不包含战略方向，让人觉得商业模式无任何战略意图。

3. 商业模式理论拥有战略理论所不具备的特点

由于难以归类，商业模式常常通过案例来描述，比如国美模式、京东模式等，这赋予了商业模式理论具体性和形象性的特点。这些特点使商业模式理论对管理者更具指导性，让管理者更易于接受和产生兴趣。企业可以借鉴这些具体的模式来构建自己的战略措施。另外，由于商业模式的直观性，基于对商业模式的分析和创新可以更好地寻找企业核心竞争力来源。

4. 战略理论的很多重要内容是商业模式理论所不具备的

比如波士顿矩阵、SWOT 分析等分析工具，并未出现在商业模式理论中，另外很多战略学派的重要战略理论或观点也是商业模式理论所未涉足的。

由于以上区别，战略制定过程中，应将商业模式理论与战略理论相结合。理论侧重点的不同，并不影响商业模式与战略在内容上的一致，只是内容的形成方法不同而已。

四、商业模式中的价值链分析

价值链分析法是由美国哈佛商学院教授迈克尔·波特提出来的，是一种寻求确定企业竞争优势的工具。企业有许多资源、能力和竞争优势，如果把企业作为一个整体来考虑，又无法识别这些竞争优势，就必须把企业活动进行分解，通过考虑这些单个的活动本身及其相互之间的关系来确定企业的竞争优势。

（1）价值链分析的基础是价值，其重点是价值活动分析。各种价值活动构成价值链。价值是买方愿意为企业提供给他们的产品所支付的价格，也代表顾客需求满足的实现。价值活动是企业所从事的物质上和技术上的界限分明的各项活动。它们是企业制造对买方有价值的产品的基石。

（2）价值活动可分为两种活动：基本活动和辅助活动。基本活动是涉及产品的物质创造及其销售、转移给买方和售后服务的各种活动。辅助活动是辅助基本活动并通过提供外购投入、技术、人力资源以及各种公司范围的职能以相互支持。

（3）价值链列示了总价值。价值链除包括价值活动外，还包括利润，利润是总价值与从事各种价值活动的总成本之差。

（4）价值链的整体性。企业的价值链体现在更广泛的价值系统中。供应商拥有创造和交付企业价值链所使用的外购输入的价值链（上游价值），许多产品通过渠道价值链（渠道价值）到达买方手中，企业产品最终成为买方价值链的一部分，这些价值链都在影响企业的价值链。因此，获取并保持竞争优势不仅要理解企业自身的价值链，而且也要理解企业价值链所处的价值系统。

（5）价值链的异质性。不同的产业具有不同的价值链。在同一产业，不同的企业的价值链也不同，这反映了他们各自的历史、战略以及实施战略的途径等方面的不同，同时也代表着企业竞争优势的一种潜在来源。

价值链分析的步骤如下：

（1）把整个价值链分解为与战略相关的作业、成本、收入和资产，并把它们分配到"有价值的作业"中。

（2）确定引起价值变动的各项作业，并根据这些作业，分析形成作业成本及其差异的原因。

（3）分析整个价值链中各节点作业之间的关系，确定核心企业与顾客和供应商之间作业的相关性。

（4）利用分析结果，重新组合或改进价值链，以更好地控制成本动因，产生可持续的竞争优势，使价值链中各节点作业在激烈的市场竞争中获得优势。

第二节　商业模式的设计

一、商业模式设计与创业机会开发

（一）商业模式设计完善的五步法

第一步，界定和把握利润源——顾客。

企业利润源是指购买企业商品或服务的顾客群，它们是企业利润的唯一源泉。企业利润源及其需求的界定，决定了企业为谁创造价值。企业顾客群分为主要顾客群、辅助顾客群和潜在顾客群。好的目标顾客群，一是要有清晰的界定，没有清晰界定的顾客群往往是不稳定的；二是要有足够的规模，没有足够的顾客群规模企业的业务规模必然受到局限；三是企业要对顾客群的需求和偏好有比较深的认识和了解。

设计商业模式的时候，首先需要分析顾客需求，目的就是要为产品寻找能够比较容易呈现价值的顾客群。一般来说，企业赢利的难度并非在技术与产品端，而主要还是在顾客端。有时只是把握好企业顾客的一点点需求，也可能产生巨大的顾客价值。在复印机行业，施乐公司的利润源主要是大型企业与专业影印公司，因此它看不到个人客户对于影印便利的需求，所以失去开发桌上型复印机的先机。佳能在资源规模上无法与施乐竞争，因此采取差异化策略，重点对个人客户这一利润源进行了系统分析和研究，根据个人客户的价值需求，发掘尚未被满足的特殊顾客群，最后才导致开发简便型桌上复印机的创新构想。佳能在1976年推出简便型桌上复印机，这项新产品的技术创新程度较为落后，不但影印速度慢，影印品质不佳，提供的影印功能也极为有限。不过在顾客看来却是一项能带来重大价值的成功产品，因为它能提供经理人与个人工作者在工作上极大的方便，这些顾客不需要为影印一页文件，专程跑到影印中心，只需要简单的操作，在家中或个人办公室中即可满足影印需求。

如果商业模式无法找到相对明确的顾客需求，那么这项新事业将会遭遇无法创造利润的潜在风险。例如，JVC与Sony在20世纪60年代投入于录放机新产品开发，事先也无法掌握潜在的顾客需求，因此只得不断推出新产品到市场上进行测试，直到70年代，在大致掌握顾客对于这项新产品的需求后，才成功开发出VHS与Beta规格的产品。

利润源不清晰，也就是企业和顾客需求不明确，是导致企业商业模式不健全的首要原因。比如前几年的新兴科技领域（例如2000年前的Internet、E-Commerce、无线上网等新产业），由于市场尚未成形，顾客需求还不明确，很难判断新技术的价值将如何在新市场中具体呈现。因此许多网络公司的商业模式，大都欠缺具体的顾客需求信息，只能以国际网络科技的发展趋势，来描绘未来市场的美景。但这正是一些企业投入新兴科技市场所遭遇的主要风险：新技术具有创造价值的高度潜力，但新事业却持续大幅亏损。

大量经营实践表明，设计和完善商业模式时，分析和把握顾客需求，并寻求产品在市场中的最佳定位，是设计商业模式的一项首要工作。

第二步，不断完善企业利润点——产品。

利润点是指企业可以获取利润的、目标顾客购买的产品或服务。利润点决定了企业为顾客创造的价值是什么，以及企业的主要收入及其结构（revenue structure）。

好的利润点是顾客价值最大化与企业价值最大化的结合点，它要求：一要针对目标顾客的清晰的需求偏好；二要为目标顾客创造价值；三要为企业创造价值。有些企业的产品和服务或者缺乏顾客的针对性，或者根本不创造利润，都不是好的利润点。

微软的商业模式是国际公认最为成功的商业模式，但回顾微软不断完善企业利润点的历史，就会发现微软并不是一开始就能够设计出具有竞争力的产品的。看一看微软开发图形操作系统就会发现，根据顾客的需求对产品持续改进是微软商业模式的竞争力之所在。当微软推出Windows 1.0时，这个产品比数字研究公司的GEM图形用户界面好不到哪去。评论家们甚至将它比作是对施乐PARC所开发产品的苍白模仿。只有在1990年Windows 3.0发布时，微软才拿出了内存管理方面的改进成果，从而可以让用户利用286和386微处理器。1993年微软又用了另外3年时间改进了与Windows 95界面类似的NT，新产品强大的管理控制功能使得Windows NT在IT社区中流行起来。在网络浏览器业务上，微软又用了3次长期的努力才赶上网景。微软建立了伟大的商业模式，原因是微软倾听客户反映，修复了产品中的不足，微软成就的原因并不是因为它开发出了"轰动一时"的技术。

微软完善了一个整合客户反馈和改进企业利润点的系统，这可以解释为何微软长期以来成为这个领域的第一号企业。

第三步，打造强有力的利润杠杆，构筑商业模式内部运作价值链。

打造利润杠杆——规划企业内部运作价值链是商业模式设计与完善的重要内容，它决定

第四章　商业模式及其设计与创新

了产品或服务是否为企业带来价值和带来价值的多少。企业利润杠杆主要包括以下几种：组织与机制杠杆、技术与装备杠杆、生产运作杠杆、资本运作杠杆、供应与物流杠杆、信息杠杆、人力资源杠杆等。这些内部运作活动可以清楚界定企业内部运作的成本及其结构（cost structure）以及计划实现的利润目标（target margins）。

设计良好的利润杠杆可以使商业模式极具竞争力。美国西南航空公司创下了连续29年赢利的业界奇迹。能取得这样的成功，在于西南航空始终坚持"低成本营运和低票价竞争"的策略，在自己竞争对手不注意和注重的内部价值链上下功夫，找到了属于自己的财富增长点。西南航空主营国内短途业务。由于每个航班的平均航程仅为一个半小时，因此西南航空只提供软饮料和花生米，这样既可以将非常昂贵的配餐服务费用"还之于民"，又能让每架飞机净增7到9个座位，每班少配备2名乘务员。在西南航空公司的大多数市场上，它的票价甚至比城市之间的长途汽车票价还要便宜。一些"巨人级"航空公司称西南航空是"地板缝里到处蔓延的蟑螂"，可以感觉到，但就是无法消灭掉。

将没有竞争优势的企业内部价值链外包，是打造利润杠杆的一条有效途径。很多公司意识到在一个非常长而复杂的企业内部价值链上，他们也许只能在价值链的3~4个环节具有高度竞争力，要想在所有环节上都具有竞争力是不太可能的，而一旦认识到企业内部价值中的优势环节，就应该把公司定位在那个位置，将其他部分以签约方式外包给别的公司，从而使利润杠杆更加有力。

十几年来，耐克在美国运动鞋行业中一直处于领先地位。对于耐克而言，营销和新颖的设计是其专长，而对于制造，耐克则采取外包策略，耐克还外包部分财务运作。

劳斯莱斯将其主要精力集中于发动机的核心竞争力上，而对于车身等部分则完全外购，从而取得价值最大化。宝马（BMW）公司控制着与其核心竞争力密切相关的关键部件，如发动机、车辆平台的设计，其他非关键零部件则外包出去。

同样的产品，由于利润杠杆不同，或者说由于企业内部运作价值链的差异，导致了产品的成本迥异，一个企业可能赚钱，另一个企业可能亏损。这足以说明，利润杠杆决定了企业利润的多寡。

第四步，疏通拓宽利润渠，构筑商业模式外部运作价值链。

利润渠——企业向顾客供应产品和传递产品信息的渠道，是商业模式得以正常运作必不可少的外部价值链。产品或服务的价值传递是企业把产品和服务传递给目标客户的分销和传播活动，目的是便于目标客户方便地购买和了解公司的产品或服务。

戴尔是成功的商业模式，它的利润渠本身就为戴尔创造了巨大的价值。首先，直销模式大幅降低成本，戴尔的"直销模式"实质上就是简化、消灭中间商，这样避免庞大的渠道成本。戴尔因直销而减少了20%左右的渠道成本。其次，直销模式加快了戴尔的资金周转速度。利用代销商销售电脑的各大电脑公司从制造到销售一般需要6~8周。而戴尔从订单到送货到客户手中的时间为5天，从发货到客户电子付款在24小时以内，戴尔的资金周转天数已降到11天。

1963年家乐福在巴黎郊区创办第一家超级市场。在30年内，家乐福发展成为一个年销售额290亿美元、市值200亿美元的国际连锁超市集团。其成功的关键是为客户提供了优异的渠道。在家乐福产生前，法国拥有高度分散的小商店系统，他们对客户和供应商来说是一个十分低效的渠道。客户需要花数小时采购，而分销商需要花费可观的成本和费用运送货物到成百上千家零售店。这一渠道的多重失效和低效，激发了渠道集中的趋势。家乐福发掘到这一机会从而创造了巨大的股东价值。家乐福、沃尔玛的成功是因为它为众多商品生产企业构筑了高效的流通渠道，而这对几乎所有的商业模式都是必不可少的。

第五步，建立有效保护利润的利润屏障。

利润屏障是指企业为防止竞争者掠夺本企业的目标客户，保护利润不流失而采取的战略控制手段。利润杠杆是撬动"奶酪"为我所有，利润屏障是保护"奶酪"不为他人所动。

比较有效的利润屏障主要有建立行业标准、控制价值链、领导地位、独特的企业文化、良好的客户关系、品牌、版权、专利等。

利润屏障对商业模式的价值从 Beta 与 VHS 对行业标准的争夺战可见一斑。20 世纪 70 年代中期，索尼发明了 Beta 摄像制式，技术领先，先期进入市场，还拥有强大品牌支撑，但索尼坚持"不让其他厂商做 OEM"，埋头单干，结果最终成了市场上的孤家寡人。1985 年，索尼不得不退出家用摄像市场。JVC 在索尼之后创建了 VHS 摄像标准制式，当时在性能及价格上都不具备竞争优势，但 JVC 信奉"优秀技术大家共享"，在摄像机产业的上链与彩电行业强强联盟，在下链与录像带租用店和音像制品商广泛合作。JVC 的 VHS 最终被市场逻辑性地选定为行业标准。

商业模式也是一种企业创造利润的思维方式，虽然有许多不同的创造利润方式，但每个企业最终只会从中选择一种方式，而企业的主导思维架构将是决定商业模式的主要因素。许多技术创新面对的是一种不确定性极高的未来环境，而市场信息也无法全盘取得，因此没有一个商业模式能确保未来利润一定会被实现，也没有所谓最佳的商业模式。经理人在设计与执行商业模式的时候，一定要保持未来需要弹性调整的心态。也就是说，商业模式的内涵需要因环境变动，在执行时保持高度的弹性。

（二）创业机会的开发

创业机会的发现是创业机会识别过程中最重要的一步，它意味着创业者发现存在着的创业机会并使之成为自己所理解、认识的创业机会。

形成创意。一个企业创业成功开始的关键，可能来源于一个经适当评价的新产品或服务的较完美的创意，而创意往往来源于对市场机会、技术机会和政策机会的感觉和把握，具体来源于顾客、现有企业、企业的分销渠道、政府机构以及企业的研发活动等。

（1）顾客。创业者可以通过正规或非正规的方式，接触有关新产品或服务的创意的最终焦点——潜在顾客，了解顾客的需求或潜在需求，从而形成创意。

（2）现有企业。主要是对市场竞争者的产品和服务进行追踪、分析和评价，找出现有产品存在的缺陷，有针对性地提出改进产品的方法，形成创意，并开发有巨大潜力的新产品，进行创业。

（3）分销渠道。由于分销商是直接面向市场的，他们不仅可以提供顾客所需的产品改进和新产品类型等方面的广泛信息，而且能对全新的产品提出建议并帮助推广新产品。因此，与分销商保持沟通，是形成创意的一条途径。

（4）政府机构。一方面，专利局的文档中蕴含着大量的新产品创意，尽管其专利本身

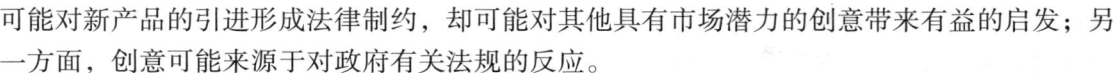

可能对新产品的引进形成法律制约，却可能对其他具有市场潜力的创意带来有益的启发；另一方面，创意可能来源于对政府有关法规的反应。

（5）研发活动。企业本身的研发活动通常装备精良，有能力为企业成功地开发新产品，它是创意的很大一个来源。

一个创意可以通过多种方法产生，主要有以下几种方法：

（1）根据经验分析。对创业者来说，创意是创建企业的工具，在创建成功企业的过程中少不了它。就这方面而言，经验在审视创意时显得至关重要。有经验的创业者往往在模式和机会还在形成的过程中，就表现出了快速识别它们和形成创意的能力。

（2）创造性思维。创造性思维在形成创意的过程中是很有价值的，而且在创业的其他方面也是如此。创造性思维可以通过学习和培训等来提升。

（3）激发创造力。激发创造力的方法有很多，如头脑风暴法、自由联想法、灵感激励法等，可以通过这些方法来激发创造力。

（4）依靠团队创造力。当人们组成团队时，往往可以产生单个人不会出现的创造力。而且，通过小组成员集体交换意见所产生的问题解决方案和其他方式相比，或者更好，或者相当。据统计，约47%的创意来源于工作团队的活动。

创业机会信息的收集。创业机会信息的收集是使创意变为现实的创业机会的基础工作。首先，根据创意，明确研究的目的或目标。例如，创业者可能会认为他们的产品或服务存在一个市场，但他们不能确定：产品或服务如果以某种形式出现，谁将是顾客？这样，一个目标便是向人们询问他们如何看待该产品或服务，是否愿意购买，并了解有关人口统计的背景资料和消费者个人的态度。当然，还有其他目标，如了解有多少潜在顾客愿意购买该产品或服务，潜在的顾客愿意在哪里购买，以及预期会在哪里听说或了解该产品或服务等。其次，从已有数据或第二手资料中收集信息。这些信息主要来自商贸杂志、图书馆、政府机构、大学或专门的咨询机构以及互联网等。一般可以找到一些关于行业、竞争者、顾客偏好趋向、产品创新等方面的信息。该种信息的获得一般是免费的，或者成本较低，创业者应尽可能利用这些信息。

从第一手资料中收集信息。收集第一手资料包括一个数据收集过程，如观察、上网、访谈、集中小组试验以及问卷等。该种信息的获得一般来说成本都比较高，但却能够获得更有意义的信息，可以更好地识别创业机会。

创业难，发掘创业机会更难。一般而言，改进现有商业模式比创造一个全新的商业模式更为容易。许多创业者都可以由过去任职公司的经验中，发现大量可以立即改进的缺失，包括未被满足的顾客需求、产品品质上的瑕疵、作业程序上的不经济等。事实上，大部分离职创业者的动机，也是以为自己能够做得比原有公司更好，因此才有离职创业的把握。

虽然大量的创业机会可以经由有系统的研究来发掘，不过，最好的创业机会还是来自创业者长期观察与生活体验。创业者可以在日常生活中有意识地加强实践，培养和提高发现创业机会的能力：①养成良好的市场调研习惯。发现创业机会的最根本一点是深入市场进行调研。要了解市场供求状况、变化的趋势，顾客的需求是否得到了满足，竞争对手的长处与不足等。②多看、多听、多想。我们常说见多识广，识多路广。我们每个人的知识、经验、思维以及对市场的了解不可能做到面面俱到。多看、多听、多想能使我们广泛获取信息，及时从别人的知识、经验、想法中汲取有益的东西，从而增强发现机会的可能性和概率。③培养独特的思维。机会往往是被少数人抓住的。我们要克服从众心理和传统的习惯思维的束缚，敢于相信自己，有独立见解，不人云亦云，不为别人的评头论足、闲言碎语所左右，才能发现和抓住被别人忽视或遗忘的机会。

二、商业模式设计的思路与方法

关于商业模式的定义仁者见仁，智者见智。但可以肯定的是它是一种包含了一系列要素及其关系的概念性工具，用以阐明某个特定实体的商业逻辑，为实现客户价值最大化，而达成持续赢利目标的整体解决方案。

（一）商业模式设计思路

1. 发现、验证机会

这个阶段我们必须搞清楚：企业要为哪些人服务，目前存在的问题、客户需求分层、客户购买动机有哪些，我们能为客户提供什么样的独到价值、市场调研及反馈等。

2. 商业模式的设计途径

（1）借鉴国外已经成功的商业模式。

（2）借鉴国外的成功模式，并根据中国国情和行业特征加以改进和创新。

（3）自己发明一套商业模式。

如中国互联网企业大部分都是从国外借鉴引进，根据中国自身特色加以改进创新并设计的商业模式。

3. 打动人心的产品概念

可采用 FAB 分析法：

F（features）：产品有哪些特点；

A（advantages）：产品有哪些优点；

B（benefits）：产品给目标客户带来了什么利益和价值。

4. 财务分析

一个好的商业模式需要的是持续经营的能力，因此必要的财务分析必不可少。财务分析要着力于长远，包括人财物配置及融资渠道等。

5. 组织保障

好的商业模式仅有好的产品、商业模式和财务分析还不够，试想网上卖东西的网站成千上万，但是成功的只有几个。因此好的商业模式需要良好的组织保障能力和合理的企业组织设计，这种设计是动态的，不是一成不变的。

（二）六种商业模式设计方法

1. 客户洞察法

企业在市场研究上投入了大量的精力，然而在设计产品、服务和商业模式上却往往忽略了客户的观点。良好的商业模式设计应该避免这个错误，需要依靠对客户的深入理解，包括环境、日常事务、客户关心的焦点及愿望。

正如汽车制造商先驱亨利·福特曾经说过的那样："如果我问我的客户他们想要什么，他们会告诉我'一匹更快的马'。"

2. 创意构思法

绘制一个已经存在的商业模式是一回事，设计一个新的创新商业模式是另一回事。设计新的商业模式需要产生大量商业模式创意，并筛选出最好的创意，这是一个富有创造性的过程。这个收集和筛选的过程被称作创意构思。

当设计新的商业模式时，我们所面对的一个挑战是忽略现状和暂停关注运营问题，这样我们才能得到真正的全新创意。

3. 可视思考的价值

所谓的可视思考，是指使用诸如图片、草图、图表和便利贴等视觉化工具来构建和讨论事情。因为商业模式是由各种构造块及其相互关系所组成的复杂概念，不把它描绘出来将很难真正理解一个模式。

事实上，通过可视化地描绘商业模式，人们可以把其中的隐形假设转变为明确的信息，这使得商业模式明确而有形，并且讨论和改变起来也更清晰。

4. 原型制作

对于开发创新的全新商业模式来说，原型制作与可视思考一样，可以让概念变得更形象具体，并能促进新创意的探索。我们把原型看成未来潜在的商业模式实例（原型作为用于达到讨论、调查或者验证概念目标的工具）。商业模式原型可以用商业模式画布简单素描成完全经过深思熟虑的概念形式，也可以表现为模拟了新业务财务运作的电子表格形式。

5. 故事讲述

形容一个全新的、未经考验的商业模式就如同只用单薄的文字去描述一幅画作。但是讲一个故事告诉我们这个商业模式是如何创造价值的，就如同用色彩来装饰画布。就这样，新概念就又变得有形起来，而不再抽象了。

推销给投资者，要讲得清晰、易懂。

讲一个故事来描述你的商业模式是如何为客户解决问题的，可以清楚明白地把你的整个想法介绍给听众。故事为下一步详细地介绍你的商业模式提供了很好的支持和认同。

6. 情景推测

基于情景推测的商业模型设计，在新商业模型的设计和原有模型的创新上，情景推测把抽象的概念变成具体的模型。它的主要作用就是通过细化设计环境，帮助我们熟悉商业模型设计流程。

三、商业模式设计的基本框架

商业画布是一个非常好的商业模式规划设计的工具，商业画布实际上是一个结构化的思考工具，包括九个构造块。这九个构造块加总起来，有助于一个组织、一个企业，把自己的商业模式完整地想清楚。

1. 客户细分

做产品也好，做生意也好，做企业也好，做商业方式创新也好，不管干吗，首先你要有非常明晰的目标客户群的意识，就是你的产品，应该有清晰的目标客户群。

举个例子来说，比如说手机，苹果认为，相对来说对科技时尚感有追求的人是它的核心用户；小米的用户一般来讲，是所谓跑分，换句话说，对于性能非常在意的用户；华为主要是对于设计和制造的品质越来越有追求的用户。所以三个手机品牌实际上是有一些目标群差异的。

2. 价值主张

第二个构造块是整个商业模式非常核心的构造快，叫作价值主张。通俗地讲，就像周星驰的电影所说的，"给个理由先"，商业模式的价值主张，就是给客户一个购买或者使用的理由，这个就叫价值主张。

我们发现所有好的产品、所有好的商业模式，一定都建构在极其清晰的价值主张的基础上。

随便举几个例子，比如说我们使用滴滴打车的价值主张是什么呢？最主要的价值主张可能就是方便实用。再比方说，像天猫"双十一"，如果把它看成是一个产品的话，"双十一"的价值主张是什么呢？我想最主要的第一是便宜，第二就是丰富。因为它便宜、丰富，所以大家都在那一天扫货。

好的价值主张实际是商业模式的核心，好的价值主张一般来讲有几个标准，包括什么呢？第一，用户说到你这个商品的时候，你的价值主张显著地优于你的竞争对手；第二，价值主张可能不见得非常复杂，可能就在一个点上，但是足以打动客户，我们经常在评估商业计划书的时候，叫作"一根针捅破天"就是这个意思，你在一个点上做到了极致，你就非常牛。第三，当这样的价值主张说出来的时候，你的团队会感觉非常兴奋。大家觉得有意思，有瘾，干这个来劲，这就是好的价值主张。

3. 渠道通路

商业画布的第三个构造块，叫作渠道通路，就是 channel system，就是你的这个事情到达你的用户，需要有哪些渠道。

比如今天在我们的视野范围内，我认为中国的电信运营商的渠道，恐怕是最完整的。比如中国移动、中国电信，渠道包括什么呢？自有的营业厅、合作的营业厅、代理的网点，然后包括全国的这种省代，或者国代的合作伙伴。这都是线下实体类的店面。还有一些线上的渠道，比如说包括呼叫中心、App、微信公众号。此外还包括比如面向家庭的这种社区经理和面向政企客户的政企客户经理。

渠道体系就是要想清楚，你最终是怎么到达用户的，你的产品到底是怎么到达用户的。举个例子来说，比如说仍然回到手机行业，我们可以看到，早期小米实际上走的是电子渠道，电子渠道相对比较多。还有一类呢，比如像 vivo 和 OPPO，这一类手机实际做得也非常好、非常成功，在中国主要是面向二、三、四线城市。那它们一定是以线下渠道为中心，这跟它们目标客户群的定位、跟它们的价值主张，都是匹配的。这就是渠道通路。

4. 客户关系

客户关系就是说你这个生意跟你的用户要搭建一种怎样的客户关系。举个非常著名的战略管理咨询公司麦肯锡的例子来说。麦肯锡跟他的客户搭建一种什么样的关系呢？那就是战略参谋、参谋和顾问。再举个例子，很多人在手机上装了一个软件，叫有道云笔记，大家觉得很方便，有什么想法就赶紧记下来，那有道云笔记跟你是什么关系呢？便利性的一个工具，随时工具，这就是它跟你的关系。所以呢，好的商业模式，最后跟客户搭建的关系应该是有深度连接的、有黏性的而且高频的。这就是我们所说的客户关系。

5. 收入来源

第五部分就是我们所说的收入来源。通俗地讲，就是指你这个生意，你这个商业模式是通过哪几种方式来赚钱。举几个例子，比如说百度。百度比较大的收入就是广告，谷歌也是广告，今日头条也是广告。这几个是比较典型的互联网类的商业模式。携程主要是靠交易佣金，参与用户订酒店或订机票的交易的佣金，这是它的收入来源。

还有现实世界中的，比如说出版报纸一般收入来源是什么呢？是订阅费以及广告费用。再比如说电影院的一般收入包括什么呢？第一，票房收入；第二，周边的收入，比如说，3D眼镜、爆米花等，这种我们叫周边收入；一般影院还会有一些广告的收益；还有一部分影院会投资于电影，获取一些投资收益。这都是电影院典型的收入来源。总而言之，在收入来源这一点上，想提醒你对于商业模式要考虑清楚，你的收入，主要是从哪几个地方来。

以上五个构造块：客户细分、价值主张、渠道通路、客户关系和收入来源，我们叫作一个商业模式的前端系统。

6. 关键业务

关键业务，也就是说你为了实现前面的商业模式，要有哪些经营活动来保证这一点。

举几个例子，比如说像华为，它的关键业务一定包括持续的新产品的研发，新技术的研发，对它来讲肯定是非常关键的。再比如说对于像百度这样现在正在向人工智能转型的公司来说，大数据的管理和运用毫无疑问是它的关键业务。再比如说像饿了么，饿了么实际上搭建的是一个双边的平台，餐饮业的用户和买家之间的双边平台，双边市场的监督和管理，这应该是它的关键业务。

7. 核心资源

要做好一件事情，要有一些独有的资源。比如说你要做一个人工智能或者大数据类的项目，数据的资源对你来说就非常重要。比方说，如果你要做一个跟大健康有关的、跟医疗有关的创业项目，那相关的医疗资质，甚至相关的顶级的医疗专家的加入，对你来说就是一种品牌的背书，对你来说就是一个核心的资源。

如果你做的是文化娱乐类的生意，那毫无疑问，你要拥有一些好的IP，比如像迪士尼一样，迪士尼最核心的资源就是历史上白雪公主、唐老鸭、米老鼠等一系列成功的IP，就是它的核心资源。还有一些企业，比如制造型的企业，我要保证我的交付质量，实际上是很重要的一个资源，就是你是不是拥有自己可以控制的生产线，来保证你生产出厂的品质等，这些都是你的核心资源。

8. 重要伙伴

商业模式还有一个构造块，我们叫作重要伙伴，因为我们认为今天的生意越来越多是一种生态性的生意，大家都是在一个圈子里面，彼此形成一个配合。在IT行业历史上，最著名的合作伙伴，就是微软和英特尔，我们后来叫 Wintel 联盟。英特尔的 CPU 一升级，就刺激了人们对于软件的需求，所以 Windows 跟着升级。而 Windows 每一次的升级，又大量地耗用了计算机里面的计算资源，又拉动了人们对于 CPU 的诉求。所以两者实际上形成一个非常好的生态上的配合。

再如，对于淘宝来讲，其实很多优质的卖家是它的重要伙伴。对于携程来讲，优质的酒店则一定是重要伙伴。还有一类伙伴是你的供应商，比如对于共享单车服务提供商来说，比如像富士康这样优质的、低成本的、稳定的具有强大制造能力的供应商，是它们的重要伙伴。

9. 成本结构

最后一个构造块，我们叫作成本结构。成本结构简单地说，就是你怎么花钱，或者可以进一步地理解，你怎么有效地花钱。如何把钱用到更合理的地方上去。比如说为了让你的商业模式有效地运转，你是不是需要把钱用于做营销、做研发、做开发、做人力资源的招募、做数据的归集、做商业拓展和合作的联盟等？就是说你这个钱要花到那些地方去。

所以我简单地总结一下商业画布，一共由九个构造块构成，这九个构造块如果梳理清楚了，我认为一个组织、一个企业就可以把自己的商业模式，想得比较明白。商业画布包括客户细分、价值主张、渠道通路、客户关系、收入来源、关键业务、核心资源、重要伙伴和成本结构。

第三节 商业模式的创新

一、商业模式创新的价值与意义

（1）一个好的商业模式可以促使创业者全面思考市场需求、生产、分销、企业能力、成本结构等各方面的问题，将商业的所有要素协调成一个有效、契合的整体。

（2）一个好的商业模式可以使顾客了解企业可能提供的产品和服务，实现企业在顾客心目中的目标定位。

（3）一个好的商业模式可以使员工全面理解企业的目标和价值所在，从而调整自己的行动与企业的目标达到和谐。

（4）一个好的商业模式可以使股东更清晰、方便地判断企业的价值及其在市场中的地位变化。

创新创业是我国未来数十年经济社会发展的主旋律之一，商业模式创新是其高端形态，也是改变产业竞争格局的重要力量。商业模式创新实践已经超越以营利为主要目的的传统企业，拓展到社会企业、非政府组织和政府部门。商业模式创新，不仅仅是传统以营利为主要目的企业所需，也是社会企业、非政府组织和政府部门所需要的。总之，商业模式创新在我国的地位也将更加重要。

二、商业模式创新的特点

创新概念可追溯到熊彼特,他提出创新是指把一种新的生产要素和生产条件的"新结合"引入生产体系。具体有 5 种形态:开发出新产品、推出新的生产方法、开辟新市场、获得新原料来源、采用新的产业组织形态。相对于这些传统的创新类型,商业模式创新有几个明显的特点:

(1) 商业模式创新更注重从客户的角度,从根本上思考设计企业的行为,视角更为外向和开放,更多注重和涉及企业经济方面的因素。商业模式创新的出发点,是如何从根本上为客户创造增加的价值。因此,它逻辑思考的起点是客户的需求,根据客户需求考虑如何有效满足它,这点明显不同于许多技术创新。一种技术可能有多种用途、技术创新的视角,常是从技术特性与功能出发,看它能用来干什么,去找它潜在的市场用途。商业模式创新即使涉及技术,也多是和技术相关的经济方面的因素,与技术所蕴含的经济价值及经济可行性有关,而不是纯粹的技术特性。

(2) 商业模式创新表现得更为系统和根本,它不是单一因素的变化。它常常涉及商业模式多个要素同时的变化,需要企业组织的较大战略调整,是一种集成创新。商业模式创新往往伴随产品、工艺或者组织的创新,反之,则未必足以构成商业模式创新。如开发出新产品或者新的生产工艺,就是通常认为的技术创新。技术创新,通常是对有形实物产品的生产来说的。但如今是以服务为主导的时代,对传统制造企业来说,服务也远比以前重要。因此,商业模式创新也常体现为服务创新,表现为服务内容及方式、组织形态等多方面的创新变化。

(3) 从绩效表现看,商业模式创新如果提供全新的产品或服务,那么它可能开创了一个全新的可赢利产业领域,即便提供已有的产品或服务,也能给企业带来更持久的赢利能力与更大的竞争优势。传统的创新形态,能带来企业局部内部效率的提高、成本的降低,而且它容易被其他企业在较短期时期模仿。商业模式创新,虽然也表现为企业效率提高、成本降低,由于它更为系统和根本,涉及多个要素的同时变化,因此,它也更难以被竞争者模仿,常给企业带来战略性的竞争优势,而且优势常可以持续数年。

拓展阅读

商业模式的基本检验方法

(一) 逻辑检验

从直觉的角度考虑商业模式描述的逻辑性,隐含的各种假设是否符合实际或在道理上是否能说得通。如果商业模式描述没有意义,企业运营中必备的参与各方(顾客、供应商、分销商等)不会按照假设行动,则该商业模式不可行。

> **经典个案：校园手提电脑信贷商业模式**
>
> 某电脑公司看到了某名校相当多的大学生希望拥有一台属于自己的手提电脑，但又一时无力购买的潜在市场需求。公司提出了"E 计划"，其口号是："信贷消费，时尚 E 派""校园信贷，成就未来"。
>
> 公司的商业模式是：与某银行联手，为在校的大学生和教师提供购买手提电脑的消费信贷，银行提供贷款，公司提供信用担保。
>
> 如：某学生在 2003 年通过公司消费信贷，购买了一台 1 万元的 IBM 手提电脑，贷款期为 2 年，首付 20%，在购买 2 年内，每个月按时支付本息（假设银行利息为 8%）；并在交纳首付款时一次性支付担保费，担保费按贷款额的 2% 收取。
>
> 此学生的第一次交纳的费用：首付 2 000 元，担保费 160 元，共计 2 160 元；
>
> 此学生两年内每月应交纳的费用：银行利息费 53.3 元，还本 333.4 元，计 386.7 元。

对上述商业模式进行逻辑检验分析：

第一，名校的教师通常都在自己的办公室配备了计算机，对自己出钱购买手提电脑意愿显然不高；尽管他们要购买，也没必要通过信贷购买，完全可以一次性付款；

第二，名校的学生上机非常方便，尽管拥有自己的手提很"酷"，但首付后，每个月要还本付息约 400 元，没钱的学生负担不起，还不如向亲朋一次性借钱购买，工作后再还钱，更何况手提折旧速度快。平时学习忙，没时间"酷"这个。

（二）数字检验

对市场的规模和赢利率、消费者的消费行为和心理、竞争者的战略和行动进行分析和假设，从而估计出关于成本、收入、利润等量化的数据，评价经济可行性。当测算出的损益达不到要求时，该商业模式不能通过数字检验。

> **经典个案：eguo.com 的失败启示**
>
> eguo.com（e 国）的创业目标似乎是要成为在线沃尔玛。eguo 曾经多次进行大规模的海外创业融资。为了解决中国配送难题，他们还自己配送。
>
> 然而，杂货店的利润本身就比较薄，沃尔玛在低价格之下还能够赢利靠的是大批量。像 eguo 这样的在线零售模式，由于在营销、服务、配送及技术上投入很高，一时很难达到沃尔玛那样低价格和大批量；作为顾客，又不愿意支付超出便利商店或者超市的价钱，何况最初的网民相当大的比重是在校大学生，购买力也非常有限。因此 eguo.com 这样的在线零售商在相当长的时间内难以赢利。

实践练习

1. 什么是商业模式？
2. 商业模式创新的基本方法有哪些？
3. 商业模式创新的特点是什么？

网络资源

1. 商业模式的逻辑和典型的商业模式（完整版）：
   http：//www.360doc.com/content/18/0623/16/38093621_764681774.shtml
2. 两个模型一条规律，讲透战略增长和互联网商业模式创新：
   https：//baijiahao.baidu.com/s？id=1630248074070157052&wfr=spider&for=pc

第五章　创业资源及管理

■ 学习目标

　　通过本章的学习可以了解创业资源的内涵、分类及获取；创业资源管理的开发及创造性运用；创业融资的概述、测算及策略，为今后创业的资源管理做好准备。

■ 知识要点

1. 创业资源

   创业资源的内涵及种类；创业资源与商业资源；创业资源的类别及其作用；创业资源的获取。

2. 创业资源管理

   创业资源的分类开发；有限资源的创造性利用；创业资源的推进方法。

3. 创业融资

   创业资金测算；创业融资概述；创业融资渠道；创业融资策略。

案例导入

上海市大学生创业优惠政策

● 大学毕业生创业享受四项优惠政策

根据国家和上海市政府有关规定，上海地区应届大学毕业生创业可享受免费风险评估、免费政策培训、无偿贷款担保及部分税费减免四项优惠政策。

具体包括：

高校毕业生（含大学专科、大学本科、研究生）从事个体经营的，自批准经营之日起，三年内免交个体户登记注册费、个体户管理费、经济合同示范文本工本费等。此外，如果成立非正规企业，只需到所在区县街道的开业指导中心进行登记，即可免税三年。

自主创业的大学生，向银行申请创业前贷款担保额度最高可达 10 万元，并享受贷款贴息。已经开办的小企业，申请小企业贷款最高额已经达到 50 万元。

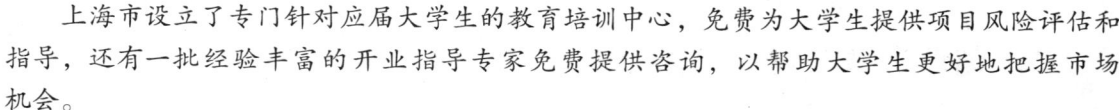

上海市设立了专门针对应届大学生的教育培训中心，免费为大学生提供项目风险评估和指导，还有一批经验丰富的开业指导专家免费提供咨询，以帮助大学生更好地把握市场机会。

- 成立科技创业基金

从2006年起，上海市政府将连续五年，每年投入1亿元用于大学生科技创业基金，帮助大学生在科技领域创业。

- 设立大学生创业"天使基金"

大学生开办企业可获得5万~100万元的支持，要求创业者自有资金和天使基金的投入比例是1∶1，天使基金以股份形式加入创业团队，因此，即使创业失败，也无须创业者承担赔偿。这个基金是专门为了激发大学生创业热情而设立的。

"天使基金"将根据学生申报计划，严格评估学生的创业项目，然后确定实际支持金额。这笔资金虽以股份形式投入学生企业中，但获利部分将成为创业者的利润，而一旦失败，也无须创业者还款。

在创业之前，专门机构对学生科技创业者进行创业培训，相关部门为大学生免费提供工商注册登记、纳税申报、发票管理等服务。

企业家提示：

随着社会的发展，大学教育越来越接近大众普及教育，教育目标也从学历教育逐步转向能力教育，因此，创业作为大学生的一种职业选择，必将成为一种潮流。在各级政府的关心和扶持下，大学生创业也迎来了前所未有的高潮。把握时机，把握命运，成功之路就在脚下！

第一节　创业资源

一、何谓创业资源

资源是任何主体在向社会提供产品或服务的过程中，所拥有或所能支配的有助于实现自己目标的各种要素以及要素的组合。创业资源是企业创立以及成长过程中所拥有或所能支配的有助于实现目标的各种要素以及要素的组合，是新创企业在创造价值过程中所需要的特定资产。

创业过程中所需要的资源，既可以是企业拥有所有权的资产，也可以是能够支配的外部资产，不同的创业活动具有不同的创业资源需求。如需要的房屋可以是买来的，也可以是租来的；企业研发产品时，既可以使用内部的研发人员，也可以和其他单位的研发人员一起合作。所以，要理解创业资源的内涵，不强调为我所有，只强调为我所用。

二、创业资源与商业资源的联系和区别

创业资源与一般商业资源既有相同点,也有一定的差别。创业资源是商业资源,但不是所有的商业资源都是创业资源。只有那些创业者可以利用的商业资源才是创业资源。比如,"黑金"石墨烯可能是一种商业资源,但不一定是创业资源。因为创业活动多数具有轻资产、小团队的特征,一般没有能力通过长时间对石墨烯产品的研发开始创业。

创业资源的独特性更强,创业者的个人能力和社会网络资源是其中最为关键的资源;一般商业资源中,规范的管理和制度则是企业取得成功的基础资源。另外,创业资源更多地表现为无形资源,如富有吸引力的创意、创业者的创业导向和独特管理能力等,而一般商业资源则更多地表现为有形资源。

三、创业资源的类别及战略性资源

创业过程中需要的各种资源可以按不同的标准分类,常用的是按性质的分类,可分为人力资源、财务资源、物质资源、技术资源和组织资源五种。

1. 人力资源

人力资源不仅包括创业者及创业团队的知识、训练和经验等,也包括团队成员的专业智慧、判断力、视野和愿景,甚至创业者本身的人际关系网络。

企业之间的竞争主要是人的竞争,创业企业更是如此,因此,人力资源是创业企业最重要的资源。识别出创业机会的核心创业者组建了创业团队,团队成员一起通过资源的整合和利用开发创业机会,所以高素质人才的获取和开发是新创企业可持续发展的关键因素。同样,基于人际和社会关系网络形成的社会资本也是人力资源的一部分,这种资源能使创业者有机会接触大量的外部资源,通过网络关系降低潜在的风险,并且加强合作者之间的信任和信誉,从而更容易获得创业成功。

2. 财务资源

财务资源主要是指货币资源。企业的创办从资金筹集开始,经营以资金流动为纽带,成果表现为资金的回流。创业初期以不高于市场平均水平的资本成本及时筹集到足额的财务资源,是新创企业成功创办和顺利经营的前提条件。

3. 物质资源

物质资源是创办企业和经营企业所需要的各种有形资源,如建筑物、设施、机器和办公设备、原材料等。任何一家企业从事经营活动都离不开相应的物质资源,物质资源是创业企业的基础性资源,是企业存在的基本支撑。

4. 技术资源

技术资源包括关键技术、制造流程、作业系统、专用生产设备等。对于高科技企业来说,技术资源是其存在的命脉,一定要予以高度重视。技术资源大多与物质资源相结合,可以通过法律的手段予以保护,部分技术资源会形成组织的无形资产。

5. 组织资源

组织资源一般是指企业的正式管理系统,包括企业的组织结构、作业流程、工作规范、

信息沟通、决策体系、质量系统以及正式或非正式的计划活动等，有时候组织资源也可以表现为个人的技能或能力。组织资源是独特性最强的资源之一，也最难以被模仿和复制。大多数经营成功的企业都与其开始时建立起的独特组织资源有关。

6. 战略性资源

战略性资源是能够建立竞争优势的资源，是与普通资源相对应的资源。战略性资源具有稀缺性、价值性、不可替代性和不可复制性等特点。

创业者若能先行一步获取战略性资源，加以培养和部署，就会获得一定程度的竞争优势；若能保护好这些资源并很好地保持资源的上述品质，则将具备长久的竞争优势；即使新创企业成立时只具备其中一些特征，也会具备短期或较小的竞争优势。所以，创业者要建立新创企业的持续竞争优势的话，需要控制、整合和充分利用战略资源。

四、创业资源的获取

（一）创业资源获取的影响因素

影响创业资源获取的因素主要有创业导向、商业创意的价值、资源的配置方式、创业者的管理能力、社会网络和先前的工作经验等。

1. 创业导向

创业导向是一种态度或意愿，这种态度或意感会导致系列创业行为。创业导向通过促进机会的识别和开发进而促进对资源的获取，因此，创业者要注重创业导向的培育和实施，充分关注创业者特质、组织文化和组织激励等影响创业导向形成的重要因素，采取有效的方式获取资源，并在资源的动态获取、整合和利用过程中，注意区分不同资源，充分发挥知识资源的促进作用。

刘宣付，一个连续创业者，靠着他强烈的创业意愿，成功创办了无数企业。在最初的食用菌农场、加水型的合成燃料取得初步成功之后，他参与创办了武汉银泰科技股份有限公司、康源牌保健品、中网在线、北京特丽洁世纪环保科技有限公司、足间舞时尚拖鞋专卖连锁机构、北京太阳光影影视科技有限公司等企业，目前又将精力主要放在天使投资上，投资领域主要在移动互联网、电子商务、网页游戏、手机游戏、高科技、环保、连锁经营项目等。正是其旺盛的精力、创业的激情和创业导向使得他善于发现热门行业里的空白市场需求，懂得学习借鉴和创新的完美结合，从而取得了一个个成功。Jane Chen，一个年轻的华裔女孩，也是靠着自己的那份执着，靠着团队不放弃的精神，通过对几乎所有婴幼儿保暖产品的无数次的拆装循环，最终发明了一款被叫作"拥抱"的保温袋，其体积小、价格低廉、使用方便、操作便捷、使用过程不插电，可以重复加热且始终保持恒温的特点让贫困家庭的早产儿可以享受到"拥抱"的温暖，拯救了数十万的生命。26岁就拥有自己的公司，成为名皮革商人的卡门，在50岁时依然凭借其创业想法重返校园，攻读纺织学的学士与硕士学位，在57岁时又向英国皇家艺术学院提出了攻读纺织学博士的申请，正式开始了对菠萝叶皮革的研发生产。63岁时再次拥有了自己的团队，成立了公司，甚至和一线时尚品牌合作，将菠萝叶皮革 Pinatex 推向市场，为皮革的生产提供另一种选择。

2. 商业创意的价值

创业的关键在于商业创意。商业创意为资源获取提供了杠杆，但获取资源还有赖于创意的价值被资源所有者认同的程度。换言之,一种能被资源所有者认同的、有价值的商业创意,才有助于降低创业者获取资源的难度。

3. 资源的配置方式

由于资源的异质性、效用的多维性和知识的分散性,人们对于相同的资源往往具有不同的效用期望,有些期望难以依靠市场交换得到满足,因此,如果通过资源配置方式创新,能够开发出新的效用,使之更好地满足资源所有者的期望,创业者就有可能从资源所有者手中获得资源使用权,以开展生产经营活动。

4. 创业者的管理能力

创业资源获取的关键往往取决于软实力,创业者的管理能力是企业软实力的主要表现,管理能力越高,获取资源的可能性越大。创业者的管理能力可以从其沟通能力、激励能力、行政管理能力、学习能力和协调能力等多方面予以衡量。

5. 社会网络

社会网络是机构之间及人与人之间比较持久的、稳定的多种关系结合而成的网络关系。在社会网络中处于优势地位的创业者,具有较好的社会关系依托,可以有选择地了解不同对象的效用需求,有针对性地对不同对象传递商业创意的不同方面,有目的地取得不同资源所有者的理解和信任,最终成功地从不同网络成员那里取得所需资源,为自己进行资源配置方式创新提供基础。

6. 先前的工作经验

在特定产业中的先前经验有助于创业者分析创业所需的资源类别,从而更容易识别资源、获得资源。

(二) 创业资源获取的途径

获取创业资源的途径一般来说可以分为市场途径和非市场途径两大类。市场途径获取资源的方式包括购买、联盟和并购等,非市场途径获取资源的方式主要是资源吸引和资源积累等。

1. 通过市场途径获取资源

获取资源的方式包括购买、联盟和并购。资源购买是指利用财务资源杠杆通过市场购入的方式获取外部资源。主要包括购买厂房、装置、设备等物质资源,购买专利和技术,聘请有经验的员工及通过外部融资获取资金等。当创业所需要的资源有活跃的市场,或者有类似的可比资源进行交易时就可以通过购买的方式获得。

资源联盟是指通过联合其他组织,对一些难以或无法通过自己进行开发的资源实行共同开发。很多创业培训放在孵化园或咖啡厅,其实就是一种资源联盟的方式,一方面培训方节约了场地租用金,另一方面孵化园或咖啡厅通过提供场地形成了很多潜在的客源,无形中为自己做了宣传。很多培训机构依托高校或研究机构研发培训体系,也是资源联盟的典型表现,借助外脑和专家合作,既可以节约培训机构的研发经费,又可以使培训体系具有前沿性和系统性,高校或科研机构的人员则可以将自己的研究成果转化成生产力,为社会创造价值。

资源并购是通过股权收购或资产收购,将企业外部资源内部化的一种交易方式,资源并购的前提是并购双方的资源尤其是知识等新资源具有比较高的关联度。2016年7月13日,小米电蚊香正式上架，小米电蚊香最大特点就在于采用 MicroUSB 口，不仅可以通过普通电源供电，还支持移动电源供电。官方介绍，10 000 毫安时移动电源大约使用 13.8 小时，20 000 毫安时移动电源可使用 28.2 小时，即使身在野外也可使用，给用户在野外以恬静享受。至此，小米生态中大到电视、平衡车，小到手机线、电池、电蚊香等产品品种更加丰富。在过去的两年中小米公司累计投资生态链公司 55 家，其中从零鹏化的 29 家公司中有 20 家公司已发布产品，7 家公司年收入过亿元，2 家公司年收入过 10 亿元。

2. 通过非市场途径获取资源

非市场途径获取资源的方式主要有资源吸引和资源积累等。

（1）资源吸引。

资源吸引指发挥无形资源的杠杆作用，利用新创企业的商业计划、通过对创业前景的描述、利用创业团队的声誉来获得或吸引物质资源（厂房、设备）、技术资源（专利、技术）、资金、人力资源（有经验的员工）。

缘创派之所以能在 15 小时之内筹资 2 000 万元，和其创始人王翌不无关系。王翌在创办缘创派之前做过多年的投资，5 年前还从零开始一手建立了 360 的投资部，而在 10 年前他自己也是个创业者。他们见的第一位投资人 Hans，是王翌在启明创投有过近一年共事经历的同事；向他们提出众筹天使投资者建议的张震是王翌认识的第一位 VC 投资人，10 年前王翌和黄志光一起创业做"周博通"的时候，张宸是第一个找上他们的投资经理；李涛和陈征宇是王翌原来在 360 时的领导；天使投资人蔡文胜是王翌 10 年前创业时的投资人，王梦秋女士则是最早给企业发出 temsheet 的机构投资人；深圳的麦刚和跨越中美的 Matt 都是与王翌比较谈得来的独立天使投资人。由此可见，正是王翌的社会关系网络和他自身创业和工作的经历，帮助企业在短期内吸引到了大量的资金。在外卖 O2O 行业，"叫个鸭子"横空出世，创造了一个全新的品牌营销神话，赚足用户眼球，不仅吸引了大量投资者，同时赢得了极高的回头率。半年时间内，公司吸引了六位天使投资人参与到"叫鸭大军"，包括百度副总裁李明远、华谊兄弟总裁王中磊、娱乐工场 CEO 张巍、黄太吉创始人赫畅、天图资本合伙人朱拥华。其原因在于互联网出身的团队成员背景，使他们对于品牌的营销有自己独到的见解。他们更看重圈子营销带动的口碑效应，企业的名字取得很有个性，很会和用户互动，使得回单率高达 60%。

（2）资源积累。

资源积累是指利用现有资源在企业内部通过培育形成所需的资源。主要包括自建企业的厂房、装置、设备，在企业内部开发新技术，通过企业自我资源的积累获取资金等方式。一般来说，人力资源和技术资源的积累非常重要，可以保证企业发展需要的关键人才以及核心技术。

全美第二大、全球第七大零售商的 Costco，一直非常重视员工的培养，很多最初在停车场搜集购物车的底层员工，最后都进入了管理层。为了确保一贯的员工，Costco 从不招收刚毕业的 MBA，意味着你必须从基层做起，光明的职业前景和优厚的福利，使雇员忠诚度大大提高，在 Costco 工作一年以上的员工，离职率只有 5%。Costco 成立 30 年来，从未发生过重大劳工问题。2008 年至 2012 年连续 5 年荣获大众点评网"最受欢迎 10 佳火锅店"，同时连续 5 年获"中国餐饮百强企业"荣誉称号的海底捞一般不从外部聘请管理人员，而是给员工构建了一个清晰的职业发展路径，一定是从基层一级一级往上走，使得员工的忠诚度极高，员工的离职率在10%以下。格力、海尔、华为等企业正是靠其技术资源积累，取得了国际上的竞争优势。经过了几年的发展，华为已经神奇地跃升到世界第三位，成为智能手机界仅次于三星和苹果的"第三极"。2015年，该公司旗下智能机在欧洲销量甚至直接翻番。如今，它们更是搭上了影像传奇徕卡推出了新旗舰P9，并在两个月内卖出了260万台。作为一家技术为先的公司，华为在研发投入上非常大气，2015年它们用于研发的资金远超苹果，达到了92亿美元。

（三）获取创业资源的技能

为了及时足额并以较低的成本获得创业所需要的资源，创业者需要掌握一定的创业资源获取技巧。

1. 充分重视人力资源的获取

人力资源在创业资源中的决定性作用要求创业者必须充分重视人力资源的获取。创业者一方面应努力提升自身的能力，另一方面应充分认识到创业团队是创业资源中最为重要的资源，也是创业成功必不可少的保证。因此，创业初期创业者需要花大量时间在人力资源的培养和获取上。

2. 以能用和够用为原则

创业者在筹集资源时应坚持能用的原则，只有满足企业需求、可以支配并使其充分发挥作用的资源，才是需要花力气筹集的资源。另外，在筹集创业资源时应该本着够用的原则，既满足企业经营所需又不会因为筹资过多承担较高的成本。

3. 尽可能筹集多用途资源和杠杆资源

一般来说，时间资源、人力资源是用途最多也是最具有杠杆性质的资源。创业者要善于进行时间管理，把有限的时间用在刀刃上，要善于通过授权，将精力集中于关键的决策上，既能有效发挥团队成员的作用，也有利于利用团队成员的能力撬动更多其他资源。上海中科合臣股份有限公司正是通过对于姜标等高技术人才的引进和重视，引发了"姜标现象"，取得了巨大的经济效益。

第二节　创业资源的开发与利用

一、创业资源的分类开发

创业资源开发是指创业者开拓、发现、利用新的资源或其新的用途的活动。开发创业资源需要比较完善的机制，并重点关注对企业发展较为重要的人力资源、技术资源、客户资源和信息资源的开发。

（一）人力资源开发

创业者可以通过充实自我、拓展人脉等方式开发人力资源。

1. 充实自我

创业者及其团队成员是创业企业最重要的资源，也是人力资源开发的核心内容。创业者及其团队成员可以通过对学习能力、沟通能力、领导能力、管理能力的训练及锻炼不断提升自我，满足企业日益发展的需求。

2. 拓展人脉

社会网络资源对于项目管理、资源筹集、风险控制等具有很重要的作用，需要构建合理的机制、进行科学的规划来进行开发。

（1）认真规划人脉资源。

在制定人脉规划时，应注意人脉资源结构的科学合理性，关注性别结构、年龄结构、行业结构、学历与知识素养结构等；要平衡物质和精神方面的需要，并重视心智方面的需要；同时注意人脉的深度、广度和关联度。创业者应充分利用朋友的朋友或他人的介绍等方式拓展人脉资源，从长远考虑，关注人脉资源的成长性和延伸空间。

（2）积极拓展人脉资源。

一般来说，人脉资源的拓展主要有熟人介绍、参与社团、利用网络等途径。

熟人介绍。熟人介绍是一种事半功倍的人脉资源扩展方法，它具有倍增的力量。可以加快人与人信任的速度，提高合作成功的概率，降低交往成本，是人脉资源积累的一条捷径。

参与社团。在参与社团时，人与人的交往和互动是在"自然"的情况下进行的，有助于建立情感和信任，而且，通过社团里面的公益活动、休闲活动，可以产生人际互动和联系。如果能在社团中谋到一个组织者的角色，就可以得到服务他人的机会，在为他人服务的过程中，自然地增加与他人联系、交流和了解的时间，使人脉之路自然延伸。

利用网络。网络现在已经成为社会交往最便捷、廉价，也是应用范围最广的手段之一。网络使得人们之间的交往更加便利，在网络上人们会变得更加真实，因此，利用网络可以扩大自己的朋友圈，利用网络也可以了解到他人的真实需求和想法。

（3）科学经营人脉资源。

建立和维持人脉资源需要坚持互惠互利、诚实守信、善于分享和2/8互惠原则，就是在人际交往中要努力做到利人利己，这是种双赢的人际关系模式。调查发现，在人际交往中，一般人都喜欢与诚实、爽直、表里如一的人打交道，最痛恨的是欺骗和虚伪。因此，创业者在人际交往中应切记诚实守信的原则，将信用作为处理人际关系的必守信条。分享是一种最好的建立人脉资源的方式，分享越多得到的就会越多。在开发人脉资源时不能平均使用时间、精力和资源，而必须区别对待，必须对影响或可能影响我们前途和命运的20%的人另眼相看，在他们身上花费80%的时间、精力和资源。对于新结交的人脉资源一定要学会维持和经营，将其长期保持下去，使友谊之路保持畅通。

（二）技术资源开发

技术资源开发的方式有两种：其一，企业通过提高自己的科研能力自行进行技术创新；其二，通过整合社会的技术资源达到提高其技术能力的目的。

通过自主研发的方式获得创业所需资源，可能是大部分科技型创业企业用得最多的获取技术资源的方式。在校大学生可以把自己在做实验或钻研过程中的发现或发明创造，或参与教师或学校的课题申请的专利技术转变成生产力，进行自主创业。在高技术领域，通过自主研发的方式，或者说技术持有者自己创业的案例最为多见。例如，美国的戴尔电脑公司、王安电脑公司，中国的联想集团、方正集团、清华同方威视等，都是技术持有者自己创业的典例。

如果创业者并不掌握创业所需的专门技术，就需要吸引技术持有者加入自己的创业团队。另外，挖掘失效专利技术内在的商业价值或者通过外购、合作研究的方式均可进行技术资源的开发。

（三）客户资源开发

创业企业只有成功地将产品和服务销售出去，找到自己的客户，才能够在资本市场上将投入的资源收回，并且产生更大效益。因此，客户资源开发对于创业企业有着至关重要的作用。

1. 主动开发新客户

要争取到新客户，需要创业者或者拥有资源，或者投入更大的成本进行"攻关"，这种成本包括创业者的精力和时间等，而且为争取到重要客户，创业者往往需要亲自联系，用诚意获取客户信任，并且可以不计成本。创业者和新创企业可以通过特殊待遇或优惠、模仿、设计、广泛搜寻、循序渐进、放长线钓大鱼等策略开拓新客户。

创业企业可以通过向早期的顾客提供广泛的服务，或者免费的辅助服务、培训等，或者向那些其他企业不愿提供服务的客户提供服务，雇用其他企业不愿意雇用的人的方式等，筹集创业初期所需要的资源。也可以通过模仿一些大规模、更成熟的公司的外在形式，使人们对新创建企业的稳定性产生一种不假思索的信任。或者通过精心设计沟通的语言和方式，向不同的资源拥有者展示创业者或新创企业的形象。很多创业者常常为找到最"合适"的资源供给者，充分动用各方面的关系广为宣传，想方设法接触尽可能多的客户，直到找到最佳人选。或者在开始时以持平或根本是损失的情况下获得新客户，如可以以一个小买卖为开端来获得大生意，让资源供给者先做出小的投入，在感情上建立联系，然后争取其进一步的购买和投入。创业者还可以通过跟客户大量接触的机会，有意识地记录潜在客户的特征，分析其需求，在适当的时候向其介绍企业的产品或服务。

2. 精心维系老客户

企业可以通过增加客户的忠诚度，加大客户的转移成本，进行用户锁定等方式留住老客户。这就需要企业的产品或服务有一定独特性，由此让客户产生黏性，不愿轻易转换为其他企业的产品或服务。

（四）信息资源开发

一般地说，企业信息资源的开发和利用可以通过信息分析、信息综合和信息预测三个步骤实现，从而提高对信息资源开发利用的效率，同样需要企业采取一定对策和措施。

1. 确立信息资源开发利用的目标

有效开发利用信息资源，必须确立信息资源管理的理念和目标，使其与企业的战略发展目标一致。一般来说，信息资源开发利用的目的是综合利用信息资源辅助企业的高层决策，为企业管理和决策提供有效的企业内外部信息，做到快速、准确的市场应对与决策，取得整体综合效益，使企业在竞争中立于不败之地。

2. 加大对信息人才的培养和有效利用

企业信息资源开发利用成功的关键在于人才和人力资源开发，企业信息化需要一支善于交流、善于开发利用信息资源的优秀管理人员和技术人员的队伍。因此，企业必须要投入一定的资金，通过加强人才培训、技术交流，同时通过与科研机构、高等院校等进行厂校联合、"结对子"等手段来发现、培养一批富有开拓创新意识，掌握新技术并且具有很强实践能力的高层次技术骨干；还可设立奖励基金，对信息人才的主动性和创造精神给予奖励，提高全体职工的信息知识水平。利用各种方法提高员工的综合素质，提高开发利用信息资源的有效性。

3. 开发过程中确立自己的竞争优势

谁掌握的信息资源全面、准确、及时，谁就能在市场竞争中赢得主动，获得胜利。信息市场中充斥着形形色色的信息公司和信息生产者，信息资源开发部门同它们展开竞争的主要办法就是确立自己的竞争优势。企业为在竞争中确立优势必须重新审视与价值链上其他相关企业的联系，充分掌握相关的信息以做出正确的分析和决策。企业可以从市场信息资源开发机构获取信息，并对企业自身信息系统不断进行改进、发展和完善，同时还必须进行必要的组织机构调整，做好人员安排、计划组织、资金保证等，并突出为企业生产经营服务的理念，突出信息的层次性。

4. 加大网络信息资源的开发

网络信息资源比常规的信息资源具有更加丰富、更加便利的优势。Internet 上的信息资源数量庞大、内容丰富、关联度强。不同时间（过去、现在、将来）、不同空间（企业内外、国内外）以及不同内容的信息均可在网上有效传播。企业要想获取大量的外界信息，实现共享信息资源，就要充分利用基于网络的信息服务平台，加快企业信息资源的整合，大力发展企业信息网络建设。同时，加大网络信息资源的开发深度与广度，在对其进行整合时，要将以往各行其是的、非正式的信息交流，半正式的信息交流与正式信息交流汇集到一个网络上，为人们同一时间的查询提供便利。

二、创业资源的利用

（一）自有资源

创业是一个突破资源限制、寻求机会创造价值的过程，创业者可以采用步步为营的方式，精打细算，创造性地用好每一笔资源。

步步为营是指在缺乏资源的情况下，创业者分多个阶段投入资源，并在每个阶段或决策点投入最少的资源。步步为营活动包括：创业者在资源受限的情况下寻找实现理想目标的途径；最低限度降低对外部融资的需要；最大限度发挥创业者投在企业内部资金的作用；实现现金流的最佳使用等。创业者还可以通过入驻创业园、外包或利用临时工或实习生的方式降低资源耗费。

（二）杠杆资源

由于创业者在创业时拥有的资源有限，需要创业者在创业过程中尽可能利用资源的杠杆效应，形成杠杆优势。资源的杠杆效应体现在以下方面：能比别人更长时间地运用资源，更充分地利用别人没有意识到的资源，利用他人或者其他企业的资源来完成自己创业的目的，以一种资源补足另一种资源，以产生更高的复合价值，利用一种资源获得其他资源等。

如上所述，时间资源、人力资源是最具有杠杆性质的资源。创业者可以通过不断提高自己的平台以吸引强有力的合作者，也可以通过对风险投资的引进，获得其提供的经营上的帮助等。

（三）创造性拼凑手边资源

创造性拼凑是指在资源束缚下，创业者为了解决新问题，实现新机会，整合手边现有资源，立即行动，创造出独特的服务和价值。拼凑的主要方式有：购买废弃的二手设备替代昂贵的先进设备；创业者身兼数职，或者通过"上阵父子兵"来代替无法招到的员工。这样通过利用手头已经存在的资源，或者手边能够找到的一切资源，突破习惯性的思维方式，依靠自己的经验和技巧，通过创造性整合帮助自己实现目标。不过，创业者在进行资源拼凑时，应注意采用选择性拼凑的策略，有所为有所不为，而不能进行全面拼凑。滴滴在创业之初就采用创造性拼凑的方式，先委托第三方开发出打车软件，然后才在招聘到技术总监之后不断优化提高产品质量。

三、创业资源的开发机制

合理开发创业资源，需要辨析资源拥有者的利益诉求，通过合理的利益分配机制满足其需求，并借由沟通建立长期的合作共赢关系。

（一）辨识资源拥有者及其利益诉求

整合外部资源其实是整合资源背后的利益机制，所以一定要关注有利益关系的组织和个人的利益诉求。

利益相关者可以分为三个层面：资本市场的利益相关者，例如股东和债权人；产品市场的利益相关者，主要包括顾客、供应商、所在社区和工会组织；企业内部的利益相关者，如经营者和其他员工。外部资源整合时强调的利益相关者主要是前两种。创业者要更多地整合到外部资源，首先要找到尽可能多的利益相关者。一般来说，投资或经营多样化的利益相关者，有丰富经验的利益相关者，有很多过剩资源的利益相关者都是资本市场的利益相关者，创业者应在人力资源开发时想方设法多接触他们，经营好和他们的关系，以便需要筹集资源时方便与其接洽。

（二）设计合理的利益分配机制

在识别出利益相关者之后，需要设计合理的利益分配机制，在给新创企业带来收益的同时，给资源拥有者一定的回报，并能够使对方合理规避可能的风险，以此获得拥有资源的利益相关方的青睐。创业者可以通过出让一定股权、建立长期供求合作关系、技术联盟等方式设计建立一套合作共赢的利益分配机制。

（三）建立共赢的长期合作关系

利益分配机制是合作的第一步，此后的友好合作还需要创业企业精心的维护。创业者可以通过常规化的沟通方式，让利益相关方了解企业，增强对企业的信任，甚至加大对企业的投资;创业者还需要尽快从人际信任过渡到制度信任,建立更宽泛的信任关系,以获取更大规模的社会资本。

四、创业融资

资金是企业经营的起点,也是大多数创业企业面临的第一个难关。创业者应首先了解创业融资的重要性及其分类,通过对创业融资难原因的分析克服融资的困难,并借由对融资过程的了解,提前做好融资准备。

(一)创业融资的重要性

创业融资是创业管理的关键内容,在企业成长的不同阶段具有不同的侧重点和要求。企业只有拥有足够的现金才能从市场上获取各种生产要素,为价值创造提供必要的前提。融资在创业过程中起着基础性的作用。

资金是企业的血液。据国外文献记载,破产倒闭的企业中有85%是盈利情况非常好的企业,现实中的案例以及20世纪末令世人难忘的金融危机使人对"现金为王"的道理有了更深的感悟。由于资金管理不力,在遇上资本寒冬时,2016年上半年蜜淘网、博湃养车、美味七七、神奇百货均由于资金链断裂而破产。一项对毕业半年后创业人群的风险因素研究发现,2011届到2015届连续5年的大学生创业者都认为,"缺少资金""缺乏企业管理经验""市场推广困难"是可能导致创业失败的三大风险,其中"缺少资金"稳居三大风险中的第一位。由此可见,创业资金对于大学生创业的重要性。

(二)创业资金的分类

创业资金按照资金投入企业的时间可分为投资资金和营运资金。

投资资金发生在企业开业之前,是企业在筹办期间发生各种支出所需要的资金。投资资金包括企业在筹建期间为取得原材料、库存商品等流动资产投入的流动资金,购建房屋建筑物、机器设备等固定资产,购买或研发专利权、商标权、版权等无形资产投入的非流动资金,以及在筹建期间发生的人员工资、办公费、培训费、差旅费、印刷费、注册登记费、营业执照费、市场调查费、咨询费和技术资料费等开办费用所需的资金。

营运资金是从企业开始经营之日起到企业能够做到资金收支平衡为止的时间内企业发生各种支出所需要的资金,是投资者在开业后需要继续向企业追加投入的资金。企业从开始经营到能够做到资金收支平衡为止的时间叫作营运前期,营运前期的资金投入一般主要是流动资金,既包括投资在流动资产上的资金,也包括用于日常开支的费用性支出所需资金。

营运前期的时间跨度往往根据企业性质的不同而不同,一般来说,贸易类企业可能会短于一个月,制造类企业则包括从开始生产之日到销售收入到账这段时间,可能要持续几个月甚至几年;对于不同的服务类企业,其营运前期的时间也会有所不同。在很多行业中,营运资本的资金需求要远远大于投资资本的资金需求,对营运资金重要性的认识,有利于创业者充分估计创业所需资金的数量,从而及时、足额筹集资金。

（三）创业融资难的原因

创业融资难的主要原因有新创企业的不确定性大、信息不对称以及资本市场欠发达等。

1. 新创企业的不确定性大

首先，商业机会本身具有不确定性。对于创业活动本身而言，由于创业项目尚未实施，或刚开始实施，创业项目受外界环境的影响相对于既有企业来说更大，其市场前景不够明朗。其次，新创企业的利润具有不确定性。多数创业者创业经验缺乏，导致其应对内外部环境变化的能力不足，企业盈利的稳定性较差。再次，新创企业的寿命具有不确定性。中国创业企业的失败率为80%左右，企业平均寿命不足3年，而大学生创业失败率更高达95%。另外，新创企业在融资方面还有明显的劣势。企业创办初期规模较小，有效的可供抵押的资产较少，加上新创企业的融资规模偏小，使投资方投入的成本较高。同时，新创企业缺少以往可供参考的经营信息，使得投资者对于投入企业资金的安全性判断较为困难，从而限制了企业资金的筹集。

2. 新创企业和资金提供者之间信息不对称

首先，由于创业者对自身能力、产品或服务、企业的创新能力和市场前景等的了解多于投资者，其在融资时往往倾向于保护自己的商业机密及其开发方法，特别是进入门槛低的行业的创业者更是如此，这样，创业者对创业信息的隐藏会增加投资者对信息甄别的时间和成本，使投资者处于信息劣势，从而影响其投资决策。其次，新创企业的经营和财务信息具有非公开性。创业初期企业经营活动的透明度较差，财务信息不公开，使得潜在投资者很难了解和把握创业者和新创企业的有关信息。最后，中国市场经济发展的时间较短，普通大众的投资理念比较保守，尚未形成一个相对成熟的投资者群体，潜在投资者对行业的认识、直觉和经验等也相对缺乏，使其在选择投资项目时更为谨慎。

3. 资本市场欠发达

与发达国家相比，中国的资本市场仍然不够完善，缺少擅长从事中小企业融资的金融机构和针对新创企业特点的融资产品，对企业上市的要求较高，加上产权交易市场不够发达，加大了投资者回收投资的成本，使得其在进行投资时更加谨慎。

（四）创业融资过程

一般来说，创业融资过程包括做好融资前的准备、计算创业所需资金、编写创业计划书、确定融资来源及展开融资谈判五个方面的内容。

1. 做好融资前的准备

创业者在融资之前要做好充分的准备工作，对融资过程有一定了解，建立和经营个人信用，积累自己的人脉资源，学习估算创业所需资金的方法，知晓了解融资渠道的途径，熟悉商业计划书的结构和编写策略，提高自己的谈判技巧等，以提高融资成功的概率。积累人脉资源、创业所需资金的计算、融资渠道和商业计划书等内容，其他部分有详细讲到，因此，这里只强调个人信用的重要性。

个人信用记录包括四个方面的内容：一是个人基本身份信息，包括姓名、婚姻及家庭成员状况、收入状况、职业、学历等；二是信用记录，包括信用卡及消费信贷的还款记录，商业银行的个人贷款及偿还记录;三是社会公共信息记录,包括个人纳税、参加社会保险、通信缴费、公用事业缴费以及个人财产状况及变动等记录;四是特别记录,包括有可能影响个人信用状况的涉及民事、刑事、行政诉讼和行政处罚的特别记录。信用在创业融资过程中起着很重要的作用。无论是从何种渠道筹集资金,投资者都会比较关注创业者个人的信用状况。因此,为保证融资的顺利进行,创业者应尽早建立起良好的个人信用记录,如做一个信用卡的诚信持卡人,同时注意在日常生活中按时缴纳各项税费,遵纪守法,保持良好的个人信用。

2. 计算创业所需资金

任何一家顺利经营的企业都需要基本的周转资金,如果筹集的资金不足以支持企业的日常运转,企业会面临资金断流,进而导致破产清算;但这也不意味着筹集的资金越多越好,很多创业企业都是在开始的时候被一下子获得的大笔资金"撑死的"。何况,资金都是具有成本的,如果在资金使用过程中不能够创造出高于其成本的收益,创业企业就会发生亏损。因此,创业者在筹集资金之前,要能够运用科学的方法估算资金需求数量。

3. 编写创业计划书

创业企业对资金的需求,需要通盘考虑企业创办和发展的方方面面,要对企业有全面筹划。编写创业计划书是一种很好的对未来企业进行规划的方式,在创业计划书中,创业者需要估计未来可能的销售状况、为实现销售需要配备的资源,并进而计算出所需要的资金数额。

4. 确定融资来源

确定了创业企业需要的资金数额之后,创业者需要进一步了解可能的筹资渠道、不同筹资渠道的优缺点、创业企业自身的特征、创业企业所处的生命周期阶段等,根据筹资机会的大小,以及创业者对企业未来的所有权规划,权衡利弊,选择所要采用的融资来源。

5. 展开融资谈判

选定所拟采取的融资渠道之后,创业者就需要和潜在的投资者进行融资谈判。要提高谈判获胜的概率,要求投资者首先对自己的创业项目非常熟悉,充满信心,并对潜在投资者可能提出的问题做出猜想,事先准备相应的答案。另外,在谈判时,要抓住时机陈述重点,做到条理清晰;如果可能的话,向有经验的人士进行咨询,会提高谈判成功的概率。

(五) 创业资金的测算

正确测算创业所需资金有利于确定筹资数额,降低资本。测算创业资金需要充分考虑投资资金和营运资金的需求。

1. 投资资金测算

创业者需要按照资金分类中提到的投资资金项目,逐一测算每项资金的需求数量,最后加总得到开业前需要投入的资金金额。可以搜索同行业其他企业投资的数据进行参考。

2. 营运资金测算

由于创业之初企业经营的不确定性较大,对于营运资金的测算需要分月度进行,逐月分析生产经营过程中需要发生的各种支出及其具体金额,同时考虑经营过程中的资金流入,计算资金流入和资金流出的差额,分月计算营运前期时段内每个月资金流出大于资金流入的金额，其结果就是需要追加的资金数额。

可以运用创业资金计算表（见表 5-1）来计算创业资金的数量。

表 5-1 创业资金计算表

项目/时间	开业前投资资金	开业后/营运资金			
		1	2	……	合计
房屋					
设备					
办公家具					

（六）创业融资渠道

企业的融资渠道一般分为股权融资和债权融资。

1. 股权融资

股权融资形成企业的股权资本，也称权益资本、自有资本，是企业依法取得并长期持有，可自主调配运用的资金。广义上的股权融资包括内部股权融资和外部股权融资。

创业企业在创建的启动阶段及较早发展阶段，内部积累显得格外重要。采用内部积累方式融资符合融资优序理论的要求，也是很多创业者的必然选择。内部积累的资金来源主要是企业在经营过程中赚取的利润。外部股权资源的途径主要有个人储蓄、亲友资金、天使投资、风险投资、其他企业投资等形式。

（1）个人储蓄和亲友投资。

创业者个人积蓄的投入，表明了创业者对于项目前景的看法，是创业者日后继续向企业投入时间和精力的保证，也是对债权人债权的保障，还有利于创业者分享投资成功的喜悦。因此，个人积蓄是创业融资最为根本的渠道。

将个人合伙人或个人股东纳入自己的创业团队，利用团队成员的个人积蓄是创业者最常用的筹资方式之一。就中国现状而言，家庭作为市场经济的三大主体之一，在创业中起到重要的支持作用。以家庭为中心，形成的以亲缘、地缘、商缘等为经纬的社会网络关系，对包括创业融资在内的许多创业活动产生重要影响，因此，创业者及其团队成员的家庭储蓄一般归入个人积蓄的范畴。

（2）天使投资和风险投资。

天使投资是自由投资者或非正式机构对有创意的创业项目或小型初创企业进行的一次性的前期投资，是一种非组织化的创业投资形式。曾经的创业者，传统意义上的富翁，大型高科技公司或跨国公司的高级管理者是主要的天使投资者的来源，在部分经济发展良好的国家中，政府也扮演了天使投资人的角色。天使投资属于广义的风险投资的一种。

狭义的风险投资是由专业机构提供的投资于极具增长潜力的创业企业并参与其管理的权益资本。风险投资往往以股权的方式进行投资，会积极参与所投资企业的创业过程，以整个创业企业作为经营对象，比较看重"人"的因素，是一种高风险、高收益的组合投资。根据风险投资的潜规则，一般真正职业的风险资金是不希望控股的，只占 30% 左右的股权，他们更多地希望创业管理层能对企业拥有绝对的自主经营权。因此创业者在创业初期选择风险投资时要拿适量的钱，以便未来在企业需要进一步融资时，不至于稀释更多的股份而丧失对企业的控制权。对于创业者来说，如果所创企业符合风险投资家的项目选择标准，则风险资本是一种比较好的融资方式。通过风险资本不但可以筹集到资金，还可以得到风险投资家们专业的帮助和指导。

2. 债权融资

债权融资形成企业的债务资本，也称借人资本，是企业依法取得并依约运用、按期偿还的资本。向亲友借款、向金融机构贷款、交易信贷和融资租赁、中小企业互助贷款、政府资金融资、知识产权融资等是常用的债权融资方式。

（1）向亲友借款。

个人积蓄不足时，创业者可以向其亲朋好友借入资金，亲友借款也是创业融资的主要方式之一。需要提醒的是，在向亲友融资时，创业者必须要用现代市场经济的游戏规则、契约原则和法律形式来规范融资行为，保障各方利益，减少不必要的纠纷。

（2）向金融机构贷款。

金融机构贷款指企业向银行或非银行类金融机构借入的款项。根据法律规定，非银行金融机构包括经银监会批准设立的信托公司、企业集团财务公司、金融租赁公司、汽车金融公司、货币经纪公司、境外非银行金融机构驻华代表处、农村和城市信用合作社、典当行、保险公司、小额贷款公司等。

比较适合创业者的金融机构贷款的形式主要有抵押贷款和担保贷款两种。缺乏经营历史从而也缺乏信用积累的创业者，比较难以获得信用贷款。创业者可以根据企业需要，结合筹集资金的目的，选择筹集长期或短期的资金，一方面，使资金的来源和运用从期限上匹配，提高偿还债务的能力；另一方面，尽可能降低资金的筹集成本，提高创业企业的经济效益。

（3）交易信贷和融资租赁。

交易信贷指企业在正常的经营活动和商品交易中由于延期付款或预收货款所形成的企业间常见的信贷关系。企业在筹办期以及生产经营过程中，均可以通过商业信用的方式筹集部分资金。如企业在购置设备或原材料、商品过程中，可以通过延期付款的方式，在一定期间内免费使用供应商提供的部分资金。

创业者也可以通过融资租赁的方式筹集购置设备等长期性资产所急需的资金。融资租赁是指实质上转移与资产所有权有关的全部或绝大部分风险和报酬的租赁。融资租赁是集融资与融物、贸易与技术更新于一体的新型金融业务。由于其融资与融物相结合的特点，出现问题时租赁公司可以回收、处理租赁物，因而在办理融资时对企业资信和担保的要求不高，非常适合中小企业融资。企业在筹建期，通过融资租赁的方式取得急需设备的使用权，解决部分资金需求，获得相当于租赁资产全部价值的债务信用，一方面可以使企业按期开业，顺利开始生产经营活动，另一方面又可以解决创业初期资金紧张的问题，节约创业初期的资金支出，将用于购买设备的资金用于主营业务的经营，提高企业现金流量的创造能力；同时融资租赁分期付款的性质可以使企业保持较高的偿付能力，维持财务信誉。

（4）中小企业互助贷款。

中小企业间的互助机构是指中小企业在向银行融通资金的过程中，根据合同约定，由依法设立的担保机构以保证的方式为债务人提供担保，在债务人不能依约履行债务时，由担保机构承担合同约定的偿还责任，从而保障银行债权实现的一种金融支持制度。信用担保可以为中小企业的创业和融资提供便利，分散金融机构的信贷风险，推进银企合作。对于已经将企业创办起来的创业者，可以借助这种方式筹集所需资金。

（5）政府资金融资。

政府的资金支持是中小企业资金来源的一个重要组成部分。综合世界各国的情况，政府的资金支持一般能占到中小企业外来资金的10%左右，资金支持方式主要包括：税收优惠、财政补贴、贷款援助、风险投资和开辟直接融资渠道等。政府支持贸易资金的种类有再就业小额担保贷款、科技型中小企业技术创新基金、中小企业国际市场开拓资金等。

科技型中小企业技术创新基金是经国务院批准设立，用于支持科技型中小企业技术创新的政府专项基金，扶持和引导科技型中小企业的技术创新活动。根据中小企业和项目的不同特点，创新基金支持方式主要有：贷款贴息、无偿资助、资本金投入等。另外，科技部的863计划、火炬计划等，每年也会有一定数额的资金用于科技型中小企业的研发、技术创新和成果转化。

中小企业国际市场开拓资金是由中央财政和地方财政共同安排的专门用于支持中小企业开拓国际市场的专项资金。财政部设有利用高新技术更新改造项目的贴息基金、国家重点新产品补助基金；国家发展和改革委员会设有产业技术进步资金资助计划、节能产品贴息项目计划；工业和信息化部设有电子信息产业发展基金等；人力资源和社会保障部设有开业贷款担保政策、小企业担保基金专项贷款、中小企业贷款信用担保、开业贷款担保、大学生科技创业基金等。创业者应结合自身情况，利用好相关政策，获得更多的政府基金支持，降低融资成本。

（6）知识产权融资。

随着《公司法》对于非货币出资比例的放宽，以及大量高科技企业的创立，知识产权融资在创业融资中的地位更显重要。知识产权融资既可以采用股权融资的方式，也可以采用债权融资的方式，主要有知识产权作价入股、知识产权抵押贷款、知识产权信托、知识产权证券化等方式。拟创业者可以了解不同融资方式的相应规定，按照企业的发展规划进行选择。

（七）创业融资策略

股权融资和债权融资各有优缺点，需要在融资之前进行了解，以便做出最有利于企业发展的融资决策。

1. 不同融资渠道的特点

对于创业企业来说，股权融资和债权融资具有不同的特点。

债权融资的资金成本较低，合理使用还能带来杠杆收益，但债务资金使用不当会带来企业清算或终止经营的风险；股权资金的使用成本由于要在企业所得税之后支付，成本较高，但由于在企业正常生产经营过程中，不用归还投资者，是一项企业可永久使用的资金。

2. 融资渠道选择需要考虑的因素

创业者在筹集资金时应对债务融资、股权融资的优缺点进行比较，并考虑企业资金的可得性、企业自身的风险收益特征、企业生命周期阶段以及控制权分散等问题来进行综合分析。

资金的可得性。对于创业初期急需资金的企业，可能很多时候对于融资方式的选择是迫于无奈，无论哪一种方式，只要能够满足当时的资金之需，解企业的燃眉之急即可。资金的可得性会成为创业者考虑的首要目标。但是，如果规划适当，则可以更加理性地进行决策。

企业自身的风险收益特征。创业企业所处的行业不同，其面临的风险收益特征会有很大的不同，从而导致融资方式的选择会有所不同，见表5-2。

表5-2 创业企业类型和融资方式

创业企业类型	创业企业特征	融资方式
高风险、预期收益不确定	弱小的现金流低、中等成长未经证明的管理层	个人积蓄、亲友款项
低风险、预期收益	一般是传统行业 强大的现金流 优秀的管理层	债权融资

企业生命周期阶段。在种子期，企业处于高度的不确定性当中，很难从外部筹集债务资金，创业者个人积蓄、亲友款项、天使投资、创业投资以及合作伙伴的投资可能是采用较多的融资渠道；进入启动期之后，创业者还可以使用抵押贷款的方式筹集负债资金。企业进入成长期以后，已经有了前期的经验基础，发展潜力逐渐显现，资金需求量较以前有所增加，融资渠道上也有了更多选择。在早期成长阶段，企业获得常规的现金流用来满足生产经营之前，创业者更多采用股权融资的方式筹集资金，战略伙伴投资、创业投资等是常用的融资方式，此时也可以采用抵押贷款、租赁，以及商业信用的方式筹集部分生产经营所需资金；成长期后期，企业的成长性得到充分展现，资产规模不断扩大，产生现金流的能力进一步提高，有能力偿还负债的本息，此时，创业者更多采用各种负债的方式筹集资金，获得经营杠杆收益。

控制权分散。大量学生的创业案例显示，在创业早期创业团队的股权被过分稀释，使团队失去对企业的控制权，并由此给企业发展后劲带来严重问题。因为，创业企业在创业早期发展阶段，对于创业团队的依赖非常严重，尤其是核心创业者的能力。

拓展阅读

创业融资的原则

筹集创业资金时，创业者应在自己能够接受的风险的基础上，遵循既定的原则，尽可能以较低的成本及时足额获得创业资金。一般来说，创业融资应遵循合法性、合理性、及时性、效益性、杠杆性等原则。

合法性原则。创业融资作为一种经济活动，影响着社会资本及资源的流向和流量，涉及相关经济主体的经济权益。创业者必须遵守国家的有关法律法规，依法依约履行责任，维护相关融资主体的权益，避免非法融资行为的发生。

合理性原则。在创业的不同时期，企业资金的需求量不同，能够采用的融资方式可能也不同，创业者应根据创业计划，结合创业企业不同发展阶段的经营策略，运用相应的财务手段，合理预测资金需求量，详细分析资金的筹集渠道，确定合理的资本结构，包括股权资金和债权资金的结构，以及债权资金内部的长短期资金的结构等，为企业持续发展植入一个"健康的基因"。

及时性原则。市场经济条件下机会稍纵即逝的特性，要求创业者必须能够及时筹集所需资金，将可行的项目付诸实施，并根据新创企业投放时间的安排，使融资和投资在时间上协调一致，避免因资金不足影响生产经营的正常进行，同时也防止资金过多造成的闲置和浪费，将资金成本控制在合理的范围之内。

效益性原则。创办和经营企业的根本目的是获得一定的经济利益，所以，创业者应在进行成本效益分析的基础上决定资金筹集的方式和来源。鉴于投资是决定融资的主要因素，投资收益和融资成本的对比便是创业者在融资之前要做的首要工作，只有投资的报酬率高于融资成本，才能够使创业者实现创业目标；而且投资所需的资金数量决定了融资的数量，对于创业项目投资资金的估计也会影响融资的方式和融资成本。因此，创业者应在充分考虑投资效益的基础上，确定最优的融资组合。

杠杆性原则。创业者在筹集创业资金时，应选择有资源背景的资金，以便充分利用资金的杠杆效应，在关键的时候为企业发展助力。大多数优秀的风险投资往往在企业特殊时期会与企业家一起，将有效的资源进行整合，如选择投行、券商，进行IPO路演等，甚至还参与到企业决策中来。这种资源是无价的。因此，创业者不能盲目地"拜金主义"，找到一个有资源背景的基金更有利于企业的持续快速发展。

经营人脉资源的三大原则

1. 互惠原则

即利人利己。利人利己是一种双赢的人际关系模式，利人利己观念以为世界之大，人人都有立足的空间，他人之得不必视为自己之失。利人利己观念以品格为基础：诚信、成熟、宽大旷达。宽大旷达的胸襟源于厚实的个人价值观与安全感，因为相信有足够的资源，所以不怕与人共名声、共财势，从而开启无穷的可能性，充分施展创造力与宽阔的选择空间。但是，有些人喜欢使用二分法，认为利人则必损己，利己则必损人。于是，为了一己之利，便置他人利益于不顾，最后却往往落得一个损人害己、两败俱伤的下场。利己损人，世上多少争斗；利人利己，人间无穷芳春。

2. 分享原则

分享是一种最好的建立人脉网的方式，你分享的越多，得到的就越多。世界上有两种东西是越分享越多的：一是聪明、知识，二是人脉、关系。正如萧伯纳所说：我有一个苹果，你有一个苹果，交换一下每人仍是一个苹果；我有一个思维，你有一个思维，交换一下每人至少有两个以上的思维。同理，你有一个关系，我有一个关系，假如各自独享则每人还是一个关系，假如拿来分享，交流之后则每人拥有两个关系。

3. 坚持原则

坚持不放弃的人，才能有更多正面思索的时间，有更深刻的屡败屡战的信念，从而赢得更多成功的机遇。在经营和开发人脉资源的过程中，很多人缺乏坚持的韧性，主要表现：一是"三天打鱼，两天晒网"，一曝十寒；二是遭到拒绝之后，没有勇气坚持下

第五章 创业资源及管理

来，结果错失"朱紫"相助的良机。"骐骥一跃，不能十步；驽马十驾，功在不舍"。坚持就是胜利，你假如只坚持了三天，五天，一个月，两个月，当然是无法做到"磨铁成针，绳锯木断"而到达胜利的彼岸。一条蚯蚓，遁地三尺，穿越黑暗，缘于它锲而不舍的挖掘；一只大鹏，俯瞰五岳，睥睨江河，缘于它始终不渝的遨游。一条山路，尽管坎坷而险恶，但坚持不懈的人终会直抵高山之巅；一条大道，尽管平坦而宽广，但瞻前顾后的人也会中途折戟沉沙……

大学生创业融资渠道有哪些方式呢？

对于很多的大学生来说，要想更好地创业，就必须有更加多样的融资渠道，这样才会使其未来事业的发展更加的有利。可是刚出来创业的大学生哪有那么多的资金呢？进行投资是不可能的，那么大学生创业融资渠道有哪些方式呢？

亲情融资，是大学生创业融资的重要渠道。个人筹集创业启动资金最常见、最简单而且最有效的途径就是向亲友借钱，但是它属于负债筹资的一种方式。其优势在于向亲友借钱一般不需要承担利息，也就是说，向亲友借钱没有资金成本，但是人情你得担负着呀。自己也是有一定压力的，因此，在选定好一种投资方式的时候，资金的来源还有资金的流动，自己要做好详细的划分。

政策基金，是大学生事业发展的关键条件所在。政府提供的创业基金通常被所有创业者所高度关注。大学生自主创业，政府会给予一定的就业扶持，其优势在于利用政府资金不用担心投资方的信用问题；而且，政府的投资一般都是免费的，进而降低或免除了筹资成本。但申请创业基金有严格的申报要求；同时，政府每年的投入有限，筹资者需面对其他筹资者的竞争。

大学生只有更好地进行了融资之后，才能建立起事业更加宽广的平台。

实践练习

1. 尽可能地挖掘你现有的创业资源，并根据所学进行分类。
2. 通过互联网找到目前你能找到的创业资源，不少于三种。
3. 假设你现在需要融资10万元，谈谈你的融资策略。

网络资源

1. 南开大学创业资源整合公开课：
   http：//open.163.com/movie/2014/3/0/6/M9MROU9U4_M9QIHUO06.html
2. 万门大学创业资源概述：
   https：//www.iqiyi.com/w_19ru5xup95.html
3. 创业如何巧借外力资源：
   https：//v.qq.com/x/page/l0842lrq1m0.html

第六章 创业计划

■ 学习目标
　　通过本章的学习，使学生认识创业计划的含义、特点、作用，掌握创业计划书的写作原则、主要内容等，并通过经典范文为创业计划书的撰写提供借鉴。

■ 知识要点
　　1. 创业计划的定义。
　　2. 创业计划的要素。
　　3. 创业计划的撰写要求与内容。
　　4. 创业计划撰写的注意事项。

案例导入

"久创科技"的故事

　　黄同学等7人，均为某大学自动化专业本科生，合伙经营一家名为"久创科技"的电脑服务企业。其主要业务包括组装电脑的导购、电脑及配件的代售，以及电脑故障维修等。黄同学等人的创业想法，来源于他们参加过的创业计划大赛。虽然在那次比赛中，他们的成绩并不突出，却激发了他们的创业热情。于是，比赛结束后，在黄同学的倡议下，他们决定开始真正的创业。

　　通过商议，黄同学出资2 000元，其他8名同学每人出资1 000元，共计10 000元启动资金。接着，他们开始修改创业计划。完成之后，大家就创业计划提出自己的意见和建议。在讨论中，他们在公司的组织结构设计方面产生了分歧。一些人认为只有建立鲜明的组织结构，才能管理好企业；另一些人认为，大家都在同一个起跑线上，确立等级制度会导致关系的分裂。最终，他们达成一致意见，认为他们创立的只是一个小企业，尚不需要建立组织结构。于是，创业开始了。同年7月，正式成立"久创科技"企业。在后来的经营当中，有两名同学因为自身经济困难而撤资，其他7人继续维持经营。经营企业的7名同学根据自身特点和专业特点，分工负责企业的各项业务，而店面的营业人员则由7人轮流充当。由于关系良好，平常的工作量和业绩并不直接与利益挂钩，而采取平均分配利润的方式。企业经营一年多来，业绩尚可，已收回投资，并于一年后开始盈利。当然，这没有计算7名同学的人力投资。

（资料来源：卢福财. 创业通论［M］. 北京：高等教育出版社，2012.）

第一节　创业计划的概念、特点与作用

1. 什么是创业计划

创业计划是创业者叩响投资者大门的"敲门砖"，是创业者计划创立的业务的书面摘要，一份优秀的创业计划书往往会使创业者达到事半功倍的效果。

创业计划书是一份全方位的商业计划，其主要用途是递交给投资商，以便于他们能对企业或项目做出评判，从而使企业获得融资。它是用以描述与拟创办企业相关的内外部环境条件和要素特点，为业务的发展提供指示图和衡量业务进展情况的标准。通常创业计划是结合了市场营销、财务、生产、人力资源等职能计划的综合。创业计划是创业者计划创立业务的书面摘要。

2. 创业计划的特点

由于企业外部的经济社会环境并非一成不变，创业企业也在不断发展，因而创业条件会随着内、外部条件的变化而改变。因此，在制订创业计划时，应根据不同的发展阶段的实际情况进行调整，使创业计划总能够保持领先于创业现状。

（1）时效性。

创业计划的内容有两个方面：一是企业追求的目标；二是为了实现这个目标的行动规划。行动和目标越一致，创业计划的可行性越高，创业成功的概率越大，得到投资者认可的概率也就越高。

（2）可行性。

从创业项目的选择、确立到创业企业的真正成立并持续发展是一个漫长的过程，是无法在纸上呈现并向投资者展示的。此时，就需要一份具有可操作性的行动指南。创业计划，对创业者整个经营设想的总结和概括发挥着举足轻重的作用。

3. 创业计划的作用

（1）指导行动，明确方向。

数据显示切实可行、目标明晰的创业计划有助于创业者冷静地识别、分析创业机会，明确自己的创业理想，进而为创业行动指明方向。

（2）凝聚人心，有效管理。

创业计划通过描绘创业企业的发展前景和成长潜力，使团队成员对未来充满信心；创业计划要明确从事什么项目或活动，从而使大家了解自己将要充当什么角色，达到什么目标。这对于凝聚人心、协同发展，具有重要意义。

（3）决策参考，投资依据。

从融资角度来看，创业计划通常被誉为"敲门砖"。撰写创业计划为创业者提供了自我推销的重要工具，为新企业提供了一种向潜在投资者、供应商、商业伙伴和关键职位应聘者展示自身的机制。

第二节 创业计划书的撰写

1. 创业计划书的内容

创业计划书是将有关创业的想法，借由白纸黑字最后落实的载体。创业计划书的质量，往往会直接影响创业发起人能否找到合作伙伴、获得资金及其他政策的支持。如何写创业计划书呢？要依目标，即看计划书的对象而有所不同，譬如是要写给投资者看呢，还是要拿去银行贷款，从不同的目的来写，计划书的重点也会有所不同。

对初创的风险企业来说，创业计划书的作用尤为重要，一个酝酿中的项目，往往很模糊，通过制订创业计划书，把正反理由都书写下来，再逐条推敲，创业者这样就能对这一项目有更清晰的认识。可以这样说，创业计划书首先是把计划中要创立的企业推销给了创业者自己；其次，创业计划书还能帮助把计划中的风险企业推销给风险投资家，公司创业计划书的主要目的之一就是筹集资金。

因此，在创业计划书必须要说明：①创办企业的目的——为什么要冒风险，花精力、时间、资源、资金去创办风险企业？②创办企业所需多少资金？为什么要这么多的钱？为什么投资人值得为此注入资金？《老板》杂志表示对已建的风险企业来说，创业计划书可以为企业的发展定下比较具体的方向和重点，从而使员工了解企业的经营目标，并激励他们为共同的目标而努力。更重要的是，它可以使企业的出资者以及供应商、销售商等了解企业的经营状况和经营目标，说服原有的或新来的出资者为企业的进一步发展提供资金。正是基于上述理由，创业计划书将是创业者所写的商业文件中最主要的一个。

通常一本创业计划书在前面需要写一页左右的摘要，接下来是创业计划书的具体章节（见表6-1），一般可分成十大章。

表6-1 创业计划书的具体章节及内容

章 节	内 容
1. 事业描述	必须描述所要进入的是什么行业，卖什么产品（或服务），哪些是你的主要客户。所属产业的生命周期是处于萌芽、成长、成熟还是衰退阶段。还有，企业要用独资还是合伙或公司的形态，打算何时开业，营业时间有多长等
2. 产品服务	需要描述你的产品和服务到底是什么，有什么特色，你的产品跟竞争者有什么差异，如果并不特别，为什么顾客要买
3. 市场	首先需要界定目标市场在哪里，是既有的市场已有的客户，还是在新的市场开发新客户。不同的市场不同的客户都有不同的营销方式。在确定目标之后，决定怎样上市、促销、定价等，并且做好预算
4. 地点	一般公司对地点的选择可能影响不是很大，但是如果要开店，店面地点的选择就很重要

续表

章节	内容
5. 竞争	下列三种时候尤其要做竞争分析：①要创业或进入一个新市场时；②当一个新竞争者进入自己正在经营的市场时；③随时随地做竞争分析，这样最省力。竞争分析可以从五个方向去做：谁是最接近的五大竞争者；他们的业务如何；他们与本业务相似的程度；从他们那里学到什么；如何做得比他们好
6. 管理	中小企业98%的失败来自管理的缺失，其中45%是因为管理缺乏竞争力，还没有明确的解决之道
7. 人事	要考虑人事需求，并且具体考虑需要引进哪些专业技术人才、全职或兼职、薪水如何计算、所需人事成本等
8. 财务需求与运用	考虑融资款项的运用、营运资金周转等，并预测未来3年的资产负债表、损益表和现金流量表
9. 风险	不是说有人竞争就是风险，风险可能是进出口汇兑的风险、餐厅有火灾的风险等，并注意当风险来时如何应对
10. 成长与发展	下一步要怎么样，三年后如何，这也是创业计划书所要提及的。企业是要能持续经营的，所以在规划时要能够具有多元化和全球化视角
注意事项	结构合理：投资者应当能够在计划中找到他们所关注问题的答案，很容易找到他们特别感兴趣的话题。这就要求商业计划必有一个清楚的结构，使读者能够灵活地选择他们想要阅读的部分。 以客观性说服投资者：尽量使自己的语气比较客观，使投资者有机会仔细地权衡你的论据是否有说服力，是不是无边际的吹牛广告。 让大众也能读懂：一些创业者相信，他们可以用丰富的技术细节、精心制作的蓝图，以及详细的分析给投资者留下深刻的印象。他们错了，只有极少数情况下，会有技术专家详细地评估这些数据。大多数情况下，简单的说明、草图和照片就足够了。如果计划中必须包括产品的技术细节和生产流程，你应当把它们放在附录中去

创业计划书有固定的写作模式，但可以根据不同的技术项目、不同的创业计划、不同的创业团队等加以改进，使计划书更具特色。在内容和格式的选择上，可以参考以下原则：①换位思考，投其所好。创业计划书写作的最终目的就是吸引社会资源拥有者的投资，以将项目落到实处，因而在内容选择上就要遵循为投资者着想的原则，一定程度上增加成功的概率；②重点突出，详略得当，创业计划书的篇幅不宜过长，应以25～35页为宜，尽量避免在项目简介、公司战略这些虚无的地方着墨过多，而应重点关注数据、风险分析这些比较实在的方面；③定位精准，独特取胜。企业的独特性不仅可以体现在产品和服务上，还要在营销模式、团队管理等方面上下功夫，使投资者感受到效益最大化和机会成本最小化。

2. 创业计划书范文

范文1

一、市场分析

长期以来，国内居民因生活水平较低，对以"厨房"和"卫生间"为主要服务对象的小家电消费很少。据统计，目前国内城镇家庭小家电的平均拥有量只有三四种，而欧美国家这一统计数字高达37种。据统计，每年国内有至少260万住户搬入新家，随着人们生活水平的提高，对"厨房"和"卫生间"的日益重视，小家电产品的加速普及与换代升级必将孵化出惊人的市场推动力，小家电的市场发展前景非常广阔。今后2～3年内，我国小家电行业将步入黄金发展阶段，市场需求量年增幅有可能突破30%。

市场上浴室取暖用的小家电只有浴霸和暖风机两种。全国生产浴霸的企业为376家，2001年国内销量估计为400万台，2002年为550万台，2003年达到700万台，销售额超过10亿元。在城市居民家庭中，浴霸拥有率不到15%（2004年），国内消费者对浴霸认同度达82%，市场空间巨大。

我国长江流域地区，大多住宅没有暖气，冬季洗澡取暖一直是个大问题。虽然有浴霸和暖风机，但人们更期待一种简便、有效的取暖器具。根据我的调查，人们对本产品的印象还是不错的，市场潜力巨大。

比照浴霸和暖风机市场，本产品销售市场至少在5亿～10亿元以上。

我们完全可以借助专利技术优势，迅速占领浴室取暖设备市场，建立自己的品牌和销售网络。

二、我们的目标

我们的目标是，在2006年制出样品进入市场，发展地市级以上代理商10～15家，销售额在200万元以上，2007年达到500万销售额，2008年达到2 000万销售额，利润率保持在30%～50%。

三、资金使用

由于本产品以前市场上从未有过，所以初期样品试制、模具开发等费用投入较大，估计在10万～15万元；

各种认证、许可证、商标：5万元；

公司组建、购买相关办公用品、人员招募、公司网站等：10万元；

房租水电费、人员工资（半年）：15万元；

参加展会、广告费：10万元；

小批量生产成本（5 000件）：20万～25万元；

周转资金：20万元。

合计：100万元。

四、产品成本及盈利分析

为节省费用，降低投资风险，先期的小批量生产以委托外加工为主，暂不购买生产设备。本产品主要包括：桶体、盖子、加热盘、漏电保护器、防干烧保护器、开关、蒸汽调节板、底座、密封圈。其中加热盘7～8元，漏电保护器12元，防干烧保护器1.5元，开关0.5元，其余为塑料件，价格15元，另外产品包装、接线螺丝、运费等，成本合计在40元以下。

批发价暂定为80元，每个毛利为40元，估计两年能收回投资并稍有盈利。

（以上数据调查的是零配件经销商，还有向下浮动的可能。）

五、销售前景

市场上还没有同类产品，产品销售压力较小。建议利用各地电器批发商现成的销售网络，进行代理销售。已与多家商家联系过，初步达成销售意向。

六、合作方案

本专利项目是非职务发明，专利权为个人所有。具体合作方式由双方协商议定。

七、原材料供应方案

可外协生产，无特殊要求。

八、本项目的未来

由于本产品制造简便，门槛低，难免被人仿造。除了加强打假力度之外，不断升级产品也是拓展市场的必要手段。已开发了两款样品，准备继续推出3~5款新品，随着产品的升级换代，我们必能牢牢站稳市场。

范文2

一、行业概况

因为经济危机的影响以及自己对于餐饮业的兴趣，本人打算毕业后开一家蛋糕店。蛋糕店有很大的发展前景，现在人们的生活好了，消费水平高了，对于生活品质的追求也就高了，综合性的蛋糕店已经成为城市消费的一大潮流。

二、蛋糕店概况

（1）本店属于餐饮服务行业，名称为"麦琪下午茶"，是个人独资企业。主要为人们提供蛋糕、面包、冰淇淋以及饮料等甜品。

（2）本店打算开在社区商业街，开创期是一家中档蛋糕店，未来打算逐步发展成为像安德鲁森、向阳坊那样的蛋糕连锁店。

（3）本店需创业资金9.5万元。

三、经营目标

由于地理位置处于商业街，客源相对丰富，但竞争对手也不少，特别是本店刚开业，想要打开市场，必须要在服务质量和产品质量上下功夫，并且要进一步扩大经营范围以满足消费者的不同需求。短期目标是在商业街站稳脚跟，1年收回成本。长期目标则是逐步发展成为一家经济实力雄厚并有一定市场占有率的蛋糕连锁公司，在众多蛋糕品牌中闯出一片天地，并成为蛋糕市场的知名品牌。

四、市场分析

（1）客源。本店的目标顾客有：到商业街购物娱乐的一般消费者，约占50%；附近学校的学生、商店工作人员、小区居民，约占50%。客源数量充足，消费水平中低档。

（2）竞争对手：根据调查结果得知国内品牌蛋糕店有很多，仅福州连锁蛋糕店就有很多，如安德鲁森、向阳坊、红叶、安琪尔。因此，竞争是很激烈的。

五、经营计划

（1）先是到附近几家蛋糕店"刺探情报"，摸清不同种类和尺寸蛋糕的成本价。了解各类蛋糕店的经营理念以及经营的"小花招"。

（2）开业金筹齐后，开始在各大蛋糕店"挖角"。不能"明目张胆"地挖，要趁店里人少时，偷偷跑过去和店里师傅商量。或者招聘糕点师傅，开蛋糕店师傅很重要，所以要慎重考虑。

（3）据了解有一套消费定率："顾客永远没有最便宜的价钱。今天你能降低几元钱，明天可能就有同行竞争者以更低的价钱与你争夺订单。"从中体会到产品市场的一条竞争策略：降价促销并不是长期的经营策略，唯有以最好的材料制作出最高品质的蛋糕，才能吸引顾客，将顾客留住。

（4）蛋糕店主要是面向大众，因此价格不会太高，属中低价位。

（5）可印一些广告传单，以优惠券的形式发放，以达到广告宣传的效果。

（6）蛋糕店可以专门开辟休闲区域，设置很多造型别致的座椅。顾客可买上一些点心，坐在蛋糕店里慢慢品尝，蛋糕店的休闲功能得到进一步强化。

（7）经过多方调查，出于竞争等方面的需要，不少蛋糕店推出一些与蛋糕并没有太多关联的休闲食品，借以形成新的利润增长点。在经营的品种上，不少店主有一些推陈出新的举措：比如在炎炎夏季，会合时令地推出眼下非常流行的冰粥和刨冰，以及奶茶、果汁类的饮料，深受顾客青睐。

（8）建立会员卡制度。卡上印制会员的名字。会员卡的优惠率并不高，如9.5折。一方面，这可以给消费者受尊重感，另一方面，也便于服务员对于消费者进行称呼。特别是如果消费者和别人在一起，而服务员又能当众称他（她）为×先生、小姐，他们会觉得很受尊重。

（9）在桌上放一些宣传品、杂志，内容是关于糕点饮料的知识、故事等，一方面可以提升品位，烘托气氛，也能增加消费者对品牌的好感。

（10）无论是从店面装修、店员形象，还是蛋糕制作上，都要给顾客健康、卫生的感觉。蛋糕店一定要严格执行国家《食品卫生法》，这是立足之本。

（11）食品行业有特别的岗位劳动技能要求：从业人员必须持有"健康证"。

六、财务估算

启动资产：大约需9.5万元。

设备投资：①房租5 000元；②门面装修约2 000元（包括店面装修和灯箱）；③货架和卖台投入约1 500元；④员工（2名）统一服装需500元；⑤机器设备是最大的投资，需8万元（包括制作蛋糕的全套用具）首期进货款：面粉、奶油等原材料，约6 000元。

月销售额（平均）：21 000元。据有关内行人士评估，如此一家小型蛋糕店的经营在走上正轨以后，每月销售额可达21 000元。

每月支出：14 033元。房租：最佳选址在居民较密集的小区、社区商业街及靠近小孩子的地段（如幼儿园或者游乐场附近），约5 000元。

货品成本：30%左右，约5 000元。人员工资：10平方米的小店需要蛋糕师傅1名，服务员1名，工资共计2 000元。

水电等杂费：700元；设备折旧费：按5年计算，每月1 333元；月利润：6 967元左右。按此估算，一年左右即可收回投资。

七、风险及制约因素分析

因为蛋糕店不是所在街道或者小区的第一家店，顾客很难改变一贯的口味，所以就得花费更大的财力物力和"花招"来招揽顾客。

（来源于大学生优秀创业案例范文）

2. 创业计划——组织与管理

风险投资家在选择项目时，往往会在查看了执行概要部分后直接阅读创业团队部分，通过评估创业者实力来预测企业发展前景。因而创业团队及其组织管理在商业计划书中也是一部分重要内容，具体内容可包括以下三部分：

（1）创业团队成员介绍。新企业的管理团队一般由创业者和几个关键的管理人员等组成。这一小节概括介绍团队成员的简历，包括年龄、性别、背景、教育和职业经历、专长、主要业绩等；同时根据专业背景、特长等对团队核心成员在企业中的负责的工作、拥有的股份等进行划分。

（2）组织架构及职责分工。企业的组织架构是对企业基本业务部门、职能机构、运作流程等做出的界定和规划，反映组织构成要素之间的关系，多用图例的形式来展现，如图6-1和图6-2所示。

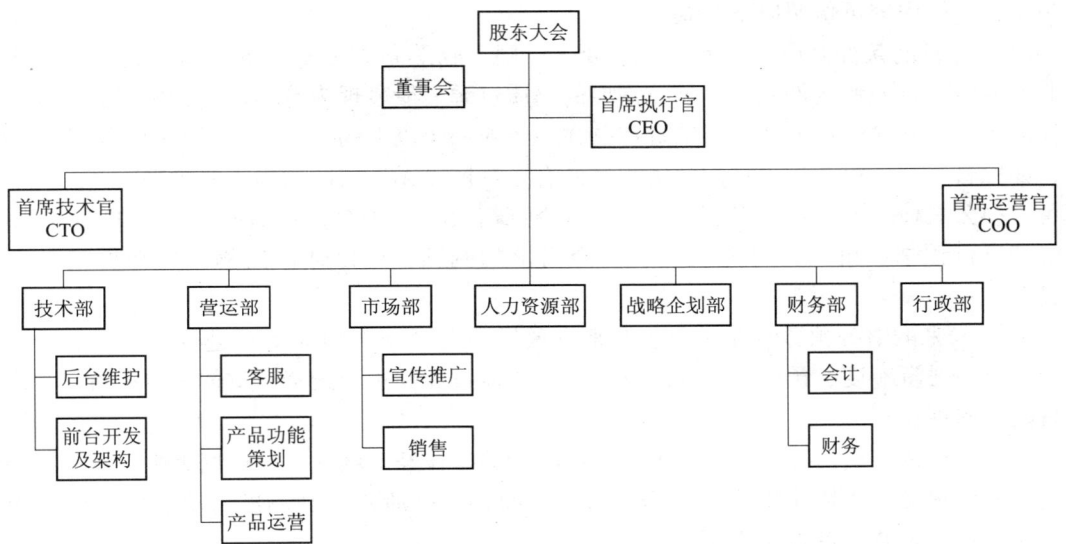

图6-1 某网络技术公司的组织结构

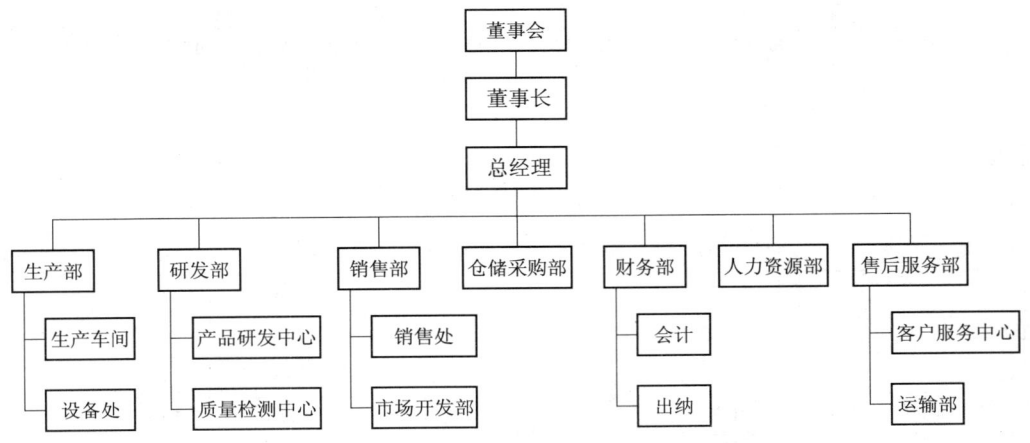

图6-2 某木制品生产企业的组织结构

在创业计划书中画出组织结构图,对其中各个业务部门、职能机构的职权做出解释说明,介绍各部门的主要负责人。需要注意的是,不同性质的创业企业,其内部职能部门的设置不尽相同。例如,以提供网络技术服务为主的企业需要设置网络技术部等相关部门,如图 6-1 所示;而以提供木制品等实物产品为主的企业,则需有生产、仓储等部门,如图 6-2 所示。

(3) 人力资源规划。一个企业想要长久发展,就要基于以人为本的理念,反映在商业计划书中即为人力资源管理规划。这部分主要包括各部门人才需求计划、招聘培训计划、奖惩机制等。

3. 创业计划——财务分析

财务分析是对商业计划书中的所有定性描述进行量化的一个系统过程,直接关系到对项目价值的评估和取得资金的可能性。在商业计划书中,一般需要对创业企业做 3~5 年的财务规划,具体内容可仿照以下模式:

(1) 经营的条件假设。创办企业需要人、财、物等各方面资源的加持。此处主要讲述企业所需物质资源的条件假设。创业需要的物质资源一般表现为有形资产,按照流动性可以分为流动资产和非流动资产。流动资产是在一年或一年以上的一个营业周期中可以变现的资产,如原材料、库存商品等;流动资产外的有形资产或无形资产均属于非流动资产,如机器设备、办公桌椅、商标权、专利权等。购置资产需要支付现金,从而影响企业的融资计划。对资产进行预估,再结合对流动资产资金需求的判断,可以计算出物质资源所需的资金数量。

(2) 未来的财务预算。在对企业未来发展做出合理预测的前提下进行财务预算,确定资金需求、融资额度、预期收支等。这部分主要通过编制预计的资产负债表、损益表、现金流量表等来展现。

一是预计资产负债表是反映在未来某一时刻的企业经营状况,可根据表中数据来获得可能的投资回报率,由固定资产、现金、贷款、净资产、股本、利润准备金、股东资金等组成。资产负债表范例见表 6-2。

表 6-2 资产负债表范例   万元

资产负债表(第一年至第六年)						
项目	2013 年 12 月	2014 年 12 月	2015 年 12 月	2016 年 12 月	2017 年 12 月	2018 年 12 月
资产:						
流动资产						
银行现金	113.79	81.07	394.65	776.48	1 555.87	2 583.85
应收账款	0.00	0.00	0.00	0.00	0.00	0.00
库存商品	15.00	300.00	300.00	400.00	400.00	400.00
待摊费用	13.23	6.61	0.00	0.00	0.00	0.00
流动资产合计	142.02	387.68	694.65	1 176.48	1 955.87	2 983.85
固定资产	5.00	5.00	0.00	0.00	0.00	0.00
减:固定资产折旧	1.70	3.40	0.00	0.00	0.00	0.00
固定资产净值	3.30	1.60	0.00	0.00	0.00	0.00

续表

资产负债表(第一年至第六年)						
项目	2013年12月	2014年12月	2015年12月	2016年12月	2017年12月	2018年12月
资产合计	145.32	389.28	694.65	1 176.48	1 955.87	2 983.85
负债及所有者权益:						
流动负债						
短期借款	0.00	100.00	0.00	0.00		
应付账款	0.00	100.00	200.00	200.00	200.00	0.00
流动负债合计	0.00	200.00	200.00	200.00	200.00	0.00
所有者权益						
实收资本	200.00	200.00	200.00	200.00	200.00	200.00
资本公积	0.00					
本年利润	-54.68	43.97	305.37	481.83	779.39	1227.98
未分配利润	-54.68	-10.72	294.65	776.48	1 555.87	2 783.85
所有者权益合计	145.32	189.28	494.65	976.48	1 755.87	2 983.85
负债及权益合计	145.32	389.28	694.65	1 176.48	1 955.87	2 983.85

(资料来源:杜志明. 佳普乐有限公司创业计划书[D]. 厦门:厦门大学,2013.)

二是损益表反映企业未来的盈利状况,是对创业企业经过一段时间运作后的运营结果的预期,包括销售收入、毛利、管理费用、营业利润、财务费用和净利润等内容。损益表范例见表6-3。

表6-3 损益表范例

损益表(第一年至第六年)						
项目	2013年	2014年	2015年	2016年	2017年	2018年
一、销售收入/万元	50.00	1 000.00	3 000.00	4 500.00	6 750.00	10 125.00
产品成本/万元	35.00	700.00	2 100.00	3 150.00	4 725.00	7 087.50
占销售/%	0.70	0.70	0.70	0.70	0.70	0.70
二、毛利/万元	15.00	300.00	900.00	1 350.00	2 025.00	3 037.50
占销售/%	0.30	0.30	0.30	0.30	0.30	0.30
减:营业费用/万元	65.43	188.68	338.24	478.06	641.56	883.81
占销售/%	1.31	0.19	0.11	0.11	0.10	0.09
工资/万元	23.80	71.40	74.97	114.00	120.00	126.00
社保费/万元	4.30	4.30	4.30	6.70	6.70	6.70
办公费/万元	2.40	2.40	2.40	2.40	2.40	2.40
水电费/万元	1.80	1.80	1.80	1.80	1.80	1.80
租赁费/万元	4.05	13.20	19.20	19.20	19.20	19.20
电话费/万元	2.16	2.16	2.16	2.16	2.16	2.16
应酬费/万元	4.80	4.80	4.80	4.80	4.80	4.80

续表

	损益表（第一年至第六年）					
项目	2013 年	2014 年	2015 年	2016 年	2017 年	2018 年
差旅费/万元	12.00	12.00	12.00	12.00	12.00	12.00
运输费/万元	1.00	20.00	60.00	90.00	135.00	202.50
开办费/万元	6.62	6.62	6.61	0.00	0.00	0.00
提成金/万元	2.50	50.00	150.00	225.00	337.50	506.25
减：固定资产折旧/万元	1.70	1.70	1.60	0.00	0.00	0.00
减：产品销售税金/万元	2.55	51.00	153.00	229.50	344.25	516.38
三、税前利润/万元	-54.68	58.62	407.16	642.44	1 039.19	1 637.32
占销售/%		0.06	0.14	0.14	0.15	0.16
四、所得税/万元	0.00	14.66	101.79	160.61	259.80	409.33
五、净利润/万元	-54.68	48.97	305.37	481.83	779.39	1 227.99

（摘自杜志明. 佳普乐有限公司创业计划书［D］. 厦门：厦门大学，2013.）

三是现金流量表反映企业的未来现金流动，现金流量表范例见表 6-4。

表 6-4 现金流量表范例   万元

现金流量表（第一年至第六年）							
项目	行次	2014 年	2015 年	2016 年	2017 年	2018 年	2019 年
一、经营活动产生的现金流量							
销售商品、提供劳务收到的现金	1	400	1 600	3 200	4 800	7 200	10 800
收到的税费返还	2						
收到的其他与经营活动有关的现金	3						
现金流入小计	4	400.00	1 600.00	3 200.00	4 800.00	7 200.00	10 800.00
购买商品、接受劳务支付的现金	5	310.00	1 120.00	2 240.00	3 360.00	5 040.00	7 560.00
支付给职工以及为职工支付的现金	6	45.00	105.00	115.50	127.05	139.76	153.73
支付的各项税费	7	18.60	67.20	134.40	201.60	302.40	453.60
支付的其他与经营活动有关的现金	8	110.00	224.00	416.00	576.00	864.00	1 296.00
现金流出小计	9	483.60	1 516.20	2 905.90	4 264.65	6 346.16	9 463.33
经营活动产生的现金流量净额	10	-83.60	83.80	294.10	535.35	835.85	1 336.67
二、投资活动产生的现金流量							
收回投资所收到的现金	11						
取得投资收益所收到的现金	12						
处置固定资产、无形资产和其他长期资产所收回的现金净额	13						
收到的其他与投资活动有关的现金	14						

第六章 创业计划

续表

现金流量表（第一年至第六年）							
项目	行次	2014 年	2015 年	2016 年	2017 年	2018 年	2019 年
现金流入小计	15	0.00	0.00	0.00			
购建固定资产、无形资产和其他长期资产所支付的现金	16	20.00			20.00		
投资所支付的现金	17						
支付的其他与投资活动有关的现金	18						
现金流出小计	19	20.00	0.00	0.00	0.00	0.00	0.00
投资活动产生的现金流量净额	20	-20.00					
三、筹资活动产生的现金流量							
吸收投资所收到的现金	21	200.00					
借款所收到的现金	22						
收到的其他与筹资活动有关的现金	23						
现金流入小计	24	200.00	0.00	0.00	0.00	0.00	0.00
偿还债务所支付的现金	25						
分配股利、利润或偿付利息所支付的现金	26						
支付的其他与筹资活动有关的现金	27						
现金流出小计	28	0.00	0.00	0.00	0.00	0.00	0.00
筹资活动产生的现金流量净额	29	200.00	0.00	0.00	0.00	0.00	0.00
四、汇率变动对现金的影响额	30						
五、现金及现金等价物净增加额	31	96.40	83.80	294.10	515.30	853.85	1 336.67
货币资金期末数	32	96.40	180.20	474.30	989.65	1 843.50	3 180.16
货币资金期初数	33	0	96.40	180.20	474.30	989.65	1 843.50
货币资金净增加额	34	96.40	83.80	294.10	515.35	853.85	1 336.67

（摘自洪爱华. LOVSPORTS 公司创业计划书［D］. 厦门：厦门大学，2014.）

拓展阅读

"倾城坊"的创业故事

"大学三年，我印象最深刻的就是这次创业。无论何时回想，它都会是我人生中最有价值的话题，也会是我永远的骄傲。"眼前这个 21 岁的女生，声音温柔又坚定，还带着一点自豪。她，就是"倾城坊美容美妆服务中心"的创始人顾问思。

初入校园，创业萌芽

2014年，顾问思考入湖南化工职业技术学院（下文简称"化工职院"），跋涉千里，从云南来到了株洲。也就在这一年，她开启了自己的创业生涯。

当年9月，顾问思成为化工职院精细化学品生产技术、化妆品营销与实用专业的一名学生。她说之所以会选择这门专业，是因为自己一直有这方面的爱好。初入校园，学校便为新生提供了创业的机会。经过三个月的学习和磨合，由顾问思所在班级的女生共同打造的"美容服务"创业项目从全校30多个项目中脱颖而出，并在第四个月，也就是当年的12月，成功申请进入学校"创业孵化园"，同时注册工商个体户，开始创业。

从那时起，"倾城坊"便诞生了。关于这个名字的由来，顾问思解释道："因为我喜欢古风，追求古典淡雅，我也希望这个项目能让顾客变得'倾国倾城'，这便是'倾城'的由来。至于'坊'，因为我们全班有30多人，大家一起工作，感觉就像古代的一个小作坊。"愿景固然美好，现实却给她设置了重重考验。刚进入创业基地，这个全新的团队就迎来了四个难题：一是团队成员不够稳定；二是专业知识不够牢固；三是发展前景尚不明朗；四是服务技术不知该从何引进。这些问题，带给她们极大的挑战。"那时由于我们手法不精、经验不足，做化妆造型、美甲都很困难，只能简单地做做面部护理，而且要考虑引进哪些美容产品，这也是一个难题。"顾问思回忆，因为这些难题，当初30多人的队伍，最终只剩下了她和另一名同学耿鹅。无疑，两个小姑娘迎来了创业路上最大的挑战。

柳暗花明，蓄势待发

为了摆脱困境，两个女生花了四个多月时间，将这些难题一一解决。她们通过微信、QQ等社交软件进行了市场调研分析，又在百度、美团等网络平台上参考研究了不少美容院的项目，并引进其中好的项目……2015年5月，倾城坊终于迎来了柳暗花明的春天，开始走上坦途。"那时我在校团委担任秘书长一职，学校老师非常支持我们，与其他学生部门的人也很熟络，当时一有大型晚会活动，1 000多人的妆容就全部交给了倾城坊来做。一来是相信我们的技术，二来也是帮助我们。"顾问思回忆，也正是从这时起，她们开始进行大范围的宣传。譬如在校广播站打广告，通过校园电子屏幕播放宣传片，发放传单，平时还会在QQ、微信里进行文案推广，等等。只要坚持，就一定会有收获。倾城坊的生意慢慢变好了，有不少老师、学生上门光顾。她们的美容手法也越来越好，服务技术日益精进，学校600多名女老师中，有100多人成了倾城坊的会员。由于店里生意越来越好，顾问思和耿鹅又找了两个合作伙伴，并聘请了30多个同学兼职做美容师、化妆师、美甲师。倾城坊的队伍再度壮大起来。这一次，顾问思和耿鹅终于赚到了创业以来的第一桶金。

自主研发，从"新"起航

2016年10月，倾城坊从个体户升级为公司。升级后，公司在以往发展模式的基础上，又增加了一个大项目——生产。顾问思说："以往倾城坊引进的是其他厂家的产品，这些产品的安全性我们只能把握百分之五六十，但如果自己生产，就可以保证百分百的安全。"然而，要想自主生产，就必须有一个大的工厂，可作为学生的她们怎么可能拿出如此多的资金呢？就在这时，指导老师祖帅为她们拉起了一条合作红线——2005年毕业的学长杨鹏，通过自主创业、开办工厂，成立了梦彩生物科技公司。在指导老师的牵线搭桥下，倾城坊将梦彩生物科技公司的工厂引入学校，作为倾城坊产品的一个制造商。"具体来说，就是我们提供配方，由梦彩进行代生产、代加工，最后再由我们进行销售服务。"顾问思解释现在，倾城坊已经走上了"美容服务+产品研发"的多方位发展模式。公司产品类型丰富，洗面奶、保湿水、乳液、面霜等全套面部护理产品都由师生自主研发、自主销售。譬如2016年由师生共同研发的一款面膜，不仅在株洲职教城卖得火热，也进入了株洲市的高端美容会所。

"现在我们主打日化产品，后期还会继续研发彩妆类产品。"顾问思展望着。

2016年的湖南黄炎培职业教育奖创业规划大赛，是倾城坊团队迎来的又一次挑战。"之前我们参加过许多比赛，也拿到了一些不错的名次，这次就想挑战一下自己。"抱着这样的念头，倾城坊团队一路过关斩将。但让顾问思没有想到的是，这次比赛也成了她最难忘的一次经历：从株洲到长沙路上有各种各样的难题。服装、造型、讲稿、PPT……所有的细节都必须准备到位。在美容院里，大家齐心协力。"我们五个人，一个写演讲稿，我做PPT，剩下的人就思考评委可能会问些什么问题，或者是我们的项目目前会出现什么问题，指导老师则会给大家进行指导。"顾问思回忆，熬了两天，大家的心都聚在了一起，他们不仅完成了赛前准备工作，默契度也更高了。我们告诉自己，不管是拿一等奖还是二等奖，都必须把最好的一面展示出来。"到了长沙决赛现场，前所未有的大阵仗也让所有成员更加团结。"一条心"，这是顾问思在比赛过程中最深的感触。她说，那时所有人的压力都很大，尽管最终只拿到了二等奖，但大家已经勇敢地去尝试，也做好了自己，还从强大的对手身上看到了自己的不足，从而有了继续努力的决心。

众人划桨，协力开拓

眼下，倾城坊美容美妆服务中心共有顾问思和耿鹅两名股东，以及46名员工。这些员工全是她们的同学。"大家都是学这个专业的，在她们还没有学到技术之前，我们会教授一些手法、服务、流程等，让她们学习运营，再通过课堂进行巩固。这样一来，她们的服务技术就会越来越好。"顾问思还说，每个员工也是倾城坊的"老板"，"我希望她们能把这份工作当成一次创业，等到毕业实习、参加工作，她们就能很快上手。工作能力提高了，也能尽快知道自己的目标"。临近毕业，顾问思和耿鹅正在长沙一家美容公司实习，希望能学到更多的经验，然后运用到自己的事业上。"现在，倾城坊的经营市场主要集中在株洲职教城，校内市场已经得到全面覆盖。下一步，如果能争取到更多资金，我们还会继续扩大经营，争取把客户群体发展到整个株洲市，甚至全省。"

感悟坚持，初心为伴

笔者问："最初30多个同学都放弃了，你却坚持了下来，难道就没有过放弃的想法吗？"顾问思微笑着说："有时候我也会想放弃。但既然老师信任我，让我担起了领衔人的责任，我就不能辜负老师的期望，一定要坚持到最后。虽然过程中会有很多磨难，也会碰到钉子，但这些都是必定要经历的，为什么不提前锻炼自己呢？"就因为这样的信念，顾问思一路坚持下来，也收获了属于自己独一无二的经历与继续前进的动力。她用三个词总结了这段创业历程带给自己的感悟，那便是坚持、改变与幸运。关于坚持，她说："刚进学校时，我听过这样一句话：不是因为一件事有意义才去坚持，而是坚持了才有意义，这句话陪伴了我大学三年。刚进校园时，我没有想过自己的未来规划是什么、想要什么样的生活，但就因为这句话，我有缘进入了学生会，创立了倾城坊，尽管一路走过来有很多压力，但我坚持到了现在。"关于改变，她说："以前每当遇到简单的事情队员却没处理好时，我就会大发脾气，甚至曾把一个刚要磨合好的团队给生生拆散。但现在，若再遇上这样的事，我会首先找出原因，从每个人的立场、角度出发，去找到个平衡点。"关于幸运，她说："我一直觉得，有这样的老师信任、帮助我，有这样的团队支持、鼓励我，无论和谁相比，我都是最幸运的。"

在当前新的经济形势下，创业成功的概率相对较小，创业者只有充满激情，具备创业精神，把生意当作事业来做，未来成长的空间才会更大。有了创业精神和激情，还得有好的商业模式。商业模式必须符合商业逻辑，找到市场存在的盲点机会，发现问题，解决问题，进一步找到自己的核心竞争力，理顺产品和客户的关系，然后建设好的团队去执行、整合资源，同时在市场中找到自己的盈利模式和空间。好的商业模式是能复制并加以推广的，真正好的企业一定是有担当和社会责任感的。有了这些，才能真正做到塑造更好的自己。

实践练习

1. 撰写一份创业计划书，并邀请至少 2 名同学和 1 名创业指导老师进行点评，通过点评意见来完善自己的创业计划书。
2. 组建一支创业团队，参加一次创业设计大赛。

网络资源

创业计划详解：https://zhinan.sogou.com/guide/detail/? id=1610002415

第七章 新创企业创办与管理

■ 学习目标

　　新创企业的管理几乎是每个创业者所必须要面临的问题，为此，我们要系统掌握新创企业管理的理论体系及现实操作。学完本章后，希望同学们做到：掌握新成立企业的法律形式的选择；明确新成立企业注册的程序、步骤；了解企业在组织结构、薪酬体系、文化构建等方面的管理方式；熟知企业可能面临的风险及规避措施；了解企业管理的创新点。

■ 知识要点

　　本章详细描述了新创企业的法律形式的选择及工商税务登记的流程步骤，介绍了企业内部管理的策略，分析了可能遇到的风险及应对措施，最后提出了创新性的管理方式。

案例导入

阿姨帮：一个男人带领一帮阿姨"自我颠覆"（家政O2O）

　　"这是最好的时代，这是最坏的时代；这是智慧的时代，这是愚蠢的时代；这是信仰的时期，这是怀疑的时期。"英国著名作家狄更斯《双城记》里的这段话能贴切地反映当下国内家政O2O的发展气息。

　　阿姨帮创始人万勇2007年毕业于华中科技大学计算机学院，原任360浏览器产品总监，任职期间360浏览器达到市场第一的位置。2013年7月，阿姨帮成立，获数百万人民币天使投资。

　　阿姨帮是一款基于LBS的家政O2O应用，是类似Uber、Homejoy式的垂直平台，力图作为制定服务标准的渠道连接起海量的阿姨和消费者，做成全品类家政服务。用户可通过App、官方网站、电话直接预约家庭保洁、衣物干洗、鞋具护理的服务。一年的发展之后，阿姨帮成为家政O2O代表企业，率先提出建设标准化服务，对阿姨进行员工化管理、年轻化建设，在用户和业界获得良好口碑。阿姨帮于 2014 年 10 月率先完成数千万美元 B 轮融资。

与国内其他家政服务 O2O 公司的普遍做法不同，阿姨帮对小时工采取统一聘任和管理的制度，区别于"中介"的角色，对阿姨进行培训、服务评价的系统管理。这一"重模式"在保障服务质量之余，无疑增添了其运作成本和难度，为实现盈利预留更多不稳定因素。

对此，中国电子商务研究中心助理分析师沈云云认为，家政 O2O 行业看似因市场纷争才起，实则在资本强势进驻的鼓舞下，正酝酿着新型家政消费习惯、市场及资本格局的全面形成。对于家政 O2O 这块"香饽饽"，很多大平台也不甘落后，但阿姨帮有的是更加接地气的服务和更加精细的业务。

（资料来源：王荣，李奕烁. 阿姨帮做家政 O2O 领域的京东［N］. 中国证券报，2015－05－12（23）.）

第一节　新成立企业

一、企业法律形式的选择

新企业创立之前，创业者应该首先确定拟创办企业的法律组织形式。新创企业可采用不同的组织形式，例如创业者个人独立创办的个人独资企业，或者由创业者团队创办的合伙制企业，或者成立以法人为主体的有限责任公司和股份有限公司。对创业者而言，各种法律组织形式没有绝对的好坏之分，各有利弊。但无论选择怎样的形式，都必须根据国家的法律法规要求和新创企业的实际情况，科学衡量各种组织形式的利弊，决定合适的组织形式。

在 1999 年 8 月 30 日中华人民共和国第九届全国人民代表大会常务委员会第十一次会议通过《中华人民共和国个人独资企业法》之后，2005 年 10 月第十届全国人民代表大会第十八次会议和 2006 年 8 月 27 日第十届全国人民代表大会第二十三次会议分别通过了新《中华人民共和国公司法》和《中华人民共和国合伙企业法》，2013 年 12 月 28 日第十二届全国人民代表大会常务委员会第六次会议通过《中华人民共和国公司法》的第三次修订。至此，我国企业法律形式基本上与国际接轨。

1. 个人独资企业

个人独资企业是最古老也是最常见的企业法律组织形式。个人独资企业又称个人业主制企业，是指依法设立，由一个自然人投资、全部资产为投资人所有的营利性经济组织。当个人独资企业财产不足以清偿债务时，选择这种企业形式的创业者须以其个人其他财产予以清偿。在各类企业当中，该类企业的创设条件最简单。根据《中华人民共和国个人独资企业法》，申请设立个人独资企业应满足的条件如下：

（1）投资人是中国公民；

（2）有合法的企业名称；

（3）有投资人申报的出资；

（4）有固定的场所和必要的生产经营条件；

（5）有必要的从业人员。

个人独资企业的成功与否依赖于所有者个人的技能和能力。当然，所有者也可以雇用那些有其他技能和能力的员工。

2. 合伙企业

根据《中华人民共和国合伙企业法》，"合伙企业"是指依法在中国境内设立的、由各合伙人订立合伙协议，共同出资、合伙经营、共享收益、共担风险，并对合伙企业的债务承担无限连带责任的营利性组织。合伙企业一般无法人资格，不缴纳所得税，只缴纳个人所得税。其类型有普通合伙企业和有限合伙企业，两者最大的区别在于有限合伙企业有普通合伙人和有限合伙人两种不同的所有者。其中，普通合伙人对合伙企业的债务和义务负责，而有限合伙人仅以投资额为限承担有限责任，但后者一般不享有对组织的控制权。另外，普通合伙企业合伙人可以用货币、实物、知识产权、土地使用权或者其他财产权利出资，也可以用劳务出资，而有限合伙企业有限合伙人不得以劳务出资。以下主要介绍普通合伙企业。

除了要有合伙企业的名称、经营场所以及从事合伙经营的必要条件，设立合伙企业还应当具备以下几个条件：

①有两个以上合伙人，合伙人应当具备完全民事行为能力，且都是依法承担无限责任者。

②合伙人应订立书面合伙协议，协议载明企业的名称、地点、经费范围、合伙人出资额和权责情况等基本事项。

③合伙人应当按照合伙协议约定的出资方式、数额和缴付出资的期限，履行出资义务。上述出资应当是合伙人的合法财产及财产权利。合伙人以劳务出资的，其评估办法由全体合伙人协商确定。

3. 有限责任公司和股份有限公司

公司是现代企业中最主要的企业形式。它是指一般依法设立的，有独立的法人财产，以盈利为目的的企业法人。所有权与经营权分离，是公司制的重要产权基础。与传统"两权合一"的业主制、合伙制相比，创业者选择公司制作为企业组织形式的一个最大特点就是仅以其所持股份或出资额为限对公司承担有限责任；另一个特点是存在双重纳税问题，即公司盈利要上缴公司所得税，创业者作为股东还要上缴企业投资所得税或者个人所得税。根据《中华人民共和国公司法》（以下简称《公司法》），我国的公司分股份有限公司和有限责任公司（包括一人有限责任公司）两种类型。

有限责任公司，简称有限公司，是指根据《中华人民共和国公司登记管理条例》规定登记注册，由五十个以下的股东出资设立，每个股东以其所认缴的出资额对公司承担有限责任，公司以其全部资产对其债务承担责任的经济组织。除了要有固定的生产经营场所和必要的生产经营条件之外，创业者设立有限责任公司还应具备下列条件：

①股东符合法定人数。我国《公司法》第二十四条规定有限责任公司由 50 个以下股东出资设立。

②股东出资达到法定资本最低限额。一般有限责任公司注册资本的最低限额为人民币 3 万元，而一人有限责任公司的注册资本最低限额为人民币 10 万元，且全体股东的货币出资

金额不得低于有限责任公司注册资本的百分之二十。

③股东共同制定公司章程。法律规定有限责任公司的章程应当载明的事项包括：公司名称和住所；公司经营范围；公司注册资本；股东的姓名或名称；股东的权利和义务；股东的出资方式和出资额；股东转让出资的条件；公司的机构及其产生的办法、职权、议事规则；公司的法定代表人；公司的解散事由和清算办法；股东认为需要规定的其他事项。

④有公司名称，建立符合有限责任公司要求的组织机构。要有固定的生产经营场所及必要的生产经营条件，股份发行、筹办事项要符合法律规定。

二、企业的工商、税务登记

2014年7月国务院发布《关于促进市场公平竞争维护市场正常秩序的若干意见》倡导"三证合一"，改革市场准入制度。2015年10月1日起，实行营业执照、组织机构代码证和税务登记证三证合一制度。所谓"三证合一"，就是将企业依次申请的工商营业执照、组织机构代码证和税务登记证三证合为一证，提高市场准入效率；"一照一码"则是在此基础上更进一步，通过"一口受理、并联审批、信息共享、结果互认"，实现由一个部门核发加载统一社会信用代码的营业执照。

按照现行法律法规，创业者注册新公司需要遵循一定的流程，并需要到相应的政府部门登记审批。

1. 公司核名

注册公司第一步就是公司名称审核，即查名。创业者需要通过当地工商行政管理局网上服务平台进行公司名称注册申请，由工商行政管理局3名工商查名科注册官进行综合审定，给予注册核准，并发放盖有当地工商行政管理局名称登记专用章的"企业名称预先核准通知书"。

此过程中申办人需提供法人和股东的身份证复印件，并提供2~10个公司名称，写明经营范围、出资比例。公司名称要符合规范，例如，北京（地区名）+某某（企业名）+贸易（行业名）+有限公司（类型）。

2. 经营项目审批

如新创企业的经营范围中涉及特种行业许可经营项目，则需报送相关部门报审盖章。特种许可项目涉及旅馆、印铸刻字、旧货、典当、拍卖、信托寄卖等行业，需要消防、治安、环保、科委等行政部门审批。特种行业许可证办理，根据行业情况及相应部门规定的不同，分为前置审批和后置审批。

3. 公司公章备案

企业办理工商注册登记过程中，需要使用图章，由公安部门刻出。公司用章包括公章、财务章、法人章、全体股东章、公司名称章等。

4. 申请三证联办

"三证"包括工商营业执照、税务登记证、组织机构代码证，需到工商局相关部门办理。应提供的材料有名称（变更）预先核准申请书原件、法人代表身份证原件及复印件、公司或企业章程原件及复印件、房产证明复印件并加盖产权单位公章或产权人签字、内资申请书产权人签字或盖章、申请多证联办（三证合一）指定（委托）书、指定委托书等。

5. 银行开户

新创办企业需设立基本账户，企业可根据自己的具体情况选择开户银行。银行开户应提供的材料包括营业执照正本、组织机构代码证正本、法人身份证、公司公章/法人章/财务专用章、国地税务登记证正本等。

三、创办企业应注意的伦理问题

创业伦理是创业者在开拓市场、资本积累、互惠互利、协同合作、个人品德、后天修养等方面的一些行为准则。创业者组建一个新企业后，势必要进入市场竞争的圈子，相应地，也要遵守这一圈子所共同维护的行为规范。当一个创业者成长为一个企业家时，他会越来越重视自己在社会中的形象，并开始注重自身的伦理和自己企业的伦理建设。毕竟，没有哪个企业愿意和一个臭名在外、不讲诚信的公司进行合作。

1. 创业者与原雇主之间的伦理问题

不少新企业是人们辞职创建的。在辞职进行创业后，一些创业者出乎意料地发现，自己已置身于受前雇主公司敌对的境地。以下是辞职时必须遵循的两个重要原则：

（1）职业化行事。

首先，雇员恰当地表露离职意图十分重要，同时，在离职当天，雇员应处理完先前分配的所有工作。急不可耐的离职会让雇主十分恼火，而且雇员不应该在最后几天的工作中忙于安排创办企业事宜，这些并非职业化的行事风格，也是对当前雇主的时间与资源的不恰当使用。如果雇员打算离职后在同一产业内创业，至关重要的是，他不能带走属于当前雇主的资料信息。雇主有权利防止商业机密失窃（如客户清单、营销计划、产品原型和并购战略等），或阻止商业机密从办公室向雇员家里的非正当转移。根据所谓公司机会原则，关键雇员（如高级职员、董事和经理）和技术型雇员（如软件工程师、会计和营销专家）负有对雇主忠诚的特殊责任。当雇员把属于雇主的机会转为己有时，公司机会原则经常会直接出面干预。在职期间，雇员可以利用下班时间策划如何与雇主竞争，但决不允许窃取雇主机会；只有当雇佣关系终止后，雇员才能说服其他同事到新企业工作，或真正开创一家与雇主竞争的企业。

（2）尊重所有雇佣协议。

对准备创业的雇员来说，充分知晓并尊重自己曾签署的雇佣协议至关重要。在一般情况下，关键雇员都签署了保密协议和非竞争协议。保密协议是雇员或其他当事人（如供应商）所做的不泄露企业商业秘密的承诺，这要求雇员在职期间甚至离开公司之后，都必须严格遵守该协议。非竞争协议则规定了在特定时间段内，个人禁止与前雇主相竞争。如果签署了非竞争协议，要合理地离开公司，雇员就必须遵守相关协议。

2. 创业团队成员之间的伦理问题

创建者之间就新企业的利益分配以及对新企业未来的信心达成一致非常重要。对创业者团队来说，易犯的错误就是因沉迷于开办企业的兴奋之中而忘记订立有关企业所有权分配的最初协议。创建者协议（或称"股东协议"）是处理企业创建者间相对的权益分割、创建者个人如何因投入企业"血汗股权"或现金而获得补偿、创建者必须持有企业股份多长时间才能被完全授予等事务的书面文件。以下列出了创建者协议所包含的主要内容：

（1）未来业务的实质。

（2）简要的商业计划。

（3）创建者的身份和职位头衔。

（4）企业所有权的法律形式。

（5）股份分配（或所有权分割）方案。

（6）各创建者持有股份或所有权的支付方式（现金或血汗股权）。

（7）明确创建者签署确认归企业所有的任何知识产权。

（8）初始运营资本描述。

（9）回购条款，明确当某位创建者因病逝世或退出出售股份时的处理方案。

通常，创建者协议的重要议题涉及某位创建者逝世或决定退出带来的权益处理问题。大多数创建者协议都包含一个回购条款，该条款规定，在其余创建人对企业感兴趣的前提下，法律规定打算退出的创建人有责任将自己的股份出售给那些感兴趣的创建人。在大多数情况下，协议还明确规定了股份转让价值的计算方法。回购条款的存在至关重要，这是因为：第一，如果某位创建者离开，其余创建者需要用他或她的股份来寻求接替者；第二，如果某位创建者因为不满而退出，回购条款就给其余创建者提供了一种机制，它能保证新企业股份掌握在那些对新企业前途充分执着的人手中。

3. 创业者和其他利益相关者之间的伦理问题

创业者和其他利益相关者之间的伦理问题涉及以下几个方面：

（1）人事伦理问题。这些问题与公正公平对待现有员工和未来员工有关。不符合伦理的行为范围非常广泛，从招聘面试中询问不恰当问题到不公平对待员工的方方面面，其根源可能是因为他们在性别、肤色、道德背景、宗教等方面有所不同。

（2）利益冲突。这些问题与那些挑战雇员忠诚的情景有关。例如，如果公司员工出于私人关系，以非正常商业理由将合同交给其朋友或家庭成员，这就是不恰当的行动。

（3）顾客欺诈。这个领域的问题通常出现在公司忽视尊重顾客或公众安全的时候，例如做误导性广告、销售明知不安全的产品等。

第二节　企业的内部管理

管理是伴随着企业整个生命周期的活动，在企业发展中发挥着至关重要的作用，其目的是协调好人力、物力和财力资源以使得整个组织活动更加富有成效。其中，企业进行内部管理的途径主要是组织构建、薪酬体系以及企业文化建设，目的在于强化组织凝聚力、加强部门间的合作、提高组织的执行力，有利于企业的长远发展。

一、组织结构的选择

组织结构,是指在组织理论指导下,为了实现组织目标,经过组织设计形成的组织内部各部门、各层次之间固定的排列形式,即组织内部的构建方式。

企业组织结构的类型是多种多样的,没有任何一种组织机构模式对所有企业都适用。企业设置组织结构必须结合自己企业的文化背景、发展战略、经营策略等多方面的实际,选择最适合本企业的组织结构模式。企业组织结构一般有以下几种形式:

1. 直线型

直线型组织结构,是指上下级职权关系贯穿于组织的最高层到最低层,从而形成一种指挥链的组织结构形式。直线型组织结构是最简单、最古老的一种组织结构形式。在这类组织中,各种职务按垂直体系直线排列,各级主管拥有对下属的直接领导权,每一员工只能向一个直线上级汇报,组织中不设置专门的职能部门。在直线型组织结构中,管理者的职责与职权直接对应组织目标。

适用范围:没有实行专业化管理的劳动密集、机械化程度较高、规模较小的企业。

2. 职能型

职能型组织结构,是指各级行政单位除设置主管负责人之外,还相应地设立部分职能机构。在组织中按照专业以及分工设置职能部门,各部门在自身业务范围内有向下级发布命令的权利,每一级组织不仅要服从上级的指挥,还要听从各职能部门的指挥。企业采用这类结构目标在于提高企业内部效率以及技术专业化程度,适合外部环境相对稳定、技术相对成熟、跨职能部门间依存程度不高的小型或中型企业。但这种结构也存在明显的缺点:它妨碍了统一领导和集中指挥,容易导致多头领导;在中级管理层容易出现"有功大家抢,有过大家推"这类现象;当上级行政领导和职能机构的命令和指导发生冲突时,下级无法得到明确的命令,容易造成纪律松弛、生产管理秩序混乱。由于这种组织结构拥有突出的缺陷,现代企业一般都不采用职能型组织结构。

适用范围:中小型企业。

3. 直线-职能型

直线-职能型,也被称作生产区域制,或直线参谋制度。它是在吸取了直线型和职能型这两者优点的基础上建立起来的。目前,绝大多数企业都采用这种组织结构形式。在这种组织结构形式中,企业管理机构和人员分为两类,一类是直线领导机构及人员,其按照命令统一原则对各级组织行使指挥权;另一类是职能机构及人员,其按照按专业化原则,从事组织的各项职能管理工作。其中,直线领导机构及人员在自身责权范围内有一定的决定权以及对所属下级的指挥权,此外,其需要对自己部门的工作承担全部责任。而职能机构及人员,则只能作为直线指挥者的参谋者,不能对直线部门发号施令,只能够对直线部门进行业务上的指导。

适用范围:劳动密集、规模较大、重复劳动多的中大型企业。

4. 矩阵型

矩阵型组织结构,是指把按照职能划分的部门和按照产品划分的部门综合起来构成一个矩阵的组织结构形式。在这类组织中，产品经理和职能经理拥有同样的职权，同一名员工在与原职能部门保持组织上与业务上联系的同时，又要参与到产品或项目小组的工作中。矩阵型通常适用于从事项目管理的企业，为完成某一项目，从各职能部门抽调人员组成项目小组，当项目完成后，项目小组内各人员重新分配工作，项目经理不复存在。在这种结构中，一个员工对应一个上级的传统原则被打破，一个员工可以属于两个甚至两个以上的部门，多数员工要同时向两个经理负责，一方面要服从项目的管理，另一方面要服从公司各个职能部门的管理，从而形成一种矩阵形式。

适用范围：矩阵型组织结构适用于一些员工素质较高、技术复杂、需要集中各方面专业人员集体攻关某一项目的企业，如研发型企业、软件公司、工程企业、航天航空企业等。

5. 事业部型

事业部型结构也称产品部式结构和 M 型组织结构。在 20 世纪 20 年代，美国管理学家斯隆针对企业多元化经营带来的复杂问题，在产品部门化的基础上提出了这种组织结构。最早采用这种组织结构的是美国的通用汽车公司。在经过多年的不断完善后，事业部型组织结构最终形成目前相对标准化的分权式结构。其所实行的分权化管理，就是指在企业的统一领导下每个事业部负责本部的生产、销售等全部活动，形成各自的利润负责中心，且有较大的生产经营权。在这种结构中，各个事业部独立经营、独立核算，且其均有自己的产品和特定的市场，拥有自己的经营自主权。但事业部不是法人，也不是独立的公司，它不能独立签订合同，要在获得公司委托的前提下才能签订合同。

事业部型适合规模大、产品多、市场分散的企业。例如，"美的"所开展的事业部改造，在"美的"于市场中遭遇败绩时，高层反复商讨和论证，最终决定建立事业部型组织结构。"美的"将各个事业部逐一从主体业务中分离出来，建立起事业部体系，使得"美的"如今能够在国内家用电器市场拥有很大的话语权。此外，中国几个大的家电企业，像"海尔""联想""长虹"大部分实行事业部制。

二、薪酬体系的构建

1. 薪酬的含义

薪酬是企业对员工为组织所做贡献的一种回报，可以看作是员工与企业之间的一种交易行为。员工向企业付出了劳动，企业为员工提供相应的货币或非货币的报酬。

薪酬可分为直接薪酬和间接薪酬，其中直接薪酬主要包括基本工资、奖金、补贴与津贴、股权，间接薪酬则主要指福利。

（1）基本工资。根据员工提供的劳动数量和质量及其所在职位、能力、价值核定，按照一定标准支付的劳动报酬，是工资额的基本组成部分，这是员工工作稳定性的基础，是员工安全感的保证。基本工资又分为基础工资、工龄工资和职位工资等。

（2）奖金。奖金是对员工超额劳动的报酬，常见的有全勤奖金、生产奖金、年终奖金、效益奖金等。

（3）津贴与补贴。津贴与补贴是指员工在特殊劳动条件下、工作环境中额外劳动消耗和生活费额外支出的工资补充形式。通常把与工作相关的补偿称为津贴，把与生活相关的补偿称为补贴。常见的有岗位津贴、加班津贴、轮班津贴等。

（4）股权。以企业的股权作为员工薪酬，可以看作是企业的一种长期激励手段，有助于提高员工的工作积极性，能够使其为实现企业长期利润的最大化而努力。

（5）福利。福利是员工的间接报酬，指的是照顾职工的生活利益，包括健康保险、带薪假期、文化娱乐设施等。

2. 薪酬的作用

一个完整的薪酬体系，应该同时具有以下三方面的作用：

（1）保障作用。保障作用主要通过基本工资来体现，企业给予员工的薪酬至少能够保障其基本生活需要，维持家庭生活与发展，不然则会影响员工的基本生活，进而对社会劳动力的生产和再生产造成一定影响。

（2）激励作用。一个完善且具有竞争力的薪酬体系能够更有效地吸引人才，能更加充分地调动员工的积极性。激励作用主要体现在薪酬结构中相对灵活的部分，与基本工资等相比，奖金和股权无疑更加具有激励作用。

（3）调节作用。通过向员工提供各类保险和福利待遇，企业可以有效增强员工对企业的信任感和依赖感，从而提高企业凝聚力，形成良好的组织氛围。

3. 影响薪酬的因素

薪酬体系的构建会受到诸多因素的影响，企业在具体实施时，应根据实际情况，全盘考虑做出合适的选择。影响薪酬的因素可以归纳为以下三类：

（1）外部因素。包括政府法令、经济、社会、工会、劳动市场、团体协商、生活水平等。

（2）内部因素。包括财务能力、预算控制、薪酬政策、企业规模、比较工作价值、竞争力、公平因素等。

（3）个人因素。包括资历、绩效、经验、教育程度、发展潜力等。

具体来讲，影响企业薪酬体系构建的因素主要有劳动力市场、企业战略、职位、资质和个人绩效五个方面：

（1）劳动力市场。劳动力市场的供求状况会影响薪酬水平。

（2）企业战略。企业的总体战略决定了薪酬支付的总体水平、结构以及方式。

（3）职位。员工职位所对应的工作复杂程度、责任大小以及任职资格等是决定员工薪酬水平的重要因素。

（4）资质。指的是员工所具有的知识、技能、个性以及经验等能有效驱动其取得优秀工作绩效的各种特性。

（5）个人绩效。员工的个人绩效反映员工对个人工作的完成度以及对目标的实现程度，是衡量员工在组织中贡献的重要因素。

4. 薪酬设计的步骤

构建薪酬体系必须根据企业的实际情况，与企业的战略和文化紧密结合，系统全面地考虑各方面因素的影响。同时，薪酬体系的设计应体现对内的公平性和对外的竞争性，关注绩效等激励性因素，对人力资源做出最有价值的应用，以充分发挥薪酬体系在企业发展中的积极作用。

（1）薪酬调查。进行企业薪酬现状调查、薪酬影响因素调查以及行业薪酬水平调查，调查的目的在于提高企业薪酬的对外竞争力。

（2）薪酬定位。分析同行业的薪酬数据后，根据本企业的具体情况选用不同的薪酬水平。

（3）确定薪酬原则和策略。在充分了解企业薪酬现状的基础上，确定本企业薪酬的分配依据，进而确定分配原则与策略。

（4）职位分析。职位分析是构建薪酬体系的基础性工作。明确部门职能和职位关系，进行岗位职责分析，形成职位说明书。

（5）岗位评估。岗位评估的重点在于解决薪酬体系的对内公平性问题。一方面，能够比较企业内部各职位的相对重要程度，给职位排定等级；另一方面，建立统一的职位评估标准，使不同职位之间具有可比性，为实现薪酬分配的公平性奠定基础。

（6）薪酬结构设计。由于各个企业所关注的内容不同，这就使得企业在构建薪酬体系时所采取的策略和原则会有所差别。企业在进行薪酬体系设计时往往会考虑职位层级、所属职系、员工技能和资历以及绩效等多方面因素。

（7）薪酬体系的实施与修正。对总体薪酬水平做出准确的预算，在具体实施过程中，通过修正来不断完善薪酬体系。

三、企业文化的构建

1. 企业文化的内涵

企业文化是指企业中形成的一种人们所共有的经营理念、信仰和行为准则，是企业中所有员工的一种集体价值观。企业文化能够在企业中营造一种和谐、轻松、积极、具有浓厚感情色彩的文化氛围，能够有效增强团队成员的责任感，使员工树立起团队意识以及与企业荣辱与共的信念。

企业文化就像企业中一只"无形的手"，在无形中支撑着企业的发展和壮大。现代企业不仅是生产产品、创造财富的经济实体，还是由人聚合而成的集体。人群的活动必然造就文化，在企业的经营活动中也是如此，"企业文化"应运而生。现代企业文化理论的诞生是世界经济发展和管理变革的必然趋势。

2. 企业文化的构成

企业文化由显性和隐性两部分内容构成：企业文化中的显性部分指的是组织标志、厂服、商标、工作环境、规章制度、经营管理行为等；企业文化中的隐性部分指的则是组织哲学、价值观、道德规范、组织精神等。为了更好地理解企业文化的整体内容，我们具体分四个层次对企业文化进行分析和研究，即物质层、行为层、制度层和精神层。

（1）物质层。

物质层文化是企业文化中最直观、最表象的部分，它包括企业的产品、生产经营过程，以及企业环境、企业容貌、企业广告等人们可以直接看到、接触到的物化部分。企业的产品是企业文化物质层中最重要的组成部分，这种产品包括有形产品和无形服务。有形产品包括产品实体、质量、特色、品牌和包装；无形服务包括产品给购买方带来的附加利益以及信任感的售后服务、产品保障、产品声誉等。

（2）行为层。

行为层文化，又称企业行为文化，指的是企业员工在生产经营、学习娱乐中产生的活动文化。其主要包括企业经营、人际关系活动、教育宣传、文娱体育活动中产生的文化现象。它能够动态地展现企业经营作风、精神面貌以及人际关系，也是企业精神和企业价值观的折射。可将其大致分为企业家的行为、企业模范人物行为以及企业员工行为。

（3）制度层。

制度层文化，是指具有本企业文化特色的各类规章制度、道德规范和员工行为准则的总和。制度层在企业文化中处于中层位置，相当于精神与物质的中介。企业制度文化必须适应精神文化的需要，人们总是在正确的价值观引导下去建立企业制度，使企业制度与组织目标相适应，进而能够保障企业战略目标的实现。反过来，企业制度文化又是企业精神文化的基础和载体，成型的企业制度会影响人们对于新的价值观的选择，从而为新的精神文化的诞生奠定基础。

此外，企业制度文化也是企业行为文化得以贯彻的保证，企业制度的确立能够有效保障员工行为的合理性与严谨性，体现企业良好的经营作风与精神面貌。

（4）精神层。

精神层文化是指组织员工长期形成并共同接受的思想意识活动，是一种深层次的文化现象，包括组织目标、组织哲学、组织精神、组织道德以及组织宗旨等。

精神层是企业文化的源泉，是企业文化的核心和灵魂所在。企业精神不仅能反映出与生产经营密切相关的企业本质特征，而且能反映企业的经营宗旨和发展方向，以及组织存在的价值及其对社会的承诺。

3. 企业文化构建的原则

企业文化通常是在某种生产经营环境中，为适应企业生存和发展的需要，由企业内少数人倡导和实践，经过较长时间的传播，在规范管理的基础上逐步形成的。企业文化的建立一般都要经历一个完善、定型和深化的过程，且新的思想和观念需要不断实践，只有在长期实践中不断运用集体智慧对企业文化进行补充和修正，才能使其逐步趋于明确和完善。企业文化构建必须坚持以下原则：

（1）树立正确的企业价值观。

企业价值观是以企业为主体的价值观念，不仅是企业文化的核心，也是企业的导向。企业文化所包含的所有内容都是在价值观的基础上产生的，企业的所有活动也都是在企业价值观的指导下开展的。

构建企业文化，首先要树立正确的、独特的企业价值观，这种价值观必须能够反映企业自身的利益和员工利益，在企业中发挥凝聚力和向心力的作用。正确的价值观能够调动员工的积极性，使其将个人利益与企业利益结合起来，为实现企业目标共同奋斗。

（2）适应时代发展，与时俱进。

不同的时代带来的是不同的时代精神，企业文化也要与时俱进，能够反映时代的变化。随着时代变迁，社会环境不断变化，企业文化随之也要有所创新，以适应政策的需要和时代的变革。例如，我国目前大力加强生态文明建设，环境效益已经成为发展中不可忽略的部分，企业在确立自己的企业文化时，必须要准确地把握这类时代特征，顺应时代潮流。

（3）明确企业目标。

企业目标是企业战略的最终体现，是企业文化的具体化表现。一个具有明确目标的企业，才会有感召力和吸引力，才能有效引导员工。目标的制定必须具体、明确、切合实际，正确的目标是全体员工共同奋斗的目标，能够把员工团结起来，提升企业凝聚力，成为企业文化强有力的支撑。

（4）集体参与。

企业文化并非单靠领导者的力量就能形成。作为一种文化，它是一种群体意识，只有引起全体员工的共鸣，得到所有员工的认同，才能真正形成一种企业文化。没有集体的参与，企业文化只会是毫无号召力的一纸空文。企业文化的形成与完善过程，也就是企业文化在员工中推广的过程。

（5）保证企业文化的独特性。

企业在业务、行业环境、员工素质以及国度等方面存在差异，这使得产生的企业文化必然也是各式各样的。企业在进行文化建设时，必须保持自己企业的个性特点，不能千篇一律地挪用别人的东西。保持自身企业的特点，才能在竞争中独辟蹊径，树立起引人注目的企业形象。例如，"海底捞"改变传统餐饮行业中标准化、单一化的服务，提倡个性化的特色服务，用细致入微的服务树立起独特的企业形象，扩大了企业的知名度以及在行业内的影响力。

（6）继承传统，取其精华，去其糟粕。

企业文化的形成并非一日之功，在企业文化发展的过程中，会留下许多优良的、独特的传统。企业要长久地发展下去，也需要保持传统的延续。如"可口可乐""雀巢"等企业的品牌文化以及企业的传统精神，大都是经过长期积淀而形成的企业的宝贵财富。传统是企业精神的一种延续，对待企业文化也应当采取批判继承的态度，对企业精神进行提炼和升华，不断完善企业文化。

第三节　企业的风险管理

创业过程需要承担包括负债、资源投入、新产品和新市场的引入以及关于新技术的投资等的各种风险，而承担风险的同时也代表着把握机会。从财务角度看，高报酬往往意味着高风险。德鲁克在《创新与企业家精神》一书中指出，成功的创业者不是盲目的风险承担者，他们采用各种方法降低风险，以加强竞争能力。

一、创业风险的构成与分类

1. 创业风险

创业风险是指在企业创业过程中存在的风险，是指由于创业环境的不确定性、创业机会与创业企业的复杂性，创业者、创业团队与创业投资者的能力与实力的有限性而导致创业活动偏离预期目标的可能性。创业风险主要指在创业过程中所面临的三个问题：其一，可能造成的损失；其二，损失造成的影响；其三，这些损失的不确定性。

创业风险主要有以下几个特点：

（1）客观存在性。

在创业过程中，由于内外部环境的不确定性，变化的环境因素会对创业活动产生正面或负面的影响，导致创业活动可能偏离预期的目标，所以说创业风险的存在是客观的。它要求创业者认识企业成长发展规律及其风险，并以科学的方法应对创业过程中的各种风险。

（2）不确定性。

创业的过程往往是指创业者一个"创意"或是创新技术市场化的过程。在这一过程中，创业者面临来自外部和内部的各种难以预知的变化，如政策和法规的变化、遭遇市场竞争对手的排斥、供应商或消费者的变化、出资方资金不及时到账、创业团队成员目标不同而散伙等，导致创业的失败。

（3）相对性。

创业风险总是相对于项目活动主体而言的，同样的风险对于不同的主体有不同的影响。创业者的风险承受能力主要受收益的大小和投入的大小影响。

（4）可变性。

当创业的内部与外部环境发生变化时，必将引起创业风险的变化。主要包括创业过程中风险性质的变化、风险影响发生的变化以及出现新的风险三个方面。

（5）可识别性和可控性。

风险是可识别的，因而也是可以控制的。首先可根据过去的相关资料来判断某种风险发生的可能性与造成的不利影响的程度，之后通过适当的对策来回避风险，或降低风险发生的损失程度。

2. 创业风险的构成和来源

构成风险的主要要素包括风险因素、风险事件、风险损失三个方面。

（1）风险因素。

风险因素是指增加风险事故发生的频率或严重程度的任何事件。风险因素从形态上可以分为物的因素和人的因素。如生产线上的关键设备故障为物的因素，违背法律、合同或道义上的规定，发生的行为给他人造成财产损失或人身伤害为人的因素。

（2）风险事件。

风险事件也称风险事故，是指酿成事故和损失的直接原因和条件。风险事件是风险因素综合作用的结果，既是产生风险损失的原因，也是风险损失的媒介物。

（3）风险损失。

风险损失是指非故意的、非预期的和非计划的经济价值的减少和灭失，包括直接损失和间接损失。直接损失包括财产损失、收入损失、费用损失等；间接损失包括商业信誉、企业形态、业务关系、社会利益等损失，以及由直接损失而导致的二次损失。

3. 创业风险的分类

（1）按照内容划分，创业风险可分为政治风险、市场风险、技术风险、生产风险、管理风险和经济风险。

①政治风险是指由于战争、国际关系变化或有关国家政权更迭、政策改变而导致创业者或企业蒙受损失的可能性。

②市场风险是指由于市场情况的不确定性导致创业者或创业企业损失的可能性。

③技术风险是指由于技术方面的因素及其变化的不确定性而导致创业失败的可能性。

④生产风险是指创业企业提供的产品或服务从小批试制到大批生产的风险。

⑤管理风险是指因创业企业管理不善产生的风险。

⑥经济风险是指由于宏观经济环境发生大幅度波动或调整而使创业者或创业投资者蒙受损失的风险。

（2）按引发风险的环境因素划分，可分为系统风险和非系统风险（见表7-1）。

表7-1 系统风险和非系统风险

风险类别	风险构成	具体内容
系统风险	政策法规风险	创业政策的支持程度、相关法律法规健全程度
	宏观经济风险	宏观经济状况、经济景气指数变动、通货膨胀
	金融与资本市场风险	利率变动情况、创业信贷、资本市场规模与健全程度
	社会风险	社会认可度、中介服务机构以及基础设施完善程度
非系统风险	技术风险	研发风险、商业化风险、技术淘汰风险
	生产风险	生产工艺与设备、生产资源获取的难度、资源配置的合理程度
	财务风险	融资风险、追加投资风险、财务管理风险
	管理风险	经营决策和战略规划的合理性、管理层的综合素质和能力、企业管理制度的科学性和合理性
	人员风险	流动性风险、契约风险、道德风险

其中，创业的系统风险是指由于创业外部环境的不确定性引发的风险，是创业者和企业无法控制或无力排除的风险，比如政府政策、宏观经济以及社会文化等带来的风险。这类风险是创业者无法控制或抑制的，只能在创业过程中设法规避。

非系统风险是指非外部因素引发的风险，即与创业者、创业投资者和创业团队有关的不确定性因素引发的风险。非系统风险可以通过创业各方的主观努力而控制或消除，如技术风险、管理风险、市场风险等，对于这类风险，创业者则需要千方百计地设法加强控制。

二、风险防范的可能途径

1. 系统风险防范

（1）创业前的风险防范。

第一，要了解各地各级政府的相关创业优惠政策。为支持不同的创业人群，国家和地方各级政府出台了多项优惠政策，涉及融资、开业、税收、创业培训、创业指导等诸多方面。

第二，要了解国家相关法律法规，避免以投机心理和冒险行为替代理性的法律思维。只有懂法、守法，并依法保护自己的合法权益，才能确保创业者的创业行动稳健与长久。

第三，要正确选择创业方向。创业者在创业前要做好市场调研，在了解市场需求和预测市场未来发展方向的基础上选择正确的创业方向，充分了解相关行业的发展规律和未来前景、经济变化趋势、行业发展趋势、市场竞争状况。

（2）创业过程中的风险防范。

防范非系统风险主要需要创业者保持与外界的信息获取和沟通。首先，创业者需要实时了解国家政策、经济发展状况以及法律法规的最新变动情况；同时，要掌握所在行业最近的技术革新信息。

由于企业外部环境风险的客观性，创业者必须在企业内部建立一套应对环境风险的预警管理系统，以监测与评估外部环境对企业的影响以及明确企业面临或可能面临的不利环境因素。这样就可以建成防范企业外部环境风险的有效机制，确保企业处于一个相对安全的环境之中。

2. 非系统风险防范

（1）创业前的风险防范。

第一，调整心态。创业者要做好面对创业困难坚持不懈努力的心理准备。学会以良好的心态去面对失败，及时总结错误，吸取教训，绝不气馁，就能够找到成就事业的新起点。

第二，积累创业经验。对于创业者而言，一方面在明确创业目标之后，要去与新创企业相关的企业学习或实习，积累经营管理经验；另一方面，应积极参加创业培训，了解市场变化和行业信息，接受专业指导，积累创业知识，提高创业成功率。

第三，准备资金，多渠道融资。除银行贷款、自筹资金、民间借贷等传统途径外，也要充分利用风险投资、天使投资、创业基金等融资渠道。

第四，锻炼能力。很多初次创业者在技术上出类拔萃，而理财、营销、沟通、管理方面的能力明显不足。要想创业获得成功，创业者必须技术和管理两手抓。

（2）创业过程中的风险防范。

第一，提高管理能力。管理是否合理和科学直接关系到企业的生存和发展。管理风险的防范可以归结为：①建立创新激励机制；②建立人才储备机制；③构建法人治理结构。

第二，防范市场风险。市场风险是导致创业企业失败的最主要因素之一。对于新创企业来说，由于市场本身所具有的不确定性，所以开拓市场是一项具有挑战性的事业。具体的防范可从以下三方面入手：①加强营销队伍建设，缩短市场接受时间；②强化市场战略，增强企业竞争力；③建立市场导向，完成"产""销"预算。

第三，建立有效的财务预警机制。分析导致企业失败的管理失误和波动，运用财务安全指标来预测企业财务危机，有效解决资金的可获得性和持续支持，提高资金使用效率，并不断调整自身，从而达到摆脱财务困境的目的。

第四，强化技术风险的防范意识。技术风险防范就是指决策者对技术风险进行识别、预测，并采取有效措施进行回避、转移、削减的行为。应该借鉴"木桶原理"保证整个技术系统的均衡性，主要从风险回避、风险转移和风险削减三个方面来进行。

三、创业者风险承担能力的估计

德鲁克指出,成功的创业者不是盲目的风险承担者,他们通过市场调查、风险评估等方法来降低不确定性,增强市场竞争力。

1. 创业者风险承担

创业者风险承担是指创业者在不确定环境下开展创业活动的意愿,或者说是愿意承担风险和容忍不确定性的程度。Palmer(1971)认为创业活动最主要的因素是风险评估和风险承担。对于创业者而言,在创业准备阶段以及创业过程中面对来自宏观环境、市场、消费者、供应商等各种不可知和不确定性的时候,只有那些愿意承担风险的个体和企业才有生存和成功的可能性。

风险承担是创业者在创业过程中表现出来的重要行为特征。Dickson 和 Giglierano(1986)认为在风险面前,创业者的行事风格存在着差异。借大海中航行来比喻,创业者发动他们的"船只"进入一片充满着迷雾的未知领域,从而希望可以抢占市场、获得先机。如果市场的反应并不如企业家想象的那样,决策没有带来预期的利润,成本没有收回,那么这艘船就得"沉"了。相反,另一些创业者会等待着迷雾散去,看清楚市场的需求究竟是什么。这样的等待,会错过最好的发展时机或者已经被竞争者抢先占领了市场。

2. 创业者的风险倾向

早期学者们认为创业者个性特征之一便是风险承担倾向(risk-taking propensity)。Knight 把创业者定义为"管理不确定性的人"。早期的创业特质理论认为所有人在发现创业机会上是平等的,但人们的某些个性领域,如对风险的态度和行为,决定了他们是否愿意成为创业者。Brockhaus(1980)将创业者界定为一个新创企业的所有者兼管理者,并不在其他单位工作。承担和控制风险的能力是创业者成功的关键。但之后的研究发现成为创业者与高风险承担的相关性不明显。

现实中,人们通常认为创业是一种高风险行为,甚至将创业者冠以"赌徒"的名号。创业者在开展创业活动的时候往往面临的是环境、市场以及资源高度不确定的情况,毫无疑问他们要承担一定的甚至更大的风险。除部分创业者确实因为性格与所处环境的影响而更倾向冒险外,大多数成功的创业者必然能够探索出合理规避和控制风险的办法。

3. 作为风险管理者的创业者

随着创业研究的深入,人们逐渐认识到创业者的个性特质只是一个方面,开始转向对创业行为和活动的研究。有学者认为对创业者的风险管理进行的研究应取代对创业者风险倾向的研究,即作为风险管理者的创业者是比作为风险承担者的创业者更有价值的研究主题。

风险管理和控制主要是在风险分析的结果上采取必要的应对手段,最大限度地减小损失的频率和幅度,或使这些损失更具有可预报性。为降低高技术企业创业的风险,常用的风险应对策略有风险规避、缓解、转移、自留以及这些策略的组合。

(1)风险规避。

风险规避是指通过有计划的变更来消除风险或风险发生的条件,保护目标免受风险的影响。风险规避比较适用于以下两种情况:一是某种特定风险发生的可能和造成的损失程度相当高；二是其他风险防范措施所需要的成本高于该项活动所产生的经济收益。为尽量避免经济损失，创业者应当在创业活动开展之前就采取相应的措施，以达到风险规避的目的。

(2) 风险缓解。

风险缓解是指通过风险控制措施来降低风险的损失频率或影响程度，消除风险因素和减少风险损失。主要措施包括降低风险发生的可能性、控制风险损失、分散风险以及采取一定的后备措施等。

(3) 风险转移。

风险转移是指企业为避免承担风险损失而有意将损失或与损失相关的收益转移给其他企业的方式。

(4) 风险自留。

风险自留又称为承担风险，是指由高技术企业创业者自身承担风险损失。风险自留是以一定的财力为前提条件而使得风险的发生损失得到补偿的方式。但是风险自留可能使创业者面临更大的风险，因而该策略更适合应对风险损失后果不严重的风险。

(5) 风险应对组合策略。

风险应对组合策略是指根据实际情况将风险规避、风险缓解、风险转移、风险自留等策略进行综合运用，以降低风险发生的概率或者减少风险事件发生后所造成的损失。高技术企业创业环境复杂，因而更多的时候是同时面对多种风险的，其对风险应对组合策略的要求也相对较高。

第四节　企业的成长管理

创业企业的发展是对自身不断进行审视，对企业发展定位及运行模式不断进行优化和调整的过程。这就意味着，创业企业在创立后并不能自发进入快速成长的阶段，而需要其不断调整和改进最初设定的发展定位、检验并完善原来设计的商业模式，探索并建立稳定的业务组合，不断充实企业管理团队，等等。在创业企业不断探索和寻求发展的过程中，科学有效的管理必不可少，而要对创业企业实施科学有效的管理，必须充分认识其成长过程及不同阶段的发展特征、管理需求。

一、创业企业的生命周期理论

美国管理学家伊查克·爱迪思（Ichak Adizes）提出一个关于创业企业成长的理论框架，他以生命体的概念描述了创业企业的成长过程。他认为：创业企业就像生命体一样，具备出生、成长、老化、死亡等不同周期阶段。企业生命周期理论有利于企业在不同阶段找到与企业特点相适应的组织结构形式和管理模式，以保证企业在每个阶段充分发挥自身的特色优势，进而延长企业的生命周期，实现企业的可持续发展。企业生命周期的各个阶段如图7-1所示。

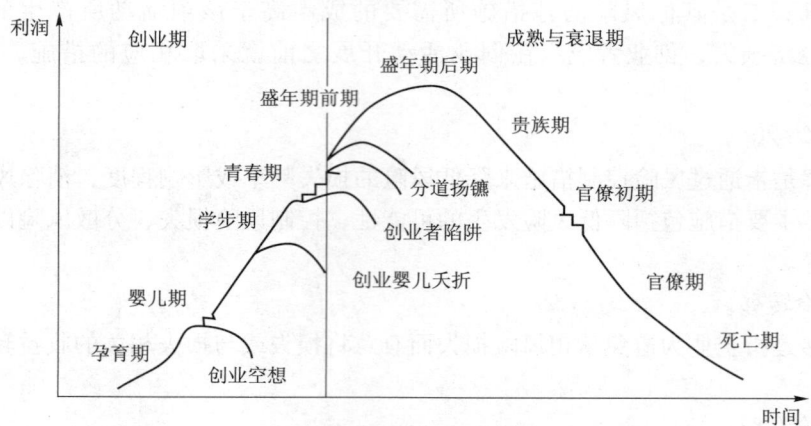

图7-1 企业生命周期的各个阶段

二、创业企业的阶段管理

企业在不同成长阶段所具备的特点存在差异,因此针对不同发展时期的创业企业,企业的管理方面要求也有所不同。在这里,以企业成长理论框架为基础,主要将创业企业的生命周期分为创业期、婴儿期、学步期、青春期以及盛年期五个阶段。

1. 创业期

创业期指的是企业从无到有的过程,即企业的孕育过程,指的是企业将一个技术概念或构想进行商业化开发,也就是我们通常所说的狭义创业过程。

(1)创业期企业的主要特征。

创业过程是一个非常艰难的过程,一般创业者要从零起步。创业家首先要充分接受自己所要开展的创业活动,并建立足够的自我承诺,将创业作为自己重要的事业。创业者要有足够的热情去推销自己的构想,寻找愿意承担风险、分享承诺的投资人。创业者可能会经历多次挫折和打击,必然还要接受其他要素所有者对自身的质疑和检验,包括对个人素质、品德的考察,以及对技术或商业构想的验证,等等。探索是创业期最主要的特点,也是创业活动多元主体的共同行为。

(2)创业期企业的管理要求。

创业期管理的重点在于创业者的个人行为。由于创业阶段企业还没有成立,充沛的激情、坚韧的性格、坚定的信念等是这个阶段创业者必须具备的精神和特质,对于创业成功至关重要。创业者若是缺乏这种素质,难以承受创业过程中的各种磨难,那么其只能使创业停留在梦想阶段。

创业者要将目标与行动有效结合起来。创业者要有长期的奋斗目标,着眼于企业的长远发展;同时,创业者也必须认识到创业活动本身的探索性特征,要在干中学,在实践中总结发展经验。

创业者要以积极的态度对待创业活动,进行充足的知识储备,以审慎的行动推进创业活动,同时做好心理和能力等多方面准备。

2. 婴儿期

创业企业一旦诞生，对企业的管理就需要转变为组织化的管理，这种管理必须依据这个阶段组织的基本特征进行。

（1）婴儿期企业的主要特征。

婴儿期企业作为一个刚具备初始形态的组织，组织结构处于建设过程中，因此其首先要明确创业团队中各成员的组织身份。其次，市场拓展在这个阶段是非常重要的任务，创业企业需要培养或引入市场营销人才，建立营销机构或网络，进而提高组织的复杂性。此外，婴儿期企业必须持续进行资源筹措行动，并以保持企业生存为优先任务，同时保持探索性特征。

（2）婴儿期企业的管理要求。

婴儿期企业的制度、政策、预算等各方面都还非常有限，因此创业企业的探索和发展仍较大程度地依赖创业者个人或团队。由于初期创业企业的不确定性以及市场环境的多变性，可能会使得创业者出现恐慌的心理。此外，内部机制的建立以及外部市场的拓展等多元化劳动使得创业者忙碌不堪。

在这个阶段创业者必须保持持久的创业热情，向企业倾注极大的耐心。创业者及其团队必须意识到不确定性是这个时期的特点，企业管理不能依靠外来的职业化团队，不要过早建立太多死板的制度，要时刻关注环境变化，努力强化自己取得现金的能力。

3. 学步期

创业企业度过了艰难的婴儿期后，自信程度得到了提高，便开始尝试站立，满怀希望地步入学步期。

（1）学步期企业的主要特征。

随着企业业务不断拓展，企业发展壮大，学步期企业已经建立了相对稳定的组织结构和管理团队；企业产品已经得到市场认可，与供应商、客户等形成稳定密切的合作关系；企业开始有稳定的现金流产生，对外部资源的依赖性降低。然而，企业的发展会使一些创业团队自信心膨胀，甚至失去理智做出不该有的决策和承诺，即出现所谓的"小马拉大车"的现象。

（2）学步期企业的管理要求。

完善企业内部机制。将创业者的激情转变为理智的思考，将企业活力转变为稳定的企业结构与制度，完善企业制度，进而形成集体决策、分工合作的工作机制。建立和完善稳定的管理团队，加强企业的规范化、制度化建设。

避免盲目扩张。在企业拥有稳定现金流的前提下，创业者及其团队必须意识到企业资源是有限的，要对自身正确定位。

制订合理的企业发展计划。依据创业计划或商业计划书确定的企业发展目标，排定企业各项业务的开展顺序，分清轻重缓急，合理安排时间，有效利用各类资源。

4. 青春期

青春期是企业从建立到成熟的过渡阶段，伴随企业经营管理上复杂程度的提高，各类矛盾纷纷显现。

（1）青春期企业的主要特征。

"矛盾"是青春期企业的主要特征。随着企业在市场上站稳脚跟，企业具备了一定的冗余资源，企业的生存已经不再是问题，此时，发展成为创业团队共同的问题。在企业应如何发展这个问题上，各方可能会持不同的观点，未来发展战略则成为一个矛盾的焦点。此外，业务规模扩大以及股东的多元化都使得企业的管理活动日益复杂，会导致不同人员之间产生矛盾和冲突。可以看出，青春期企业面临的最大问题就是管理风险，如果不能从青春期实现转化，完成从感性探索到理性战略的转换，那么企业就会很容易陷入混乱。

（2）青春期企业的管理要求。

明确企业内部管理团队的分工。使创业者和管理团队同时掌握一定的权力，从而建立平等的合作关系。

确定企业战略和发展愿景。重新定义企业使命、经营宗旨以及发展方向等要素，使之得到企业员工的认可，达成广泛共识。

依据组织使命、宗旨和战略目标建立规章制度。同时，对于战略的执行、制度的落实以及对各种矛盾的处理与协调，企业都必须做好缜密的计划，不能急于求成，要安排好切实可行的步骤与措施。

5. 盛年期

盛年期就是企业度过青春期，步入成熟期之前的发展阶段。盛年期企业的资源较为丰富、内部管理相对完善，是企业取得成就的最佳时期。

（1）盛年期企业的主要特征。

进入盛年期的企业具备了稳健成熟的特点，企业按照制度规范有序运作，依据既定的公司战略稳健发展。盛年期企业产品形成规模，在技术上建立了优势，开始进入高峰期。然而，制度化建设的同时强化了组织刚性，企业与外部环境的互动减少，使企业的灵活性减退甚至消失。

（2）盛年期企业的管理要求。

在盛年期，创业者及其团队必须保持年轻的心态、创业的激情。企业管理层必须密切关注外部环境的变化，适时推进企业内创业，促进产品技术创新，培育年轻事业。

盛年期企业要加强企业文化建设，将创新创业精神确立为企业的核心价值。通过创新创业的精神保持管理者的好奇心并激发企业员工的探索精神，使企业能够与时俱进。

第五节　企业管理创新

一、管理创新的内涵

管理创新，是指依据现代企业制度的要求，舍弃传统的管理模式及相应的管理方式和方法，创建新的管理模式，即创造一种新的更有效的资源整合范式。这种范式既可以有效地进行资源整合，也可以做到细节管理。

在知识、技术、产品创新速度不断加快的时代，企业成长的可持续性引起了管理者极大的重视。管理创新是为了适应系统内外变化而进行局部和全局的调整，管理者要对企业所面临的障碍与阻力有清晰的认识，制订严谨、完善的创新实施计划，以适应企业发展的需要。

二、管理创新的策略

1. 管理观念创新

管理观念又称为管理理念，树立现代企业的管理理念和管理意识，以科学的管理观念来提升企业的管理水平，对企业实现管理的创新和突破具有关键意义。进入20世纪80年代以来，经济发达国家的优秀企业提出了许多新的管理理念，如柔性管理、理念管理、危机管理、ERP、数字化管理、战略管理等。企业进行管理理念创新，就要敢于做出转变，在适应现代社会需求的基础上，结合自身条件，构建企业独特的经营管理理念。

2. 管理技术创新

管理技术创新是企业完善内外部管理、提高效率的强有力手段。随着知识和技术的不断发展，新型的管理技术和手段渗透到企业的方方面面，如管理信息系统的运用。企业的管理技术随着计算机技术、通信技术等各类科学技术的进步也在不断更新，现代企业应当积极主动地将先进管理成果转化并应用到企业管理的各个环节。

3. 组织结构创新

组织结构是一种表明企业内部工作任务如何进行分工、分组和协调合作的模式，其本质是为实现组织的战略目标而采取的一种分工协作的机制。随着时代的变化以及企业的发展，企业的战略会做出相应调整，组织结构也必须随着组织重大战略的调整而调整，进行合理有效的创新，以保证企业在变化的环境中持续发展。

（1）简化组织结构。

从组织结构的规范化程度以及对职工控制程度等方面来划分，可以分为刚性结构和柔性结构两种基本类型。柔性较强的组织结构主要为事业部结构和矩阵结构，其基本特征是：领导、指挥关系不明确，且经常会有变动；组织内部主要依靠横向沟通，通过部门之间的协调，及时调整各自的工作任务。在组织结构简单而稳定的环境中，柔性结构工作效率不高的特点会有所显现，但外部环境在复杂多变的条件下，这种结构则能显现出良好的适应性，可以对外部环境的变化做出灵活而有效的反应，有利于企业进行管理创新。

（2）构建学习型组织。

学习型组织是指企业能够在经营发展的过程中，持续、熟练地创造、获取和传递知识的组织，同时不断提高企业员工的素质，以及适应新的知识和见解。在现代企业组织中，学习能力已经成为组织核心能力最为关键的要素之一。

学习型组织善于不断地学习。第一，强调终身学习，组织中各成员均应养成终身学习的意识和习惯，有利于在组织内形成良好的学习氛围；第二，强调全员学习，企业组织中的各个层级包括决策层、管理层、操作层都要全心投入学习，且决策层与操作层之间相隔层次极少，使得上下级能够直接有效地互动和沟通，从而产生持久的创造力；第三，强调全过程学习，必须要将学习活动贯穿于组织系统运行的全过程，有效结合学习和工作；第四，强调团队学习，不仅强调组织成员个人的学习和能力开发，更强调各成员的合作学习以及组织智力的开发，团队是最基本的学习单位。需要注意的是，学习型企业一般适用于管理基础较好的企业，并不是所有企业都适合建立，因此在构建学习型组织时要充分考虑其适用性，使其与企业的发展阶段相适应。

4. 人力资源管理创新

在现代企业的竞争中,企业的成败关键取决于企业对智力资源利用的程度。因此,人作为智力资源的载体成为最重要的生产要素,在企业的生产经营以及管理中发挥着巨大的作用。人力资源作为企业中不断增值的资源,必须加强管理和开发。

(1)"以人为本"与管理制度相结合。

企业在制定管理制度时,要充分将企业的发展与员工自身的发展结合起来,树立"以人为本"的科学管理理念。具体而言,就是在制度的先进性中体现人的先进性,在制度的执行中体现人的作用,实现人力资源的优化配置。"以人为本"的管理思想,要注重对人自身价值的实现,以有效激发员工的积极性、主动性、创造性。

(2)构建绩效综合评价体系。

进行人力资源管理的创新,要将绩效的评价标准从单一指标型转变为综合评价体系型。绩效评价体系目的不在于控制员工,而在于充分调动员工的积极性,注重管理者与员工之间的沟通和共识。一个完整的绩效评价体系应当涵盖所有的管理职能:计划、组织、领导、协调、控制。企业建立和完善绩效评价体系要依据企业的实际情况,考虑其是否与公司的战略相结合、是否与员工的知识水平和素质相匹配。合理构建绩效综合评价体系对持续提升个人、部门和组织的绩效,促进企业持续发展具有重要意义。

(3)进行企业文化创新。

企业文化是一种"软性"的黏合剂,在企业的人力资源管理工作中能够发挥一定的协调力。企业在进行文化创新时应当确定员工广泛认同的价值观和行为准则,促使企业文化所包含的价值观和行为准则能够被各工作单元普遍接受,成为一种能够影响员工行为选择的基本规范。企业通过塑造具有活力的、创新的企业文化能够有效强化组织成员之间的合作、信任和团结,培养员工的信任感和归属感,进而形成组织巨大的向心力和凝聚力。

拓展阅读

新时代企业内部控制的创新实践
——企业内部控制该升级了

从 2003 年中石油、中石化等在美国上市的公司为满足萨班斯法案而开展内部控制体系建设至今,中国企业的内部控制体系建设已经走过了十几个年头。在财政部、国资委等政府部门的强力推动下,大多数企业建立了内部控制体系,并且得到了有效的执行和持续的完善。正是内部控制体系的不断完善,有效地帮助企业防控了风险,有力地支撑了我国企业的不断发展壮大。但不容忽视的是,我国企业在内部控制方面仍然存在诸多问题;而随着我国社会经济及企业自身的发展、改革开放的深入,内外部环境发生了重大变化,又对企业内部控制提出了新的、更高的要求。未来,我国企业内部控制建设将向何处去?应该关注哪些方面?从哪些方面去下功夫?

中天恒管理咨询公司作为国内领先的、专业从事内部控制与风险管理咨询服务的专业机构,近些年在继续为企业事业单位提供内部控制与风险管理体系建设、评价和审计等服务过程中,针对企业目前内部控制体系运行中存在的核心问题,为许多企业提供了内部控制升级完善的咨询服务,并在此基础上通过总结提炼形成了内部控制与风险管理升级完善的系列咨询产品,这些产品既可单独提供,又可组合服务,有效地帮助企业提升了内控管理水平,防范和控制了风险,得到客户的广泛认同。

中天恒近些年内部控制升级完善服务的主要产品包括:

一、公司治理的梳理与完善

公司治理是公司的顶层设计,是公司内部控制的基本支撑。一个分工明确、相互制衡的治理机构,可以使企业自上而下地对风险,特别是重大风险进行有效识别与防控。长期以来,中国企业内部控制体系建设,往往偏重于业务层面的控制,而对于公司治理,则关注严重不足。许多企业在内部控制建设过程中,对公司治理往往只是把模板化的条款搬过来纳入内部控制手册,没有按照内控要求,对公司治理进行系统的梳理,没有对公司治理中的问题加以系列的分析和整改,其结果往往是公司业务层面的风险得到了有效的控制,而公司层面的重大风险,难以得到有效控制。这就是为什么有的企业在内部控制评价或者审计中被认定为内部控制设计健全、运行有效,却经常出现企业领导人员因贪腐被抓、投资失误造成重大损失等重大风险事件发生这种怪象的根本原因。而解决这种怪象的根本出路,就是完善公司治理。梳理和完善公司治理的重点包括:

(1) 分清董事会与经理的权限。
(2) 分清董事会与董事长个人的权限。
(3) 分清总经理办公会、总经理、副总经理的权限。
(4) 明确党委会的权限。
(5) 梳理审批流程并理清先后顺序。
(6) 梳理完善监事会的监督职责。
(7) 梳理董事会对经理层的激励机制以提高激励力度。

二、战略风险评估与防控设计

在既往的内部控制实践中,绝大多数企业的内部控制是基于经营性风险而设计的,重点关注投资、采购、销售、财务、工程、合同管理等相关流程;而对于战略风险则往往关注得不多,基于战略风险而设计内部控制往往很少。一旦战略出现偏差,出现了战略风险,即使控制得最严,也难以避免经营上的困难,甚至出现生存危机,更不用说支撑企业的做大做强。因此,需要从业务层面风险控制上升到战略风险的防控。战略风险评估与防控设计的工作内容包括:

(1) 战略风险的识别。
(2) 战略风险的成因与后果分析。
(3) 战略风险的应对策略制定。
(4) 战略风险的解决方案制定,包括策略路径与策略行动。
(5) 战略风险的流程控制完善。

三、全过程风险管理体系建设

按照《中央企业全面风险管理指引》的要求,许多企业都已经建立了风险管理体系,推行全面风险管理。但现实中,许多企业的风险管理大多停留在风险评估阶段,只是完成了风险的识别、评价等工作，没有对风险进行系统的分析，没有建立风险预警机制，更谈不上全过程风险管理。全过程风险管理体系建设包括：

（1）事前的风险评估与控制设计。具体包括：目标设定，风险的识别，风险的分析，风险的评价，制定风险的应对策略与具体控制措施，风险预警体系建立，应急预案体系建立等。

（2）事中的风险防范。具体包括定期开展风险评估，确定重大风险，制定重大风险解决方案；执行内部控制措施；风险实时监测；开展定期风险监测和预警；定期或者不定期组织应急演练等。

（3）事后的风险处置，包括风险应急反应、风险处置、风险事故调查、风险管理体系完善和责任追究等。

四、项目风险评估

在以往的内部控制实践中，风险评估往往是针对整个企业的，随着企业内部控制实践的不断推进，项目的风险评估，特别是投资项目的风险评估，越来越得到企业，特别是企业管理层的高度关注。项目风险评估具体工作内容包括：

（1）项目风险前评估，是指在项目可行性研究阶段，对项目进行风险评估，评估项目可能面临的风险，从而为管理层投资决策提供参考。

（2）项目风险中评估，是指在项目实施过程中，对项目进行风险评估，从而为项目实施部门有效组织项目实施、确保项目顺利完成提供参考。

（3）项目风险后评估，是指在项目运营一段时间后，进行风险评估，评估项目未来运营可能的风险，从而为管理层安排项目继续运营、追加投资、退出等的决策提供参考。

五、岗位内部控制

在以往的内部控制体系建设中，主要成果——《内部控制手册》（有的单位还分为《内部环境分册》《风险评估分册》《控制活动分册》《信息与沟通分册》和《内部监督分册》），往往体量很大，在实际使用中，各部门和员工普遍反映太厚、无从下手，更谈不上遵照执行了。

岗位内控体系，其核心是在修订完善单位内部控制手册的基础上，将岗位内部控制手册拆分到部门和岗位，形成《岗位内部控制手册》。《岗位内部控制手册》主要内容包括：

（1）本岗位的岗位职责。

（2）本岗位涉及的流程图及控制矩阵。

（3）与本岗位相关的业务表单。

六、"三位一体"的内控体系

在以往的内部控制实践中，各单位纷纷按照财政部内控规范建立了内部控制体系，主要是《内部控制手册》，但对于如何落地实施，往往关注不够，或者不知道如何落地。这是导致许多单位内部控制流于形式，业务管理与内部控制"两张皮"的主要原因。"三位一体"内控体系由三部分组成：

（1）内部控制标准体系，即由《内部控制管理手册》为主要载体，明确根据企业的业务和管理，针对企业面临的风险，制定的风险应对策略、解决方案以及具体控制点与相关控制措施等。

（2）内部控制落地体系，包括业务流程、部门岗位职责、权限指引、业务表单和管制度等。

(3) 内部控制实施保障体系,包括内部控制文化、内部控制组织保障体系、内部控制监督、考核与责任追究机制以及信息化等。

七、流程效率评估与优化

在以往的内控实践中,各单位为有效地控制风险,纷纷加强控制,由此导致了另一个问题,即控制设计过于繁杂,控制点过多,导致业务运行效率过低。流程效率评估与优化的主要工作内容包括:

(1) 流程的效率评估,以确定相关业务流程是否存在效率过低的问题。

(2) 流程简化,具体来说包括重大事项审批,适当简化合同和付款审批;明确审核职责,减少不必要的审核环节;权力下放,提高审批效率。

(3) 实现分类管理,重点包括:按照重要性程度区分一般、重要和重大,分别规定不同的审核、审批流程;按照风险严重程度区分高风险事项、中等风险事项和一般风险事项,分别规定不同的流程;按照与廉政的关联度,对涉及廉政事项如八项规定事项从严审核审批,对与廉政无关事项适度简化;区分预算内和预算外程序,简化预算内审核、审批流程;区分有合同事项审批和无合同事项审批,适当简化合同内事项审批,强化无合同事项的审批。

八、系统自动控制

目前大部分单位的内部控制仍然是基于手工实施的,因而在实际操作中很容易被绕过、被逾越;即使已经信息化了,也只是把手工审批改成了电子审批,没有更多地采用系统自动控制,没有充分发挥系统的控制功能。

系统自动控制在信息系统设计过程中,强化系统自动控制功能的要求,以提高控制的效率与效果。比如,对于物资采购,设计了系列自动控制功能:

(1) 自动比对该项采购是否属于集中采购目录内,如是,自动转入集采流程。

(2) 如不属于集中采购范围,针对前置条件,自动配比采购流程,比如招标、比价、竞争性谈判、单一来源等。

(3) 对合格供应商清单进行封闭管理。

(4) 合同输入自动比对是否在合格供应商清单内。

(5) 付款申请自动比对合同和预算等。

(资料来源:出自三喜视角平台,作者为北京中天恒管理咨询公司总咨询师 徐荣才)

实践练习

(1) 简述创业者注册新公司需要遵循的工商、税务登记流程。

(2) 简述企业组织结构的类型。

(3) 分别从系统风险和非系统风险的角度,简述企业风险防范的主要途径。

(4) 简述企业文化的构成。

(5) 结合导入案例,分析"阿姨帮"在未来发展中可能遇到的机遇与风险,并谈谈应对风险可采取哪些措施。

网络资源

1. 新企业创办与管理:
   https://wenku.baidu.com/view/43f5a5cb804d2b160a4ec074
2. 现代企业运营机制与管理视频资:

   https://v.youku.com/v_show/id_XMjIOMTkxOTc2.html?fromvsogou=1&refer=seo_operation.liuxiao.liux_00003307_3000_z2iuq2_19042900

第八章　社会创业

■ 学习目标

通过本章学习深入了解社会创业，掌握社会创业机会的评估识别，为今后社会创业成功打下坚定基础。同时本章采取大量案例，从中可以深入学习社会创业相关理念和精神，汲取其中营养，探讨其经验，为将来社会创业做好铺垫。

■ 知识要点

1. 社会创业：个人或社会组织等在社会使命的激发下，追求创新、高效以及社会效果，面向社会需要建立新的组织，或向公众提供产品和服务的社会活动。
2. 社会创业者：指那些注意到社会问题，并运用企业家精神和各种方法来组织、管理和创造一个企业，以改变社会为最终目的的人。
3. 社会创业的机会评估与开发：社会创业一般以一个可以察觉的社会机会开始，社会创业者识别出创造社会价值的创业机会，然后评估机会，并将有价值的机会转化成创业理念，开发并获取实施创业必需的资源，使企业发展成长，并在未来实现创业目标。

案例导入

格莱珉银行（Grameen Bank）

格莱珉银行也称为"穷人银行"，创办者尤努斯博士（Muhammad Yunus）是一位极富创新精神的穆斯林创业者，也是2006年诺贝尔和平奖得主。

留学美国并获经济学博士学位的尤努斯回到孟加拉国后，任教于吉大港大学经济系。1974年，蔓延孟加拉国的大饥荒使成千上万人丧生，这使尤努斯深感心灵的震撼，他无法用经济学理论向学生解释贫穷的现实，于是决定重新做一名学生，抛弃理论教科书，深入乡村去实地研究穷人现实生活中出现的经济学问题。

一天，尤努斯在乔布拉村，遇到了一位以制作竹凳为生的年轻母亲索菲亚。为了制作这些小商品,她每天需要大约22美分来购买原材料,可是她身无分文,为了养家糊口,只能向销售这些小产品的中间商借钱。作为借款的代价,她必须把制作好的产品按既定的价格卖给这些中间商,最后留给她的报酬仅仅两美分。而如果索菲亚自己有钱买原材料,她的劳动成果可以获得比此高出6~10倍的收入!

索菲亚的艰辛生活就这样年复一年、日复一日,永无尽头。尤努斯想,如果索菲亚能够获得贷款,她就能够从中间商手中解脱出来,把生产的产品直接销售给客户,最后走出困境,并改变自己的命运。但是,中间商为了控制她,是不愿意借钱给她的,这样才能使索菲亚创造的财富为他们所占有。为什么索菲亚不能以一个合理的利率借到22美分?问题就在于没有一个有效的金融组织和一个能够帮助穷人走出困境的金融机构。创业的想法就这样萌生出来了,"贷款是人类的一种生存权利"——这就是尤努斯建立格莱珉银行的初衷。

1976年,格莱珉银行在孟加拉国的乔布拉村诞生,它颠覆了几百年来银行业的原始规则,破天荒第一次借贷给无抵押担保的穷人。格莱珉银行是如何利用金融工具救助那些被遗忘的人们,同时实现赢利与防范风险的呢?秘诀是:对"穷人"进行重新定义,创新、创新、创新!

"穷人是金融界的蓝海"

在绝大多数国家,穷人被视为"金融界不可接触者",银行不是为赤贫者服务的。然而尤努斯则认为"贷款是一种人类生存权利",专注把格莱珉银行业务拓展到穷人的蓝海当中去,通过贷款来帮助穷人改变命运。

"人人都希望活得更好"

尤努斯坚信,所有人都有一种与生俱来的生存技能。穷人们能活着,证明了他们有生存的能力。格莱珉银行要帮助他们活得更好,即让穷人能得到贷款,去最大限度地利用他们现有的技能——编结、脱粒、养殖等,扩大他们赚钱的能力,继而转变成为一把开启一系列其他能力的钥匙,逐步走向富裕。

"人依赖于社会化的生存"

格莱珉银行发明了一种基于SNS的借贷方式,即一种社会化的人际信贷关系。一个想要申请贷款的人必须首先找到第二个人,向其说明格莱珉银行的规范。对于一个不识一丁的村妇来说,她常常很难说服她的朋友——她们很可能害怕、怀疑或是被丈夫禁止不许和钱打交道。终于,第二个人被格莱珉为其他家庭所做的事感动了,她决定加入这个小组。于是这两个人就再去找第三个成员,然后是第四个、第五个。这个小组的组长通常是五人中最后一个贷款者。

这个贷款小组的5个成员必须一起到银行去接受7天培训,每个组员必须单独接受考试。在考试前夜,每个贷款者都十分紧张,在神龛里点上蜡烛,祈求真主保佑。她们知道,如果通不过的话,不仅对不起自己,也对不起小组的其他成员。考试造成的压力,有助于确保筛选出那些真正有需要贷款而且有上进心的人。

一旦全组都通过了考试,其中一位组员申请第一笔贷款的那一天终于来到了——第一笔贷款通常是25美元左右的规模。她是什么感觉?这笔钱在烧灼她的手指,泪水滚下她的面颊,她一生中从没见过这么多钱!

格莱珉银行的每一个贷款者几乎都是这样开始的。过去对于家庭来说,她只是一张要吃饭的嘴，一笔要付的嫁妆费。但是今天，平生第一次，一个机构信任了她，借给她一大笔钱。她发誓，她一定会还清每一分钱。

小组如果能按时还款，累计到一定的份额，信用额度就会增加，组员们能借到更多的钱。当小组中有成员不能还贷的时候，别的成员就会帮助她（虽然不承担连带责任）。如果小组自己无法解决问题，这个小组在今后的几年里，就没有资格再申请贷款了，甚至会被停止贷款。这其实是为还贷加上了一道熟人社会的道德保险杠。

小组成员不会轻易违约，因为这个小组对于她来说，是她最重要的社交圈子，那些组员是她最亲密的伙伴。一旦违约，那么她在村里的信用也会受损，很难再生活下去。

"贷款者、存款者、持股者，三位一体"

有人把尤努斯比作"乔布拉村里的乔布斯"，他把格莱珉银行的金融产品做到了极致，把复杂深奥的金融产品设计成"傻瓜式的"，让不识一丁的农妇都一眼就能看明白，使得一名格莱珉银行的贷款者，逐步变成这个银行的存款者，还极有可能成为这个银行的持股者。通过这种三位一体的方式，不光把客户的信用，甚至把客户的命运也紧密地与格莱珉银行捆绑在了一起，成为忠实的"格莱珉信徒"。如今，格莱珉银行的贷款者拥有银行94%的股权，另外6%为政府所拥有，是一所名副其实的"穷人银行"。

过去30年中，格莱珉银行在孟加拉国46 620个村庄中建立了1 277个分行，服务了639万借款人，间接影响到3 150万人，其中96%为地位低下的妇女。而格莱珉银行的贷款还款率竟然高达98.89%，2005年的赢利达1 521万美元，今天，格莱珉银行每年发放的贷款规模已经超过8亿美元，全世界超过60个国家的政府在各国农村"山寨"效仿"格莱珉模式"！

社会创业，并非一定是做慈善事业。社会创业照样可以以商业利益为目的，但是它的社会效益却远远超越了它的商业目的。格莱珉银行是一个典范，它颠覆了"银行"和"穷人"的传统定义，用创新使"扶贫"变成了一个能够良性循环的规模化的商业活动。

世界宣明会

世界宣明会是世界上最大的社会公益机构之一，在全球拥有员工26 000人，在94个国家设有分支机构，该机构以救助贫困儿童为主营业务，年收入为20亿美元。

现任美国世界宣明会分支机构总裁的斯蒂恩斯（Richard Stearns）曾经是一家世界500强企业的CEO。斯蒂恩斯从大公司高管到"社会创业"，经历了许多意味深长的角色转变：工资减少了75%；从每日进出五星级酒店、社会名流酒席的座上客，变成了出入难民帐篷、为受灾儿童端水送饭的老义工……

斯蒂恩斯成功地将商业企业的运营方法和经验运用到非营利性的社会公益机构中来，使世界宣明会业务出现了前所未有的大幅提升。

斯蒂恩斯发现，"扶贫"绝非世人想象的那么简单：一手筹钱，另一手把钱送到穷人手里。他说：人类对抗贫困、疾病、饥荒是一件做了5 000年都还没有结果的事情，它牵涉了我们的社会、文化、环境、政治、宗教等方方面面，其复杂程度远远超过了航天工程，需要无数的无私无畏的社会创业者去做无休无止的奋斗和奉献。

进入21世纪以来，"社会创业者"雨后春笋般地涌现在全世界的各个角落里。和企业家们相比，社会创业者所面临的挑战更加艰巨，因为他们所面临的问题或市场，通常是被政府忽视的、与社会主流价值观有所错位的，他们无论在资金来源、资源利用、社会支持等方面都处于暂时的弱势地位，尤其是他们所需要的资金，没有银行会投给他们，他们的事业也没有二级市场获利的机会。

创业，不一定就是为了赚大钱，这世界上还有很多比钱更伟大、更精彩的东西。

第一节　社会创业

一、社会创业的内涵

社会创业（social entrepreneurship），也译为"社会创新""公益创业""公益创新"，社会创业一词最早是由"Ashoka"（一个全球性的非营利性组织）的创始人美国的 Bill Drayton 在 1980 年提出的。与商业创业相比，社会创业是一个新兴的概念，就目前来说，尽管目前尚国内外学术界未对社会创业做出明确的界定，但其概念内涵正逐渐变得清晰。

社会创业的核心内涵是通过社会性、创造性的活动来实现社会价值，完成个人或组织的社会使命。其中，社会性，强调社会创业以解决社会问题、创造社会价值为主要目标；创造性，强调社会创业在解决社会问题的过程中运用创新的方法或商业模式，将公益事业办成一个可持续发展的、有竞争力的实体。总的来说，社会创业具有以下共同特点：第一，社会创业的首要目的是解决社会问题并创造社会价值；第二，社会创业具有创新性；第三，社会创业采用市场化的方式实现其社会目的。

本书将"社会创业"界定为个人或社会组织等在社会使命的激发下，追求创新、高效以及社会效果，面向社会需要建立新的组织或向公众提供产品和服务的社会活动。其中包括创建非营利性组织、志愿公益活动、产学研一体化组织和兼顾社会效益的企业四个方面的内容。

社会创业必须以直接增进社会公益为导向，它虽不以营利为目的，但并不排斥赢利。

二、社会创业者

目前学术界对社会创业者的定义并没有一个统一的概念，但其本质都是个人愿意通过商业运作模式来解决社会问题，满足一定的社会需求。但是其目的并不在于追求纯粹的商业利润，而是将创新创造力投入解决社会问题中，而且社会创业者可能来自各个领域，例如 NGO、政府公务员、商人、教师等。

总的来说，社会创业者是指那些注意到社会问题，并运用企业家精神和各种方法来组织、管理和创造一个企业，以期达到改变社会为最终目的的人。大多数的社会创业者都在非营利性组织或者是社区组织工作，当然也有许多社会创业者在私人机构或政府工作。

通过对社会创业者的界定，我们可以看到社会创业者具有以下几点特质：

（1）强烈的社会使命感。具有强烈的社会使命感的人对目标群体负有高度的责任感，在社会、经济和政治等环境下持续通过社会创业来创造社会价值。同时强烈的社会使命感有利于建立能够得到普遍认同的社会愿景，吸引更多的社会资源来共同致力于社会问题的解决。

（2）广泛良好的社会网络。社会创业者如果在其所服务的领域内具有较好的信誉和威望，将更有利于其创造性地利用各种社会资源，调动广大的社会人群共同参与到其社会企业的创立及发展中，并且社会问题解决需要社会、政府、企业及非营利性组织等的广泛参与。

（3）创造性。在有限的资源条件下扩展社会创业者的组织能力，必须关注资源之间的网络关系，能够创造性地安排这种关系。因为社会创业者需要的很大一部分资源不是他们能够直接控制的，他们必须依靠更具创造性的战略来实现社会资本的良性循环，用以招募、留住和激励员工、志愿者和会员。

第二节　社会创业的机会评估与开发

任何一次成功的创业都源于创业者能够识别、发现一项富有吸引力的创业机会，社会创业也不例外。社会创业一般以一个可以察觉的社会机会开始，社会创业者识别出创造社会价值的创业机会，这可能源于一个明显的或不太明显的社会问题，还有可能是一个未被满足的社会需求；然后评估机会，并将有价值的机会转化成创业理念，开发并获取实施创业必须的资源，使企业发展成长，在未来实现并收获创业目标。

一、机会来源

所有的创业活动都从一个富有吸引力的创业机会开始，社会创业机会就是一个需要投入时间、金钱等一系列资源才能产生社会影响力的潜在可能性。社会创业者首先会产生一个富有创意的想法，然后，就会尝试去把这个想法转化为一个富有吸引力的机会，这时的社会创业者所进行的活动更加富有创造力，而且是一个纯粹分析和逻辑的思考过程。机会发现和机会转化这两个过程都融合了大量灵感、洞察力和想象力，通过这些创造性的活动，想法会被系统地转化为社会创业机会。

那么，对于社会创业者，机会的主要来源在哪里？一般来说，主要来源于以下几个方面：技术变革使得互联网的发展促使网络产品和服务需求的爆炸性增长，公共政策的变化往往会决定资金和资源是否会投入社会企业，公众观点的变化有利于促使社会企业的理念能够获得公众的认同，社会和人口统计上的变化为社会创新提供了条件。

二、机会识别

机会识别产生于社会创业最开始的部分，因此也成为社会创业过程中最重要的部分。任何创业活动的行为都始于对一个富有吸引力创业机会的识别，为了保持营利性和公益性的平衡，社会创业往往需要发现和挖掘经济和社会双重价值的机会。一个好的机会会带来一个优秀企业的成长，反之则导致企业的失败，对机会识别阶段认识的不同可能意味着成功或失败。

　　社会创业机会识别即创业者发现、搜索与挖掘社会创业机会的阶段，只有识别到合适的机会才能正式展开创业活动。由于社会创业行为兼顾了公益性事业的社会性目标和商业创业的营利性目标，故机会识别阶段要求创业者凭借其道德感、社会创业动机和创业警觉，对具有社会与经济双重价值的机会进行识别和挖掘，而非商业创业活动中将营利性设为唯一准则进行机会识别。社会创业的机会需要在满足社会需求的同时为创业者提供实现自我价值的契机。社会需求产生于市场和政府部门无法填补与日俱增的公共服务缺口而导致的市场失灵和政府失灵。而社会创业者的自我实现需求是指创业者丰富的同情心和强烈的利他主义倾向促使其追求解决社会问题、实现自身价值的个人需求。社会需求与社会创业者个人实现需求共同催生了社会创业机会。

三、评估与开发

案例

　　亿利资源集团（以下简称"亿利集团"）成立于1988年，其前身为内蒙古杭锦旗盐场，在时任盐厂厂长、现任集团董事长王文彪的带领下于1995年合并重组，并正式更名为亿利资源集团，现已成为联合国"全球治沙领导者"企业。

　　经过集团多年的发展，现在的亿利集团已经形成了集生态修复、生态工业、生态光能、生态牧业、生态健康和生态旅游为一体的多元化产业布局，并且成为社会创业企业发展的典范。2012年，亿利资源集团缔造的"库布齐沙漠生态文明"被联合国列为"里约+20"峰会的重要成果向世界推广，集团董事长王文彪更获得了"全球环境与发展"奖。2015年7月28日，亿利资源引领沙漠绿色经济的壮举又被联合国防治荒漠化公约UNCCD授予2015年度土地生命奖。

　　今天的董事长王文彪已然是一位卓越的、成功的社会企业家，然而，王文彪1988年选择放弃内蒙古杭锦旗政府秘书这个被别人认为的肥差，主动申请调到一家环境恶劣、发展艰难的大漠深处盐场，在外人看来是不可理解的。而王文彪却不这么想，他想从政府跳到企业好好干一番事业，到祖国和人民需要自己的地方实现自己的雄心壮志。面对如此大的困难，王文彪坚毅的性格使他在仔细分析盐场的现状之后果断采取行动。在1988年之后的6年，王文彪带领员工种植柠条、沙柳和杨树等植物，植树造林年均约1.333平方千米。

　　伴随着盐厂环境的改善，与之而来的不仅仅是当地资源的保护，更重要的是呈上升趋势的人才吸引。1995年，改组之后，王文彪将企业做大的愿望迎来了新的挑战——落后的交通状况和高昂的运输费用，王文彪考察之后决定修建一条穿沙公路连接锡尼镇和乌拉山镇，缩短盐场与火车货运站直接的路程，提高盐场的收益。很快一条全长65千米的穿沙公路修建了起来，公路的修建不仅降低了亿利的运输成本，还极大地方便了周边百姓的出行。亿利的修路之举更获得了当地政府的大力支持，在公路建成后，当地政府把公路的收费权交予了亿利。这样，在极大地节省了盐场的运输成本的同时，亿利资源每年还有1 700万元左右公路收费的收入。然而一场突如其来的沙尘暴使得王文彪陷入了新的困境——恶劣的沙漠环境。

　　王文彪和他的团队凭借坚毅、果断的品格和过人的胆识，当机立断开始护路，与之而来的是企业的第一次转型,即治理沙漠生态。王文彪的沙漠走廊虽然取得了一定的成效,但是植树造林的成本很大,对亿利资源集团来说也是一项巨大的开支,而且防沙的效果也不是非常理想。一次偶然的机会,王文彪发现,沙漠中有一种叫甘草的植物长得又多又好,防沙治沙的效果非常明显,并且甘草还是一种药用植物。自此王文彪开始了集团二次转型的探索——发展循环经济。亿利资源集团采取"公司+农户""公司+基地"的生产模式,企业与农户签订协议,无偿对农户发放培育的甘草苗,让其种植,收获的甘草,集团全部以市场价格收购。这样即保证了甘草等生产原料大规模种植,缩减了种植甘草的人力、土地等成本,保证了生产原料可以不断供应,又带动了当地农户参与生产,增加了当地农牧民的收入,改善了牧民的生活境况,实现了经济效益和社会效益的兼顾。这种成功的模式,帮助亿利迅速形成了集治沙、护路、富农、带动区域经济繁荣于一体的甘草中药产业链。获得了当地政府的肯定和大力支持,同时也吸引了大量周边省份的人才加入亿利资源的防沙治沙事业当中。

在明确地识别社会机会之后,社会创业者的下一阶段的工作是评估与开发。社会创业机会评估指创业者通过实验与调查等详细、具体的方法,对筛选出的社会创业机会进行考察和可行性分析,判断其是否值得进一步开发的过程。基于实践的机会评估阶段能够科学、有效地判断创业机会是否适用于某一特定的社会环境,能否带来足够的社会影响力、运作模式是否可持续等。财力、物力和精力是机会评估阶段所必要的,充足的资源可以支持创业者展开充分的调查与实践,准确评估待开发机会。如果资源不足以支撑机会开发,那么即使社会创业机会解决社会问题的能力很强,创业者也不得不将其舍弃。

经过机会识别、评估和开发后,创业者还需通过机会开发来将机会转化为社会创业行动。社会创业机会开发阶段是创业者利用资源建立企业或其他组织,并通过创业组织运营来为社会提供产品和服务,解决社会问题,实现价值的过程。资源是机会开发最重要的影响因素,丰富的资源能加速机会开发,促进组织快速发展,支持组织实现社会和经济两方面的可持续发展,进而提高社会创业活动产生的社会影响力。

拓展阅读

壹基金的成长启示

(一)壹基金简介

壹基金是由李连杰发起的立足于中国的国际性公益组织,也是在中国红十字总会架构下独立运作的慈善计划和专案,分别在中国内地及香港地区、美国和新加坡设立了办事机构。2007年4月19日,李连杰壹基金在北京正式启动。在中国内地,壹基金与中国红十字总会合作,成立了"中国红十字会李连杰壹基金计划",致力于传播公益文化,搭建公益平台,以推动公益事业的发展。同时,为各种自然灾难提供尽可能的人道援助。壹基金挂靠于中国红十字总会,是结合中国国情的一个战略,在获得其半官方身份的"政府公信力"的同时,壹基金也保持民间NGO的独立身份,营建自己的公信力。在中国香港地区,壹基金集中资源发展公益人才教育项目,合作设立培训中心,资助中国内地公益领袖以及社会企业家的学习深造，并积极参与香港地区的公益项目。壹基金成立以来，公众对慈善的关注达到了前所未有的程度。

（二）壹基金的社会创业过程

1. 机会的来源、识别阶段

在机会识别的过程中，首先要了解有哪些大众需求没有被满足，而这一步需要深入调查，掌握一手资料。必要的调查和了解是创意产生的基础。当李连杰发现全球的两大类慈善基金都不能适应中国的国情时，他决定先对中国的慈善事业进行调查，以寻求更加适合中国的慈善模式。他聘请贝恩咨询和奥美公司帮自己做中国人捐款能力、收入、教育程度等的市场调查和营销推广。通过调查，李连杰发现了四个问题：一是中国没有公信力非常强的民间组织；二是没有非常透明的体系；三是没有一个清晰长远的目标；四是中国人捐款不方便。在充分调查的基础上，李连杰也充分地利用了现有的创业机会，从技术变革、公共政策、公众观点等方面的变化中抓住创业机遇。

首先，针对中国人捐款不方便这一事实，李连杰充分利用了技术变革的优势。今天互联网的发展已经远远超出了我们的想象，强大的互联网具有传播范围广、速度快的特点，因而能够在最短的时间内筹集到大量资金。高科技给我们的生活带来的不仅仅是工作的方便和资讯的方便，其实也可以通过网络这样的搜索平台，把大家的公益心汇聚在一起。中国的网民数量越来越多，通过网络的快速、方便和传播范围广的优势，可以在短时间内汇集大量善款，同时人们操作也方便，并可以及时看到善款的去向。

其次，利用公共政策的倾向。政府是大力支持慈善事业和慈善活动的，这对壹基金来说也是个很有利的机会。李连杰抓住了这个机会，通过主题市场活动向公众大力宣传公益慈善理念，推广公益慈善文化。

最后，是抓住公众观念的转变。2008年汶川大地震使得不同年龄段的人开始重新审视生命的价值，也使得人们的捐款热情空前高涨，人们对慈善的关注达到了前所未有的程度。自从雪灾、地震以后，人们在感受到自然灾害的巨大破坏性的同时，也看到了慈善的重要作用，国人捐钱出力比以往任何时候都要多。全国人都齐心协力地付出自己的时间、金钱和感情去保护公众的利益。这也是促进社会创业的大好机会。

2. 机会的开发

清晰易懂的创业理念和使命是社会企业开发阶段的首要因素。李连杰将壹基金定位在：壹基金一家人，整个人类是一家。壹基金倡导"壹基金，壹家人"的全球公益理念，推广每人每月1元钱，一家人互相关爱彼此关怀的慈善互动模式。口号简单易懂，即使文化水平不高的人也清楚明白。并且每人每月1元钱，也在人们力所能及的范围之内。只要人们理解并支持壹基金的创业理念，中国目前一般城市居民每个月1元钱，都可以做到。

针对中国目前没有公信力非常强的民间组织和捐赠体系不透明这一现实，李连杰致力于壹基金公信力的营造。壹基金创建伊始便挂靠于中国红十字总会，在获得其半官方身份的"政府公信力"的同时，壹基金也保持民间NGO的独立身份，营建自己的公信力。连接在这个平台上，壹基金的公信力相对就更强了。同时，壹基金跟微软、迪士尼、环球这样的大公司和NBA美国职业大联盟这样的机构架起了合作平台，目前还陆续在与更多的企业谈合作。

在财务资源方面，壹基金利用网络资源，与百度、开心网等合作，使得壹基金能在短时间内快速筹集到大量善款，从而奠定了财务基础。壹基金与其他慈善机构最大的区别也是其成功的最重要的一个方面是它良好的服务接口。它定期发布财务报告，捐款人的钱捐到了哪里，捐给了谁，捐了多少数量都会定期地公布，从而使捐款人、志愿者都能有清晰的了解。

在人力资源方面，壹基金的义工由五个部分组成：普通义工、专家义工、明星义工、团体义工、高校后援团。壹基金聚集了明星、企业家、专家、普通志愿者等各行各业的志愿者义工，每人捐出一小时甚至不止一小时。邀请公益学术界的老师加入壹基金，使他们能直接参与设定壹基金的理论基础与架构，并提供学术支援，将壹基金塑造成具有完善制度和公信力的慈善交流平台。邀请了牛津大学、哈佛大学的人才，形成全球顶级的智囊团。

在人力资本资源方面，壹基金邀请NGO专家和企业界专家的加入，形成了强大的无形资产。与博鳌亚洲经济论坛联合主办每年一届全球公益慈善论坛，立足中国，在世界范围内为政府、专家、企业、非营利性组织、媒体等搭建一个公益慈善探讨与交流的平台，加强国际间公益合作，分享经验，广泛集聚公益资源。与各行各业合作伙伴进行资源整合，将公益文化融入商业链条之中，全球500强中有几十家都成为壹基金的合作伙伴；与各类传媒广泛展开合作，通过主题市场活动向公众介绍宣传公益慈善理念，推广公益慈善文化。

（三）结论及启示

壹基金的成功给我们不少启示。

首先，社会创业机会来源于环境，社会企业的创建要与本国国情相结合，建立适合本国情况的社会企业。壹基金的创建并没有照搬国外慈善组织和社会企业的模式，而是在借鉴国外社会企业成功经验的基础上，结合中国的实际国情，创造出一种新的适合中国国情的社会创业模式。在创办壹基金的过程中，李连杰认识到：西方很多基金非常专业，具有先进的企业文化和组织的持续性。虽然创始人早就不见了，但基金却持续几十年，CEO换了很多，但企业文化和价值观一直在；而亚洲文化则比较含蓄，常以家族或企业管理整个慈善产业链，最终造成了不少困局，慈善产业的发展还处在原始阶段。壹基金采取以西方基金经验为硬件，本地文化为软件的第三种模式，这是一种创新的模式。

其次，创办社会企业前要做好调查研究，从而更好地识别和开发创业机会。一个社会企业的产生往往源于社会创业者识别出创造社会价值的机会。技术的变革、公共政策的变化、公众观点的变化、公众偏好的改变、社会和人口统计上的变化都是产生社会机会的很好的来源。通过教育、工作经验、社会经验和社会关系网络，社会创业者可以获得相关信息，产生创意。壹基金聘请美国公司帮自己做中国人捐款能力、收入、教育程度等的市场调查，就完全是一个企业的市场分析。在市场调查分析的基础上，充分把握住技术、公共政策和公众观点等的变化，利用中国网民越来越多利用手机、互联网等先进技术的发展趋势、国家政策对慈善事业的扶持以及地震之后人们对慈善捐款热情高涨的机会，使壹基金不断得到发展。

最后，要有清晰的企业使命，充分利用各种资源。企业使命表达的清晰精确是非常重要的。社会创业者应该具备能够清晰而简明地表达其观点的能力，以使任何人都能理解企业将要从事什么业务、如何实现创业以及该企业之所以重要的理由。精确表达其目标所需要资源能够获得志愿者和捐赠者更好的支持，可以使接受社会创业项目服务的人了解该项目是如何给他们提供社会价值的。"壹基金，壹家人"的创业理念清晰易懂，也很容易得到捐赠者的认同。充分调动网络、媒体、专家学者、明星等志愿者的积极支持是壹基金成功的重要原因。

实践练习

线上练习：
1. 登录"湖南省大学生创新创业就业学院"网。
2. 注册账户并选择"创业课程"，进行线上学习。

线下练习：

通过学习课程内容，综合运用所学知识，自我选择伙伴组成创业团队（一般6人左右），以小组为单位，进行模拟的社会创业过程，撰写社会创业计划书。

网络资源

全国大学生创业服务网：http//：cy.ncss.org.cn

参 考 文 献

[1] 陈承欢，雷希夷．通用职业素养训练与提升［M］．北京：高等教育出版社，2016．
[2] 汤锐华．大学创新创业基础［M］．北京：高等教育出版社，2016
[3] 李家华，张玉利，雷家骕．创业基础［M］．2版．北京：清华大学出版社，2015．
[4] 刘艳彬，李兴森．大学生创新创业教程［M］．北京：人民邮电出版社，2016
[5] 施永川．大学生创业基础［M］．北京：高等教育出版社，2015．
[6] 张玉臣，叶明海，陈松．创业基础［M］．北京：清华大学出版社，2015．
[7] 吴晓义．创业基础——理论、案例与实训［M］．北京：中国人民大学出版社，2014．
[8] 丁栋虹．创业管理：企业家的视角［M］．北京：机械工业出版社，2012
[9] ［美］海尔，［美］布什，［美］奥蒂诺．营销调研：信息化条件下的选择［M］．4版．刘新智，刘娜，译．北京：清华大学出版社，2012．
[10] 李肖鸣，朱建新．大学生创业基础［M］．2版．北京：清华大学出版社，2013．
[11] 朱贺玲，郑若玲．大学生创业动机特征实证研究——以厦门大学为例［J］．集美大学学报（教育科学版），2011（1）．
[12] ［美］迈克丹尼尔，［美］盖兹．市场调研精要［M］．6版．范秀成，杜建刚，译．北京：电子工业出版社，2010．
[13] ［美］伯恩斯，［美］布什．营销调研［M］．6版．于洪彦，金钰，王润茂，译．北京：中国人民大学出版社，2011．
[14] 柯惠新，丁立宏．市场调查［M］．北京：高等教育出版社，2008．
[15] 陈友玲．市场调查预测与决策［M］．北京：机械工业出版社，2008．
[16] 陈凯．营销调研/通用管理系列教材·市场营销［M］．北京：中国人民大学出版社，2011．
[17] 梁东，刘健堤．市场营销学［M］．北京：清华大学出版社，2006．
[18] 梁文玲．市场营销学［M］．北京：中国人民大学出版社，2014．